MENINOS DE ZINCO

SVETLANA ALEKSIÉVITCH

Meninos de zinco

Tradução do russo
Cecília Rosas

2ª reimpressão

Copyright © 2013 by Svetlana Aleksiévitch

Grafia atualizada segundo o Acordo Ortográfico da Língua Portuguesa de 1990, que entrou em vigor no Brasil em 2009.

Título original
Цинковые мальчики

Capa
Daniel Trench

Foto de capa
Patrick Robert/ Sygma/ Getty Images

Preparação
Paula Colonelli

Revisão
Angela das Neves
Clara Diament

Dados Internacionais de Catalogação na Publicação (CIP)
(Câmara Brasileira do Livro, SP, Brasil)

Aleksiévitch, Svetlana
    Meninos de zinco / Svetlana Aleksiévitch; tradução do russo Cecília Rosas. — 1ª ed. — São Paulo: Companhia das Letras, 2020.

    Título original : Цинковые мальчики.
    ISBN 978-85-359-3314-7

    1. Afeganistão — 1979-1989 (Intervenção soviética) I. Título.

19-32337   CDD-958.10450899171

Índice para catálogo sistemático:
1. Afeganistão : Tropas soviéticas : Guerra
      História   958.10450899171

Cibele Maria Dias – Bibliotecária – CRB-8/9427

Todos os direitos desta edição reservados à
EDITORA SCHWARCZ S.A.
Rua Bandeira Paulista, 702, cj. 32
04532-002 — São Paulo — SP
Telefone: (11) 3707-3500
www.companhiadasletras.com.br
www.blogdacompanhia.com.br
facebook.com/companhiadasletras
instagram.com/companhiadasletras
twitter.com/cialetras

No dia 20 de janeiro de 1801 ordenou-se que cossacos sob o comando de Vassili Orlov, ataman do Don, fossem para a Índia. Deram a eles um mês para o deslocamento até Oremburg, e de lá três meses "por Bucara e Khivá até o rio Indo". Em pouco tempo, 30 mil cossacos atravessariam o Volga e se embrenhariam nas estepes cazaques...

Na luta pelo poder: Páginas da história política da Rússia do século XVII (Moscou: Misl, 1988, p. 475)

Em dezembro de 1979, o alto-comando tomou a decisão de entrar com o Exército no Afeganistão. A guerra se estendeu de 1979 a 1989. Ela durou nove anos, um mês e dezenove dias. Passou pelo Afeganistão mais de meio milhão de combatentes do "contingente limitado" dos Exércitos soviéticos. As perdas humanas gerais das Forças Armadas soviéticas foram 15051 pessoas. Desapareceram ou foram presos 417 integrantes do Exército. Em 2000, 287 pessoas entre os prisioneiros não haviam retornado nem tinham sido encontradas...

Polit.ru, 19 de novembro de 2003

Sumário

Prólogo 9

Do caderninho de anotações 17

PRIMEIRO DIA: "POIS MUITOS VIRÃO EM MEU NOME" 35

SEGUNDO DIA: "AQUELE MORRE COM A ALMA
AMARGURADA" 121

TERCEIRO DIA: "NÃO VOS VOLTAREIS PARA OS NECROMANTES
NEM CONSULTAREIS OS ADIVINHOS" 207

POST MORTEM 283

O JULGAMENTO DE *MENINOS DE ZINCO* (A HISTÓRIA NOS
DOCUMENTOS) 289

Prólogo

— Sou sozinha... Agora me resta muito tempo sozinha...
Ele matou um homem... Meu filho... Com uma machadinha de cozinha; era com ela que eu preparava carne para ele. Ele tinha voltado da guerra e aí matou... De manhã trouxe a machadinha e pôs de volta, pôs no armário pequeno onde guardo a louça. Acho que naquele mesmo dia eu tinha feito um bife à milanesa para ele... Algum tempo depois anunciaram na TV e escreveram no jornal da noite que pescadores tinham recolhido um cadáver do lago da cidade... em pedacinhos... Uma amiga me ligou:

— Você leu? Foi um assassinato profissional... Estilo afegão...
Meu filho estava em casa, deitado no sofá, lendo um livro. Eu ainda não sabia de nada, nem suspeitava de nada, mas, não sei por quê, depois dessas palavras olhei para ele... Coração de mãe...

Está escutando um latido de cachorro? Não? Eu sempre escuto um latido de cachorro assim que começo a contar isso. Como se fossem cachorros correndo... Lá na prisão, onde ele está agora, há cães policiais pretos, grandes... E umas pessoas todas de preto, só de preto... Quando volto para Minsk, ando pela rua, passo em frente à padaria e ao jardim de infância, carregando pão e leite, e escuto esse latido de cachorro. Um latido ensurdecedor. Fico atordoada com ele... Uma vez quase fui atropelada...

Estou pronta para ir visitar o túmulo do meu filho... Pronta para me deitar ali ao lado dele... Mas não sei... Como viver com isso eu não sei... Às vezes me dá medo de entrar na cozinha, de ver aquele armário pequeno onde ficava a machadinha... Não está escutando? Não escuta nada?!

Agora eu não sei nem quem ele é, o meu filho. Como será quando eu o receber daqui a quinze anos? Deram a ele quinze anos de regime fechado... Como foi que eu o criei? Ele gostava de dança de salão... Eu e ele fomos para Leningrado, para o [Museu] Hermitage. Líamos livros juntos... (*Chora.*) Foi o Afeganistão que me tirou meu filho...

... Recebemos um telegrama de Tachkent: venham me encontrar, avião tal... Dei um pulo na varanda, queria gritar com todas as forças: "Ele está vivo! Meu filho voltou vivo do Afeganistão! Essa guerra horrível terminou para mim!" — e perdi a consciência. Claro, nós nos atrasamos para chegar ao aeroporto, o voo já tinha chegado fazia tempo, encontramos meu filho no jardim. Estava deitado na terra e observava a grama, surpreso de ver como era verde. Não acreditava que tinha voltado... Mas não havia felicidade no rosto dele...

À noite uns vizinhos vieram à nossa casa; eles tinham uma menina pequena, puseram uma fita azul nela. Ele a colocou sentada sobre os joelhos, a apertava e chorava, as lágrimas corriam e corriam... Porque lá eles matavam. Ele também... Depois eu entendi isso.

Na fronteira, os funcionários da alfândega "vetaram" a sunga importada dele. Era americana. Não era permitido... Então ele chegou sem roupa de baixo. Tinha trazido um roupão para mim, naquele ano eu ia completar quarenta anos, mas pegaram o roupão. Tinha trazido um lenço para a avó — também pegaram. Ele chegou só com flores. Com umas palmas-de-santa-rita. Mas não havia felicidade no rosto dele. De manhã se levantou ainda normal: "Mamãe! Mamãe!". À noite o rosto se turvava, os olhos ficavam pesarosos... Não sei como descrever para você... No começo não bebia uma gota... Ficava sentado olhando para a parede. Pulava do sofá, ia pegar a jaqueta...

Eu parava na porta:

— Vai aonde, Váliuchka?

Ele me olhava fixamente, como quem olha para o espaço. Saía.

Eu volto tarde do trabalho, a fábrica fica longe, faço o segundo turno; eu tocava a campainha, e ele não abria. Não reconhecia minha voz. É tão estranho, tudo bem não reconhecer a voz dos amigos, mas a minha?! Ainda mais "Váliuchka" — só eu o chamava assim. Parecia que ele estava o tempo todo esperando por alguém, que tinha medo. Comprei uma camisa nova para ele, comecei a medir, olhei: tinha uns cortes no braço dele.

— O que é isso?

— Bobagem, mamãe.

Depois eu soube. Depois do julgamento... No "treinamento" ele cortou os pulsos... Nos estudos demonstrativos ele era operador de rádio e não conseguiu pôr o aparelho de rádio a tempo numa árvore, não cumpriu a tarefa no tempo estipulado, e o sargento o obrigou a tirar cinquenta baldes do banheiro e passar carregando diante da formação. Ele começou a carregar e perdeu a consciência. No hospital deram o diagnóstico: transtorno mental leve. Então na mesma noite ele tentou cortar os pulsos. A segunda vez foi no Afeganistão... Antes de sair para o ataque, fizeram um teste e viram que o aparelho de rádio não funcionava.

Umas peças que estavam em falta tinham desaparecido, algum deles havia pegado. Quem? O comandante o acusou de covardia, como se ele tivesse escondido as peças para não ir junto com os outros. Lá uns roubavam os outros, desmontavam os carros da reserva e levavam para os *dukans*,* vendiam. Usavam para comprar drogas... Drogas, cigarros. Comida. Eles estavam sempre com fome.

Na televisão estava passando um programa sobre Édith Piaf, eu estava vendo com ele.

— Mamãe — ele me perguntou —, você sabe o que são drogas?

— Não — menti, mas eu mesma já o observava: será que estava fumando?

Não havia nenhum vestígio. Mas lá eles usavam drogas, isso eu sei.

— Como era lá no Afeganistão? — perguntei uma vez.

— Cale a boca, mamãe!

Quando ele saía de casa, eu relia as cartas que mandara do Afeganistão, queria investigar o que estava acontecendo com ele. Não encontrava nada de especial nelas: escrevia que estava com saudade da grama verde, pedia para receber fotos da avó na neve. Mas eu via, sentia que estava acontecendo algo com ele. Haviam me devolvido outra pessoa... Aquele não era meu filho. Eu mesma o mandei para o Exército; ele obteve um adiamento. Eu queria que ele ficasse valente. Convenci a nós dois que o Exército faria dele uma pessoa melhor, mais forte. Eu o mandei para o Afeganistão com um violão, comprei doces e organizei uma festa de despedida para ele. Ele chamou os amigos, umas meninas... Lembro que comprei dez tortas.

---

* Forma como os soldados se referiam às lojas no Afeganistão. [Esta e as demais notas são da tradutora.]

Só teve uma vez em que ele começou a falar do Afeganistão. À noite… Passou pela cozinha, eu estava preparando coelho. Tinha uma tigela com sangue… Ele molhou dois dedos naquele sangue e olhou. Ficou olhando atentamente. E falou para si mesmo:

— Trouxeram um amigo com a barriga destruída… Ele pediu que eu o matasse com um tiro…. E eu o matei com um tiro…

Os dedos no sangue da carne de coelho… Estava fresco… Com aqueles dedos ele pegou um cigarro e foi para a varanda. Naquela noite não me disse mais nada.

Consultei médicos. Devolvam meu filho! Salvem meu rapaz! Contei tudo… Faziam exames nele, olhavam, mas além de radiculite não encontraram nada.

Uma vez cheguei em casa e havia quatro rapazes desconhecidos à mesa.

— Mamãe, são do Afeganistão. Eu os encontrei na estação de trem. Eles não têm onde passar a noite.

— Vou assar uma torta doce para vocês. Um instante. — Por algum motivo me alegrei.

Eles passaram uma semana em casa. Não contei, mas acho que beberam umas três caixas de vodca. Toda noite eu via cinco desconhecidos em casa. O quinto era meu filho… Eu não queria escutar as conversas deles, tinha medo. Mas estava na mesma casa… Escutava sem querer. Eles contavam que nas emboscadas, que às vezes duravam duas semanas, recebiam estimulantes enquanto esperavam para ficar mais ousados. Mas tudo isso era segredo. Com que arma era melhor matar… A qual distância… Depois, quando tudo aconteceu, eu me lembrei disso… Em seguida comecei a pensar, a me lembrar febrilmente. Até então eu só tinha um medo: “Ai”, dizia pra mim mesma, “eles estão todos meio loucos. São todos meio anormais”.

À noite… Antes daquele dia, quando ele matou… Sonhei que estava esperando meu filho, mas ele não vinha, não vinha. E então o traziam para mim… Traziam aqueles quatro "afegãos". E jogavam no chão sujo de cimento. O chão de casa é de cimento, entende?… Na nossa cozinha… Parece chão de prisão.

Naquele momento ele já tinha entrado na faculdade preparatória do Instituto Radiotécnico. Tinha escrito uma boa redação. Estava feliz que dera tudo certo. Eu até comecei a pensar que ele ia sossegar. Ia estudar. Casar. Mas caía a noite… Eu tinha medo da noite… Ele ficava sentado feito bobo olhando para a parede. Dormia na poltrona… Eu queria me jogar, cobri-lo com meu corpo e nunca mais deixá-lo sair. Agora eu sonho com meu filho: ele é pequeno e pede para comer… Está o tempo todo com fome. Estende as mãos… No sonho eu sempre o vejo pequeno e humilde. E na vida? Uma visita a cada dois meses. Quatro horas de conversa através de um vidro…

Há dois encontros por ano em que posso lhe dar de comer. E aquele latido dos cachorros… Sonho com o latido dos cachorros… Ele me persegue por todo canto.

Um homem começou a flertar comigo… Trouxe flores… Quando ele me trouxe flores comecei a gritar: "Afaste-se de mim, sou mãe de um assassino". No começo eu tinha medo de encontrar algum conhecido, me fechava no banheiro e esperava que as paredes desabassem em cima de mim. Eu achava que todos me reconheciam na rua, apontavam para mim, cochichavam: "Lembra daquele caso horrível… foi o filho dela que matou. Esquartejou uma pessoa. Estilo afegão…". Eu só saía na rua à noite, aprendi a identificar todos os pássaros noturnos. Reconhecia pelo canto.

O inquérito estava em curso, durou alguns meses… Ele ficava calado. Fui para o hospital militar Burdenko, em Moscou. Encontrei lá uns rapazes que haviam servido na força especial, como ele. Me abri para eles…

— Rapazes, por que meu filho foi capaz de matar uma pessoa?

— Se fez isso, tinha motivo.

Eu precisava me convencer de que ele tinha mesmo feito aquilo... Matar... Passei muito tempo perguntando coisas a eles e entendi: ele foi capaz! Eu perguntava sobre a morte... Não, não sobre a morte, sobre o assassinato. Mas essa conversa não despertava neles nenhum sentimento especial, daqueles sentimentos que qualquer assassinato em geral desperta numa pessoa normal, que nunca viu sangue. Eles falavam da guerra como quem fala de um trabalho no qual é preciso matar. Depois encontrei rapazes que também tinham estado no Afeganistão, e quando aconteceu o terremoto na Armênia foram para lá com as tropas de busca e salvamento. Eu queria saber, já estava obsessiva com isso: eles tinham medo? O que eles sentiam quando viam a morte? Não, eles não tinham nada de medo, até o sentimento de pena estava enfraquecido. Destruídos, esmagados... Crânios, ossos... Escolas inteiras enterradas... Salas de aula... As crianças iam para debaixo da terra do jeito que estavam, sentadas na aula. E eles se lembravam e contavam outra coisa: que desenterravam adegas caras e diziam qual conhaque, qual vinho haviam bebido. Brincavam: bem que podia chacoalhar outro lugar. Mas que fosse quente, onde crescesse uva e fizessem um bom vinho... E esses jovens são saudáveis? Eles têm uma psique normal?

"Ele está morto, mas ainda o odeio." Ele me escreveu isso recentemente. Cinco anos depois... O que foi que aconteceu? Ele não fala. Só sei que o rapaz se chamava Iura, se vangloriava de ter ganhado muito dinheiro no Afeganistão. Depois se descobriu que ele tinha servido na Etiópia, era alferes. Havia mentido sobre o Afeganistão...

No julgamento a advogada falou que estávamos julgando um doente. No banco dos réus não havia um criminoso, mas um doente. Era preciso tratá-lo. Mas na época, e isso foi sete anos atrás, ainda não se sabia a verdade sobre o Afeganistão. Chamavam todos de heróis. Guerreiros internacionalistas. E meu filho era um assassino. Porque ele tinha feito aqui o que eles faziam lá. Lá davam a eles medalhas e condecorações por isso... Por que julgaram apenas ele? Não julgaram aqueles que o mandaram para lá? Ele aprendeu a matar lá! Não fui eu que ensinei isso a ele... (*Se descontrola e grita.*)

Ele matou uma pessoa com minha machadinha de cozinha... E de manhã trouxe de volta e pôs no armarinho. Como uma colher ou um garfo comum...

Tenho inveja da mãe cujo filho voltou sem as duas pernas... Mesmo que ele a odeie quando bebe demais. Que odeie o mundo inteiro... Mesmo que ele se atire em cima dela como um animal. Ela paga prostitutas para ele, para que ele não enlouqueça... Ela mesma uma vez foi amante dele, porque ele subiu na varanda e queria se jogar do décimo andar. Eu concordaria com tudo... Tenho inveja de todas as mães, até daquelas cujos filhos estão no cemitério. Eu me sentaria ao lado do túmulo e ficaria feliz. Levaria flores.

Está escutando o latido dos cachorros? Eles me perseguem. Eu escuto...

Mãe

Do caderninho de anotações
(Na guerra)

JUNHO DE 1986

Não quero mais escrever sobre a guerra... Viver mais uma vez em meio à "filosofia do desaparecimento" em vez da "filosofia da vida". Reunir uma infindável experiência de não existência. Quando terminei *A guerra não tem rosto de mulher*, fiquei muito tempo sem poder ver sangue saindo de um machucado comum num nariz de criança; nas férias fugia dos pescadores que jogavam alegremente nas areias os peixes trazidos de profundezas distantes, aqueles olhos petrificados e esbugalhados me davam náuseas. Cada um tem sua reserva de forças para se defender da dor, tanto física quanto psicológica — a minha estava completamente esgotada. O grito de um gato atingido por um carro me enlouquecia; eu desviava o rosto diante de minhocas esmagadas. Os sapos secos na estrada... Mais de uma vez pensei que os animais, os pássaros, os peixes, também têm direito a uma história de seu sofrimento. Um dia alguém vai escrevê-la.

E de repente — se é que se pode chamar isso de "de repente"

— a guerra está em seu sétimo ano... Mas não sabemos nada a respeito além das reportagens heroicas na TV. De tempos em tempos os caixões de zinco trazidos de longe, que não cabem nas medidas apertadas das *khruschovkas*,* nos fazem estremecer. Param de soar saudações doloridas — e de novo o silêncio. Nossa mentalidade mitológica é inabalável — somos justos e grandiosos. E estamos sempre certos. Queimam e ardem os últimos reflexos da ideia de revolução mundial. Ninguém repara que o incêndio já está em casa. Nossa casa pegou fogo. Começou a perestroika de Gorbatchóv. Corremos ao encontro de uma nova vida. O que nos espera adiante? De que nos revelaremos capazes depois de tantos anos de um sono letárgico artificial? E nossos meninos, em algum lugar distante, estão morrendo não se sabe para quê...

Do que se está falando ao meu redor? Sobre o que se está escrevendo? Sobre dívida internacional e geopolítica, sobre nossos interesses soberanos e as fronteiras do sul. E acreditam nisso. Acreditam! Mães que há pouco tempo se debatiam em desespero sobre as caixas de metal fechadas nas quais lhes devolviam seus filhos agora se apresentam nas escolas e nos museus militares conclamando outros meninos a "cumprir seu dever perante a pátria". A censura cuida com atenção para que artigos sobre a guerra não mencionem a morte dos nossos soldados, assegurando-nos de que um "contingente limitado" de tropas soviéticas está ajudando um povo fraterno a construir pontes, estradas, escolas, transportar adubo e farinha para os *kichlaks*,** e de que os médicos soviéticos estão fazendo os partos das mulheres afegãs. Soldados recém-chegados levam violões às escolas, para cantar sobre algo que na verdade faria as pessoas gritarem.

---

* Apelido dado aos prédios de moradia popular construídos em massa a partir do governo Khruschóv.
** Aldeia da Ásia Central.

Conversei com um deles por muito tempo... Eu queria escutar o que há de torturante na escolha de atirar ou não atirar. Para ele não havia nenhum drama nisso. O que é bom? O que é mau? É bom matar "em nome do socialismo"? Para esses meninos as fronteiras da moralidade são traçadas por uma ordem militar. É verdade que comparados conosco eles falam sobre a morte com mais cuidado. É aí que se revela imediatamente uma separação óbvia entre nós.

Como viver a história e escrever sobre ela ao mesmo tempo? Não dá para escolher um pedaço qualquer da vida, pegar toda a "sujeira" existencial pelo colarinho e arrastar para o livro. Para a história. É preciso "partir o tempo" e "capturar o espírito".

"A essência da tristeza emite vinte sombras" (W. Shakespeare, *Ricardo II*).*

... Na rodoviária, numa sala de espera meio vazia, havia um oficial com uma mala de viagem e ao lado dele um garoto magro, de cabelo raspado a máquina zero como um soldado, que mexia com um garfo na terra de um vasinho de fícus seco. Umas mulheres do campo, sem malícia, sentaram perto deles e perguntaram: para onde iam, para quê, quem eram? O oficial estava acompanhando até a casa o soldado que tinha enlouquecido: "Desde Cabul está cavando, com o que lhe cai nas mãos ele cava: pá, garfo, bastão, caneta". O garoto levantou a cabeça: "Preciso me esconder... Vou cavar uma trincheira... Consigo fazer isso rápido. A gente chamava de vala comum. Vou cavar uma trincheira grande para todos vocês...".

Foi a primeira vez que vi pupilas do tamanho dos olhos...

---

* William Shakespeare, *Teatro completo*. Trad. de Carlos Alberto Nunes. Rio de Janeiro: Agir, 2008. 3 v.

Estou no cemitério da cidade... Ao meu redor há centenas de pessoas. No centro, nove caixões cobertos por um pano vermelho. Militares estão discursando. Um general assumiu a palavra. Mulheres de preto choram. As pessoas estão caladas. Só uma menina pequena de trancinhas engasga em cima do caixão: "Papai! Pa-a-paizinho!! Onde você está? Você prometeu me trazer uma boneca. Uma boneca bonita! Eu desenhei para você um álbum inteiro de casinhas e florezinhas... Estou te esperando...". Um jovem oficial pega a menina pela mão e a leva embora para um Volga* preto. Mas ainda escutamos por muito tempo: "Pai! Pa-a-a-pai... Pa-a-pai querido...".

O general discursa... Mulheres de preto choram. Ficamos em silêncio. Por que ficamos em silêncio?

Não quero ficar em silêncio... E não quero mais escrever sobre guerra.

SETEMBRO DE 1988

5 de setembro

Tachkent. O aeroporto está abafado, cheira a melão; não é um aeroporto, mas um campo de melão. São duas da madrugada. Gatos gordos semisselvagens mergulham debaixo do táxi sem medo, dizem que são afegãos. Entre as multidões bronzeadas dos balneários, entre caixas e cestas de frutas, jovens soldados (meninos) saltam em muletas. Ninguém presta atenção neles, já estão acostumados. Eles dormem e comem ali mesmo, no chão, sobre jornais velhos e revistas, passam semanas sem poder comprar uma passagem para Sarátov, Kazan, Novossibirski, Kiev... Onde

---

* Carro soviético de luxo.

eles foram mutilados? O que estavam defendendo ali? Ninguém se interessa. Só um menino pequeno não tira os olhos arregalados deles, e uma moradora de rua bêbada que se aproxima de um soldadinho:

— Venha cá… Vou cuidar de você…

Ele se livra dela com a muleta. E ela, sem se ofender, diz algo triste e feminino.

Ao meu lado estão sentados policiais. Falam sobre como nossas próteses são ruins. Sobre tifo, cólera, malária e hepatite. Sobre como nos primeiros anos não havia poços, cozinhas nem banheiros, não havia nem com o que lavar a louça. E também sobre quem trouxe o quê: um trouxe um videocassete, outro, um gravador — Sharp ou Sony. Ficou na minha memória o olhar deles observando as mulheres bonitas que passeavam com vestidos decotados…

Passamos muito tempo esperando o avião militar para Cabul. Explicam que primeiro carregam o avião com equipamentos, depois embarcam as pessoas. Há umas cem pessoas esperando. Todos militares. Inesperadamente, há muitas mulheres.

Fragmentos das conversas:

— Estou perdendo a audição. Primeiro parei de ouvir os pássaros que cantam agudo, por causa de uma lesão na cabeça… A escrevedeira, por exemplo, não ouço direito. Gravei seu canto e toco na altura máxima…

— Primeiro você atira, depois vê quem é, se é mulher ou criança. Cada um tem seu pesadelo.

— Um burrinho se deitou na hora do tiroteio; terminou o tiroteio, ele se levantou num pulo.

— Quem somos nós na União Soviética? Prostitutas? Isso a gente sabe. Se ao menos trabalhasse numa cooperativa. E os homens? Que homens? Todos bebem.

— O general ficava falando de dívida internacional, de defender as fronteiras do sul. Até se emocionava: "Levem balinhas para eles. São crianças. O melhor presente é um bombom".

— Tinha um oficial jovem. Soube que a perna foi amputada e começou a chorar. O rosto parecia de uma menina — corado, branco. No começo eu ficava assustada com os mortos, especialmente se estavam sem pernas ou sem braços. Depois me acostumei...

— São feitos prisioneiros. Cortam as extremidades e amarram com um torniquete para que não morram por perda de sangue. E largam assim, os nossos que recolhem os cotos. Esses querem morrer, mas são curados à força. Depois do hospital eles não querem voltar para casa.

— Na alfândega viram minha mala vazia: "O que está trazendo?". "Nada." "Nada?" Não acreditaram. Me fizeram tirar até a roupa de baixo. Todos trazem duas, três malas.

Dentro do avião me arrumaram um lugar ao lado de um veículo blindado amarrado com correntes. Por sorte, o major ao meu lado se revelou sóbrio, todo o resto ao redor estava bêbado. Ali perto, alguém dormia sobre um busto de Marx (retratos e bustos de líderes socialistas tinham sido jogados a bordo sem acondicionamento adequado), levavam não apenas armas, mas também conjuntos de tudo o que era necessário para os rituais soviéticos. Havia bandeiras vermelhas, fitas vermelhas...

Um uivo de sirene...

— Levantem-se. Senão vão perder o reino dos céus por estar dormindo. — Isso já sobre Cabul.

Estávamos aterrissando.

... O estrondo dos canhões. Patrulhas com metralhadoras e coletes à prova de balas pedem nossos papéis de autorização.

Eu não queria mais escrever sobre guerra. Mas aqui estou, numa guerra de verdade. Por toda parte há gente de guerra, coisas de guerra. Tempos de guerra.

12 de setembro

Há algo imoral em observar a coragem e o risco dos outros. Ontem fomos tomar café da manhã no refeitório, cumprimentamos o guarda. Meia hora depois ele foi morto por um fragmento de mina que por acaso atingiu a guarnição. Passei o dia inteiro tentando me lembrar do rosto daquele menino...

Aqui chamam os jornalistas de contadores de histórias. Os escritores também. Em nosso grupo de escritores há apenas homens. Tentam chegar aos postos distantes, querem ir para o combate. Pergunto a um deles:

— Para quê?

— Acho interessante. Vou dizer: estive em Salang. Vou atirar.

Não consigo afastar o sentimento de que a guerra é fruto de uma natureza masculina em grande parte incompreensível para mim. Mas o cotidiano da guerra é grandioso. De Apollinaire: "Ah, que bela guerra".

Na guerra tudo é diferente: você, a natureza, seus pensamentos. Aqui eu entendi que o pensamento humano pode ser muito cruel.

Por todos os lados, pergunto e escuto: na caserna dos soldados, no refeitório, no campo de futebol, no baile — aspectos da vida de paz, inesperados aqui:

— Atirei à queima-roupa e vi um crânio humano voar para todos os lados. Pensei: "foi o primeiro". Depois do combate há mortos e feridos. Todo mundo fica calado... Sonhei com bondes aqui. Que estava indo para casa de bonde... Minha lembrança preferida é mamãe assando tortas. A casa cheirava a massa doce...

— Você faz amizade com um bom rapaz... Depois vê as tripas dele penduradas nas pedras. Aí começa a se vingar.

— Estávamos esperando uma caravana. Dois, três dias numa emboscada. Deitados na areia quente, fazíamos as necessidades ali mesmo. No fim do terceiro dia você fica furioso. E é com todo esse ódio que solta a primeira rajada. Depois do tiroteio, quando tudo acabou, descobrimos que a caravana carregava banana e geleia. Comemos doce pra vida inteira...

— Capturamos uns *dukhi*...* Interrogamos: "Onde estão os depósitos dos militares?". Silêncio. Subimos dois nos helicópteros: "Onde estão? Mostrem". Silêncio. Jogamos um no rochedo...

— Fazer amor na guerra e depois da guerra não é a mesma coisa... Na guerra parece que tudo é a primeira vez...

— Atiram a "saraivada"... Voam as minas... E acima de tudo isso está: viver! viver! viver! Mas você não sabe nada e não quer saber dos sofrimentos do outro lado. Viver e pronto. Viver!

Escrever (contar) toda a verdade sobre si é, segundo a observação de Púchkin, fisicamente impossível.

Na guerra, o que salva uma pessoa é aquilo que distrai a consciência, dispersa. Mas a morte em volta é absurda, casual. Sem um sentido superior.

... Num tanque, em tinta vermelha: "Vamos nos vingar por Málkin".

---

* *Dukh*: literalmente, "espírito" em russo. Era um dos nomes depreciativos usados para se referir aos combatentes afegãos e dizia respeito a sua habilidade em aparecer e desaparecer de repente.

No meio da rua havia uma jovem afegã de joelhos diante de uma criança morta, e gritava. Como talvez só gritem os animais feridos.

Passamos em frente a *kichlaks* destruídos, pareciam um campo recém-arado. A argila morta do que até pouco antes fora a casa de alguém assustava mais que a escuridão da qual podiam atirar. No hospital, pus um ursinho de pelúcia na cama de um menino afegão. Ele pegou o brinquedo com os dentes e brincou assim, sorrindo; não tinha os dois braços. "Seus russos atiraram nele", traduziram para mim as palavras da mãe. "Você tem filhos? Como se chamam? Menino ou menina?" Eu não entendia o que era maior nas palavras dela — o horror ou o perdão.

Contam sobre a crueldade com a qual os *mudjakhidi** dão cabo de nossos prisioneiros. Parece medieval. Aqui de fato é outro tempo, os calendários mostram o século XIV.

Em *O herói do nosso tempo*, de Liérmontov, Maksímitch, avaliando o comportamento de um montanhês que matou o pai de Bela, diz: "Claro, para eles, ele estava absolutamente certo", ainda que do ponto de vista russo seja um ato animalesco. O escritor captou esse incrível traço russo — a capacidade de se pôr na posição de outro povo, ver as coisas como são "para eles".

Mas agora...

17 de setembro

No dia a dia, vejo como as pessoas se rebaixam. E raramente se elevam.

Ivan Karamázov, de Dostoiévski, observa: "Um animal nunca pode ser tão cruel, tão artística e elaboradamente cruel quanto o ser humano".

---

* Nome dado a integrantes de movimentos sociais e religiosos de países muçulmanos.

Sim, eu desconfio que não queremos escutar nada sobre isso, não queremos saber disso. Mas em qualquer guerra, não importa quem e em nome de quem a façam — seja Júlio César ou Ióssif Stálin —, as pessoas matam umas às outras. É assassinato, mas não temos o costume de pensar assim, inclusive nas escolas, não sei por quê, mas não falamos de educação patriótica, e sim educação militar-patriótica. Mas por que estou surpresa? Está tudo claro — um socialismo militar, um país militar, uma mentalidade militar.

Não se deve testar uma pessoa desse jeito. O ser humano não aguenta esses testes. Na medicina isso se chama "vivissecção". Experiência com vivos.

À noite, no alojamento dos soldados em frente ao hotel, ligaram um aparelho de som. Eu também escutava as "canções afegãs". Vozes infantis, ainda não formadas, rouquejavam à maneira de Vissótski:* "O sol caiu no *kichlak*, como uma enorme bomba", "Não preciso de glória. Se vivermos, esta é toda a recompensa", "Para que estamos matando? Para que estão nos matando?", "Já comecei a esquecer os rostos", "Afeganistão, você é maior que nosso dever. Você é nosso universo", "Como grandes aves, saltam com uma perna no mar", "Morto, ele já não é de ninguém. Já não há ódio no rosto dele".

À noite tive um sonho: nossos soldados iam embora para a União Soviética, eu estava entre os que iam se despedir deles. Me aproximava de um menino, ele não tinha língua, era mudo. Depois de ter sido capturado. De debaixo da túnica de soldado saía um pijama de hospital. Eu perguntava algo a ele, ele só escrevia o próprio nome: "Vánietchka… Vánietchka…". Eu reconhecia seu nome com tanta clareza — Vánietchka… O rosto parecia de um rapaz com o qual eu havia conversado de dia, que ficava repetindo: "Minha mãe está me esperando em casa".

---

* Vladímir Vissótski (1938-80): cantor e ator russo.

Percorremos as ruazinhas paradas de Cabul, passamos por cartazes conhecidos no centro da cidade: "O comunismo é um futuro radioso", "Cabul, cidade da paz", "O povo e o partido unidos". Cartazes nossos, impressos em nossas tipografias. Nosso Lênin está aqui, de pé, com a mão erguida...

Conheci uns cinegrafistas de Moscou.

Eles estavam filmando um carregamento de "tulipas negras".* Sem levantar os olhos, contam que vestem os mortos com um uniforme militar antigo dos anos 1940, ainda com culote; às vezes são colocados sem roupa no caixão, acontece de faltar até mesmo os uniformes. Tábuas velhas, parafusos enferrujados... "Trouxeram mais mortos para a geladeira. Parecia que cheiravam a javali estragado."

Quem vai acreditar em mim se eu escrever sobre isso?

20 de setembro

Vi um combate...

Três soldados mortos... À noite todos estavam jantando, não nos lembrávamos do combate e dos mortos, ainda que eles estivessem em algum lugar próximo.

É um direito humano não matar. Não aprender a matar. Ele não está escrito em nenhuma Constituição.

A guerra é um mundo, não um acontecimento... Aqui tudo é diferente: a paisagem, as pessoas, as palavras. A parte teatral da guerra fica na memória: um tanque dá a volta, soam os comandos... O caminho da bala que se ilumina na escuridão...

---

* Aviões soviéticos, modelo Antonóv AN-12, nos quais os caixões dos soldados mortos eram transportados do Afeganistão para a União Soviética.

Pensar na morte é como pensar no futuro. Acontece algo com o tempo quando você pensa na morte e a vê. Junto com o medo da morte vem o fascínio pela morte...

Não preciso inventar nada. Há trechos em grandes livros. Em todos eles.

Impressiona nos relatos (muitas vezes!) a ingenuidade agressiva dos nossos meninos. Há pouco tempo eram alunos soviéticos do décimo ano. E eu quero conseguir deles o diálogo do homem com o homem interior.

E, ainda assim, em que língua falamos com nós mesmos, com os outros? Gosto da linguagem falada, ela não é sobrecarregada por nada, é emitida à vontade. Só passeia e festeja: a sintaxe, a entonação, os sotaques — e recupera o sentimento com precisão. Eu sigo o sentimento, não o acontecido. Como se desenvolveram nossos sentimentos, não os acontecimentos. Talvez o que faço se pareça com o trabalho de um historiador, mas sou uma historiadora sem vestígios. O que acontece com os grandes acontecimentos? Eles passam para a história, enquanto os pequenos, mas os principais para o homem comum, desaparecem sem deixar vestígios. Hoje um menino (mal parecia um soldado tamanha a fragilidade e a aparência doentia) contava como é pouco habitual e ao mesmo tempo temerário matar junto com alguém. E como dá medo atirar.

Por acaso isso fica na história? Desesperadamente me dedico (livro após livro) ao mesmo trabalho — diminuo a história até chegar à escala do ser humano.

Estive pensando sobre a impossibilidade de escrever um livro sobre a guerra na guerra. Misturo pena, ódio, dor física, amizade... E as cartas que chegam de casa, depois das quais dá tanta vontade de viver... Dizem que quando estão matando tentam não olhar nos olhos, inclusive dos camelos. Aqui não há ateus. E todos são supersticiosos.

Eles me dão bronca (principalmente os oficiais, os soldados é mais raro), porque eu mesma, dizem, nunca atirei e não estive na mira — como posso escrever sobre a guerra? Mas talvez seja bom que eu nunca tenha atirado.

Onde está a pessoa que sofre só de pensar sobre a guerra? Não a encontro. Mas ontem, perto do quartel, havia um passarinho morto de espécie desconhecida. E estranhamente... Os militares se aproximavam dele, tentavam adivinhar — qual é? Lamentavam.

Há uma certa inspiração no rosto morto... Não consigo de forma alguma me acostumar com a loucura do cotidiano na guerra — água, cigarros, pão... Especialmente quando saímos da guarnição e subimos as montanhas. Lá a pessoa está totalmente só com a natureza e o acaso. Uma bala vai passar ou não? Quem vai atirar primeiro — você ou ele? Ali você começa a ver a pessoa da natureza, e não da sociedade.

Já na União Soviética eles aparecem na TV plantando alamedas para demonstrar amizade entre as nações que nenhum de nós aqui viu ou plantou...

Dostoiévski em *Os demônios*: "A convicção e o ser humano — são, parece, duas coisas muito diferentes... Todos somos culpados... se todos nos convencêssemos disso!". Ele tem uma ideia assim, de que a humanidade sabe sobre si mais, muito mais, do que ela consegue fixar na literatura, na ciência. Ele dizia que essa ideia não era dele, mas de Vladímir Soloviov. Se eu não tivesse lido Dostoiévski, estaria num desespero enorme...

21 de setembro

Em algum lugar distante funciona a estrutura do Grad.* É horrível até à distância.

Depois das grandes guerras do século xx e das mortes em massa, para escrever sobre guerras contemporâneas (pequenas) como a do Afeganistão são necessárias outra ética e outra atitude metafísica. Deve-se exigir o pequeno, o pessoal e individual. O indivíduo. Único para alguém. Não como o governo se relaciona com ele, mas como ele é para a mãe, para a esposa. Para o filho. Como vamos resgatar uma visão normal?

Também me interessa o corpo, o corpo humano como ligação entre a natureza e a história, entre o animal e o discurso. Todos os detalhes físicos são importantes: como o sangue muda debaixo do sol; o ser humano diante da morte... A vida é inconcebivelmente artística por si mesma, e — por mais cruel que isso soe — o sofrimento humano é especialmente artístico. É o lado negro da arte. Ontem mesmo vi como juntavam os pedaços de uns rapazes que se explodiram numa mina antitanque. Podia não ter ido olhar, mas fui para escrever. Agora escrevo...

* bm-21 Grad: lançador múltiplo de foguetes.

Mas ainda assim: era preciso ir? Escutei os oficiais dando risadinhas pelas minhas costas: a madame vai se assustar, diziam. Fui e não houve nada de heroico nisso, porque lá eu desmaiei. Talvez pelo calor, talvez pela comoção. Quero ser honesta.

23 de setembro

Subi num helicóptero... De cima vi centenas de caixões de zinco preparados de antemão, brilhando ao sol, belos e assustadores...

Quando você esbarra em algo assim, pensa na hora: a literatura se sufoca em seus limites... A reprodução e o fato só podem expressar o que é visível aos olhos, mas quem precisa de um relatório minucioso sobre o que aconteceu? É preciso algo diferente... A impressão de um instante, expressa a partir da vida...

25 de setembro

Vou voltar daqui como uma pessoa livre... Não era livre até ter visto o que estamos fazendo aqui. Foi terrível e solitário. Vou voltar e nunca mais vou a um único museu de guerra...

***

Não estou dando os nomes verdadeiros no livro. Uns pediram o segredo da confissão, outros querem eles mesmos esquecer de tudo. Esquecer aquilo sobre o que escreveu Tolstói — que "o ser humano é fluido". Nele há de tudo.

Mas no diário eu mantive os sobrenomes. Talvez em algum momento meus protagonistas queiram ser reconhecidos:

Serguei Amirkhanian, capitão; Vladímir Agapov, primeiro-tenente, chefe de contabilidade; Tatiana Belozérskikh, funcionária; Viktória Vladímirovna Bartachévitch, mãe do soldado morto Iúri Bartachévitch; Dmítri Bábkin, soldado, artilheiro; Saia Emeliánovna Babuk, mãe da enfermeira morta Svetlana Babuk; Maria Teréntevna Bóbkova, mãe do soldado morto Leonid Bóbkov; Olimpiada Románovna Baukova, mãe do soldado morto Aleksandr Baukov; Taíssia Nikoláievna Bóguch, mãe do soldado morto Víktor Bóguch; Viktória Semiônovna Valóvitch, mãe do primeiro-tenente Valeri Valóvitch; Tatiana Gaissenko, enfermeira; Vadim Gluchkov, primeiro-tenente, tradutor; Genadi Gubanov, capitão, piloto; Inna Serguêievna Galovneva, mãe do primeiro--tenente morto Iúri Galovnev; Anatóli Devetiarov, major, propagandista de um regimento de artilharia; Denis L., soldado, atirador de granadas; Tamara Dóvnar, esposa do primeiro-tenente Piotr Dóvnar; Ekaterina Nikítitchna Platítsina, mãe do major morto Aleksandr Platítsin, Vladímir Ierokhovets, soldado, atirador de granadas; Sófia Grigorievna Juravliova, mãe do soldado morto Aleksandr Juravliov; Natália Jestovskaia, enfermeira; Maria Onufrievna Zilfigarova, mãe do soldado morto Oleg Zilfigarov; Vadim Ivanóv, primeiro-tenente, comandante do pelotão de sapadores; Galina Fiódorovna Iltchenko, mãe do soldado morto Aleksandr Iltchenko; Ievgueni Krasnik, soldado, infantaria mecanizada; Konstantin M., conselheiro militar; Ievguêni Kotelnikov, subtenente, enfermeiro-instrutor da companhia de reconhecimento; Aleksandr Kostakov, soldado, comunicações; Aleksandr Kuvchinnikov, primeiro-tenente, comandante do pelotão de minas; Nadejda Serguêievna Kozlova, mãe do soldado morto Andrei Kozlov; Marina Kisseliova, funcionária; Tarás Ketsmur, soldado; Piotr Kurbanov, major, comandante da companhia de artilharia de montanha; Vassíli Kubik, alferes; Oleg Leliuchenko, soldado, atirador de granadas; Aleksandr Leletko, soldado; Serguei Loskutov, cirurgião militar; Valeri Lissitchenok, sargento de telecomunicações; Aleksandr Lavrov, soldado; Vera Lissenko, funcionária;

Artur Metlitski, soldado, batedor; Ievguêni Stepánovitch Mukhortov, major, comandante de batalhão, e seu filho Andrei Mukhortov, segundo-tenente; Lídia Iefímova Mankiévitch, mãe do sargento morto Dmitri Mankiévitch; Galina Mliavaia, esposa do capitão morto Stepan Mliavi; Vladímir Mikholap, soldado, atirador de morteiro; Maksim Medvedev, soldado, controlador de voo; Aleksandr Nikoláienko, capitão, comandante de uma patrulha de aviões; Oleg L., piloto de helicóptero; Natália Orlova, funcionária; Galina Pávlova, enfermeira; Vladímir Pankratov, soldado, batedor; Vitali Rujentsev, soldado, motorista; Serguei Russak, soldado, motorista de tanque; Mikhail Sirotin, primeiro-tenente, piloto; Aleksandr Sukhorukov, primeiro-tenente, comandante do pelotão de artilharia de montanha; Timofei Smirnov, sargento, artilheiro; Valentina Kiríllovna Sanko, mãe do soldado morto Valentin Sanko; Nina Ivánovna Sidelnikova, mãe; Vladímir Simanin, tenente-coronel; Tomas M., sargento, comandante de um pelotão de artilharia; Leonid Ivánovitch Tatartchenko, pai do soldado morto Ígor Tatartchenko; Vadim Trubin, sargento, combatente da força especial; Vladímir Ulanov, capitão; Tamara Fadêieva, médica bacteriologista; Liudmila Kharitontchik, esposa do primeiro-tenente morto Iuri Kharitontchik; Anna Khakas, funcionária; Valeri Khudiakov, major; Valentin Iákovleva, alferes, chefe de uma unidade secreta...

PRIMEIRO DIA

"POIS MUITOS VIRÃO EM MEU NOME"

De manhã, uma ligação longa como uma rajada de metralhadora:

— Escute aqui — ele começou, sem se apresentar —, li seu jornaleco, se você publicar mais uma linha sequer...

— Quem é você?

— Um desses sobre quem você escreve. Ainda vão nos chamar, ainda vão colocar armas nas nossas mãos para pôr ordem em tudo. Vocês vão ter que responder por tudo. Continue publicando com seu sobrenome, sem se esconder atrás de um pseudônimo, para você ver. Odeio pacifistas! Você subiu a montanha com equipamento completo, andou no VBTP [veículo blindado de transporte pessoal] quando fazia cinquenta graus? Sente todas as noites o fedor do espinheiro? Não sente... Não... Então não se meta nisso! É nosso! De que serve para você? Você é mulher, vá parir seus filhos!

— Por que não diz seu nome?

— Não se meta nisso! Eu trouxe meu melhor amigo, ele era um irmão pra mim, de volta da incursão num saco plástico... A cabeça separada, os braços separados, as pernas... A pele arrancada como

se fosse um porco... Uma carcaça destroçada... E ele tocava violino, escrevia poesia. Ele sim devia escrever, não você... Dois dias depois do enterro levaram a mãe dele para o hospital psiquiátrico. Ela dormia no cemitério, no túmulo dele... Era inverno, e ela dormia na neve. Você! Você... Não se meta nisso! Nós éramos soldados, fomos mandados para lá. A gente estava cumprindo ordens. Fiz um juramento militar. Beijei o estandarte de joelhos.

    — *"Atenção para que ninguém vos engane; pois muitos virão em meu nome." Novo Testamento. Evangelho segundo São Mateus.*

    — *Seus sabichões! Nos últimos dez anos todo mundo ficou sabichão. Querem ficar limpinhos? Quer dizer que nós somos os encardidos... Você não sabe nem como voa uma bala. Não segurou uma metralhadora... Eu cuspo no seu Novo Testamento! Trouxe minha verdade num saco plástico... A cabeça separada, os braços separados... Não existe outra verdade...* — *E o apito no gancho de telefone, parecido com uma explosão ao longe.*

    Ainda assim, lamento que eu e ele não tenhamos terminado de conversar. Talvez ele fosse meu personagem principal...

A autora

— A mim só chegavam as vozes... Não importa o quanto eu me esforçasse, eram vozes sem rosto. Elas às vezes iam embora, às vezes voltavam. Acho que consegui pensar: "Estou morrendo". E abri os olhos...

Recuperei a consciência em Tachkent dezesseis dias depois da explosão. Quando você recupera a consciência se sente péssimo, parece que era melhor nem existir... Não voltar mais seria mais confortável. Névoa e enjoo, já nem é mais enjoo, mas um sufocamento, como se seus pulmões estivessem cheios de água... Leva muito tempo para sair desse estado. Névoa e enjoo... A cabeça dói até quando você sussurra, eu não conseguia falar mais alto que um cochicho. O hospital de Cabul já tinha ficado para trás. Em Cabul abriram meu crânio — lá dentro estava um mingau, tiraram pedacinhos minúsculos de ossos, juntaram o meu braço esquerdo com parafusos e sem as articulações. Meu primeiro sentimento foi de tristeza porque nada voltaria, não veria meus amigos, e o mais doloroso: não poderia treinar na barra fixa.

Passei em vários hospitais por bastante tempo, faltaram quinze dias para completar dois anos. Dezoito cirurgias, quatro com anestesia geral. Os estudantes escreviam a meu respeito: o que eu tinha, o que eu não tinha. Eu mesmo não conseguia me barbear, outras pessoas me barbeavam. Da primeira vez, derramaram um vidro de água-de-colônia em mim, e eu gritei: "Joguem outra!". Não havia cheiro. Eu não sinto. Linguiça, pepino, mel, bombons — nada tinha cheiro! Tem cor, tem gosto, mas cheiro não tem. Por pouco não enlouqueci! Veio a primavera, as árvores floriram, via tudo isso mas não sentia o cheiro. Me tiraram um centímetro cúbico e meio de cérebro e, pelo visto, removeram algum centro, o que está ligado aos cheiros. Mesmo agora, cinco anos depois, não sinto o cheiro das flores, a fumaça do cigarro, o perfume das mulheres. Consigo sentir o cheiro da água-de-colônia se for grosseiro e forte, mas precisa pôr o frasco bem debaixo do meu nariz. Pelo visto a parte que sobrou do cérebro desenvolveu essa capacidade. Acho que foi isso.

No hospital recebi uma carta de um amigo. Através dele fiquei sabendo que nosso VBTP havia explodido numa mina italiana. Ele viu que uma pessoa saiu voando junto com o motor... Era eu...

Me deram alta e uma pensão — trezentos rublos. Por uma ferida leve se dá 150, por uma grave, trezentos. A partir daí, vá viver como quiser. A pensão é uns tostões. Vá ser sustentado pelos seus pais. Meu pai passou por uma guerra sem ir à guerra. Ficou grisalho, hipertenso.

Isso eu não via direito durante a guerra, só comecei a enxergar com clareza depois. E tudo começou a girar para o outro lado...

Fui convocado em 1981. A guerra já estava acontecendo havia dois anos, mas na "vida civil" pouco se sabia e pouco se falava disso. Na nossa família achávamos que o governo tinha mandado tropas para lá porque era necessário. Era assim que raciocinavam meu pai, os vizinhos. Não me lembro de alguém que tivesse outra opinião. Nem as mulheres choravam, tudo isso ainda estava distante e não dava medo. Era e não era guerra, se fosse, era uma guerra meio estranha, sem mortos e prisioneiros. Ninguém tinha visto os caixões de zinco. Disso ficamos sabendo depois, que na época já levavam os caixões para a cidade, mas enterravam em segredo, à noite, e nas lápides escreviam "falecido" em vez de "morto em combate". Mas ninguém se perguntava: de quê, de repente, começaram a morrer rapazes de dezenove anos no nosso Exército? De vodca ou de gripe? Talvez consumissem laranjas demais? Os parentes deles choravam, o restante ia vivendo como se não fosse com eles. Escreviam nos jornais que nossos soldados construíam pontes, plantavam alamedas da amizade, e que nossos médicos tratavam mulheres e crianças afegãs.

No "treinamento" de Vítebsk não era segredo que estavam preparando a gente para o Afeganistão. Muitos tentavam escapar a qualquer custo. Um admitiu que estava com medo, dizia que iam matar todos nós a tiros lá. Passei a sentir desprezo por ele. Logo antes da partida, mais um quis se recusar a ir: no começo mentia, dizia que tinha perdido a carteirinha do Komsomol;* apareceu a carteirinha, inventou que a namorada ia dar à luz. Eu o considerava um anormal. Íamos fazer a revolução! Era o que nos diziam. E nós acreditávamos. Imaginava que tinha algo romântico pela frente.

Quando uma bala atinge a pessoa, você escuta — não dá para esquecer, não dá para confundir com nada —, é uma panca-

---

* Juventude do Partido Comunista da União Soviética.

da úmida característica. Um conhecido seu cai ao lado com o rosto para baixo, naquela poeira cáustica feito cinza. Você vira o rapaz de costas: nos dentes está preso um cigarro que você acabou de dar a ele. Ainda está aceso... Eu não estava pronto para atirar numa pessoa, vinha de uma vida de paz. Do mundo... Da primeira vez você age como se estivesse num sonho: corre, se arrasta, atira, mas não se lembra de nada, não consegue contar para ninguém. É como se visse tudo por trás de um vidro... Como se uma tempestade impedisse de enxergar... É um pesadelo. Para sentir terror, eu descobri, é preciso se lembrar dele, se acostumar com ele. Depois de umas duas, três semanas, não sobra nada de quem você era antes, só seu nome. Você já não é você, é outra pessoa. Acho que é assim... Pelo visto é assim... E esse outro... Essa pessoa já não se assusta quando vê um morto, mas pensa com tranquilidade ou irritação como vai arrastá-lo para fora do rochedo, ou puxá-lo por vários quilômetros no calor. Ela não imagina... Ela já conhece o cheiro de entranhas reviradas e não fica se lavando para tirar o cheiro de fezes e sangue humano. Imaginação? A imaginação se cala. Você vê: numa poça suja de metal fundido, um crânio queimado mostra os dentes — como se algumas horas atrás não estivesse gritando, e sim sorrindo enquanto morria. Mas de repente tudo é habitual... Simples... Surge uma agitação aguda e perturbadora ao ver um morto: dessa vez não fui eu! Isso acontece tão rápido... Essa transformação... Muito rápido. Acontece com todos.

Para quem está na guerra não há mistério na morte. Matar é só apertar o gatilho. Fomos ensinados: fica vivo quem atira primeiro. Essa é a lei da guerra. "Aqui vocês têm que saber duas coisas: correr rápido e acertar o tiro. Quem pensa sou eu", dizia o comandante. Atirávamos onde mandavam. Eu atirava, não tinha pena de ninguém. Podia matar uma criança. Todo mundo lutava contra a gente: homem, mulher, velho, criança. Uma vez, nossa coluna estava cruzando um *kichlak*. O motor do primeiro carro morreu. O motorista saiu da cabine, levantou o capô... Um garoto, de uns dez anos, enfiou uma faca nas costas dele... Onde fica o coração. O soldado tombou sobre o motor. Transformamos o menino em peneira... Se nos dessem a ordem naquele instante, teríamos transformado o *kichlak* em pó. Apagado da face da terra. Estávamos todos tentando sobreviver. Não dava tempo de pensar. A gente tinha dezoito, vinte anos. Eu estava acostumado com a morte dos outros, mas tinha medo da minha. Eu via como em um segundo não sobra nada de uma pessoa, como se ela nunca tivesse existido. E mandavam de volta para casa um uniforme de gala num caixão vazio. Dentro jogavam terra estrangeira para dar o peso necessário... Eu queria viver. Nunca tive tanta vontade de viver como lá. Quando a gente voltava do combate, ria. Nunca ri tanto quanto lá. As piadas velhas eram nossas preferidas. Como aquela...

Um cambista foi parar na guerra. Primeiro, descobriu quantos cheques custava um *dukh* prisioneiro. Estava avaliado em oito cheques. Dois dias depois uma nuvem de poeira começa a subir ao lado da guarnição: ele estava levando duzentos prisioneiros. Um amigo pede: "Passe um desses para a gente. Damos sete cheques". "O que é isso, querido? Eu mesmo comprei por nove."

Cem vezes alguém contava isso — cem vezes a gente ria. A gente gargalhava por qualquer bobagem até a barriga doer.

Um *dukh* (era assim que se chamavam os *duchman-mujahidin*) estava deitado com um dicionário. Era um franco-atirador. Viu três estrelinhas — um primeiro-tenente... Deu uma folheada no glossário: três estrelinhas valiam 50 mil afeganes. Pou! Uma estrela grande — um major —, 200 mil afeganes. Pou! Duas estrelinhas pequenas — um alferes. Pou! À noite, o chefe estava acertando as contas: pelo primeiro-tenente, dava os afeganes, pelo major, os afeganes. Pelo... o quê? Um alferes? Você matou nosso fornecedor. Quem vai nos vender leite condensado, conservas, cobertores? Para a forca!

Falava-se muito sobre dinheiro. Mais do que sobre morte. Eu não trouxe nada. O estilhaço que tiraram de mim, e só. Teve gente que trouxe…. Porcelana, pedras preciosas, enfeites, tapetes… Isso pegavam nos combates, quando entrávamos nos *kichlaks*. Tinha gente que comprava, trocava… Um carregador de munição por um conjunto de cosméticos para a namorada: rímel, pó, sombra. Vendíamos munição cozida… A bala cozida não voa, é cuspida para fora do cano. É impossível matar com ela. A gente botava uns baldes ou bacias, jogava a munição lá e cozinhava por duas horas. Pronto! À noite levávamos para vender. Comandantes e soldados, heróis e covardes, todos negociavam. Nos refeitórios sumiam facas, tigelas, colheres, garfos. Nos quartéis se dava pela falta de canecas, banquinhos, martelos. Sumiam as baionetas das metralhadoras, os espelhos dos carros, as peças de reposição… Inclusive as condecorações… Nos *dukans* aceitavam tudo, até o lixo que se levava da cidadela da guarnição: latas de conserva, jornais velhos, pregos enferrujados, pedaços de compensado, sacos plásticos… Vendiam o lixo em carros. Dólar e água compram tudo. Em todo lugar. O soldado sonhava com três coisas… Eram três os sonhos dos soldados: comprar um lenço para a mãe, um conjunto de maquiagem para a namorada e uma sunga para si mesmo; na época não tinha sunga na União Soviética. Está aí o que era a guerra.

Somos chamados de "afegãos". Um nome de estrangeiro. Como um sinal. Uma marca. Não somos iguais a todos. Somos diferentes. Quem somos? Não sei quem sou: um herói ou um idiota para quem apontam o dedo? Talvez um criminoso? Já estão falando que foi um erro político. Hoje falam baixo, amanhã dirão mais alto. Mas eu deixei sangue ali… O meu sangue… E de outros também… Nos deram condecorações que não usamos… Ainda vamos devolvê-las... Condecorações recebidas honestamente numa guerra desonesta... Nos propõem fazer apresentações nas escolas. Mas o que vou contar? Sobre as operações de guerra... Sobre o primeiro morto... Que até hoje tenho medo do escuro, que se algo cai eu me sobressalto... Que capturávamos prisioneiros e não levávamos para o regimento... Nem sempre... (*Fica em silêncio.*) Em um ano e meio de guerra não vi um *duchman* vivo, só morto. Sobre as coleções de orelhas humanas secas? Sobre os troféus de combate... Se vangloriavam deles... Sobre os *kichlaks* depois do tratamento da artilharia, que já não pareciam uma morada, mas um campo arado e deserto? É sobre isso que querem ouvir em nossas escolas? Não, lá eles precisam de heróis. E eu me lembro de como destruíamos, matávamos e ali mesmo construíamos, distribuíamos presentes. Tudo isso acontecia tão perto que até hoje não consigo separar. Tenho medo dessas lembranças... Eu me escondo delas. Me esquivo... Não conheço uma só pessoa que voltou de lá e não beba, não fume. Cigarros fracos não me salvam, procuro os Okhótnitchi que fumávamos lá... Mas os médicos proíbem de fumar... Metade da minha cabeça é feita de metal. E não posso ficar bêbado...

Só não escreva sobre nossa irmandade afegã. Ela não existe. Não acredito nela. Na guerra, algo nos unia: havíamos sido igualmente enganados, queríamos igualmente viver e igualmente ir para casa. Aqui, o que nos une é o fato de que não temos nada, e os benefícios no nosso país são distribuídos por pistolão e privilégio. Mas nos devem isso em troca do nosso sangue. Temos os mesmos problemas: pensões, apartamentos, bons remédios, próteses, mobília... Se os resolvemos, nossos grupos se desfazem. Eu vou arranjar, arrombar, descolar um apartamento para mim, mobília, geladeira, máquina de lavar, um videocassete japonês — e pronto! Na hora vai ficar claro que eu não tenho mais nada para fazer nesse grupo. Os jovens não nos procuram. Somos incompreensíveis para eles. Somos mais ou menos como os participantes da Grande Guerra Patriótica,* mas eles estavam defendendo a pátria, e nós? Estávamos no papel dos alemães — como me disse um rapaz. Acho que é assim... É assim... É assim que nos veem... E nós temos raiva deles. Eles ficavam aqui escutando música, dançando com as meninas, lendo livros, enquanto nós fomos lá comer mingau cru e explodir minas. Quem não esteve comigo, não viu, não sobreviveu, não experimentou, para mim não é ninguém.

Dez anos depois, quando aparecerem nossas hepatites, lesões, malária, vão se livrar de nós. No trabalho, em casa... Vão parar de nos pôr nas presidências de reuniões. Todos seremos um peso... Para que vai servir seu livro? Para quem? Nós, que voltamos de lá, não vamos gostar dele mesmo. Por acaso você vai contar tudo como aconteceu? Que os camelos mortos e as pessoas mortas ficavam deitados na mesma poça de sangue, que o sangue deles se misturava? Quem precisa disso? Em casa somos estrangeiros para todos. Tudo o que me restou é minha casa, minha esposa, o filho que ela logo vai ter. Alguns amigos de lá. Não acredito em mais nada.

E nunca vou acreditar.

Soldado, atirador de granada

— Passei dez anos calado... Calado sobre tudo...

Nos jornais escreviam: o regimento realizou uma marcha de treino... Realizou um exercício de tiro... Líamos isso e ficávamos ofendidos. Nosso pelotão era escoltado por caminhões. Você pode furar um caminhão com uma chave de fenda, para uma bala é um alvo perfeito. Todo dia atiravam na gente, nos matavam. Mataram um rapaz conhecido ao meu lado. Foi o primeiro... diante

---

* Forma como os russos se referem à Segunda Guerra Mundial.

dos meus olhos. Ainda conhecíamos pouco um ao outro... Atiraram de um morteiro. Ele demorou muito tempo para morrer, havia sido atingido por muitos estilhaços. Nos reconhecia. Mas chamava por pessoas que não conhecíamos...

Antes de ser mandado para Cabul quase briguei com um cara, mas o amigo dele o arrastou para longe de mim.

— Por que está brigando com ele? Amanhã ele vai para o Afeganistão!

Lá nunca tivemos isso de cada um ter sua panela, sua colher. Era uma panela — e todos caíamos em cima, umas oito pessoas. Mas o Afeganistão não é história de detetive, não é uma aventura. Um camponês ali, morto — corpo mirrado, mãos grandes... Na hora do tiroteio você pede (a quem, não sei, pede a Deus): que a terra se abra e me esconda. Que a pedra se abra... Os cachorros começavam a ganir. Os cachorros que procuram minas ficavam ganindo dolorosamente. Eles também eram mortos e feridos. Cães policiais e pessoas mortas, cachorros e pessoas metralhados. Gente sem perna, cachorro sem pata. Não dá para separar onde na neve é sangue de cachorro, onde é sangue de gente. Jogam num mesmo monte as armas apreendidas: chinesas, americanas, paquistanesas, soviéticas, inglesas — eram bonitas, eu me espantava, mas tudo isso era para matar você. Que medo! Não tenho vergonha desse medo. O medo é mais humano do que a ousadia. Isso eu entendi. Você tem medo e lamenta, ao menos por si mesmo... Mas olha em volta, começa a notar a vida... Tudo aquilo vai parar de viver e você vai desaparecer. Você não quer pensar que vai ficar lá jogado, pequeno e destruído, a milhares de quilômetros de casa. O ser humano já consegue ir para o espaço, mas também mata os outros como fazia há mil anos. Com bala, faca, pedra... Nos *kichlaks* apunhalavam nossos soldados com garfos de madeira...

Voltei em 1981... Tudo era "viva!". Cumprimos nosso dever internacional! Santos! Heróis! Cheguei a Moscou de manhã, bem cedo. Cheguei de trem. O ônibus era só à noite. Não conseguia esperar. Me virei no caminho: fui até Mojaisk de bonde elétrico, até Gagárin de ônibus comercial, depois até Smolensk de carona. E de Smolensk até Vítebsk num veículo de carga. Ao todo, seiscentos quilômetros. Ninguém aceitava dinheiro quando ficava sabendo que eu vinha do Afeganistão. Isso me ficou na memória. Os últimos dois quilômetros fui a pé. Correndo. Corri até minha casa.

Casa: o cheiro do álamo, os bondes que soam, a menina tomando sorvete. E os álamos, os álamos tinham um cheiro! Lá a natureza é a zona verde, a chamada "verdinha", é de lá que saem os tiros. Eu queria tanto ver uma bétula e nosso chapim-real. Tinha medo das esquinas. De sair de casa e dobrar a esquina… A esquina estava adiante, sentia um aperto dentro de mim — quem está ali virando a rua? Passei um ano com medo de sair: não tinha colete blindado, não tinha capacete, não tinha metralhadora — parecia que estava nu. E, à noite, os sonhos: alguém estava mirando na minha testa, e era um calibre que arrancaria meia cabeça… Eu me jogava contra a parede… O telefone começava a tocar, minha testa começava a suar — iam atirar! De onde? Você começa a arregalar os olhos para os lados. Se apoia na estante de livros… A-a-ah! Estou em casa…

Nos jornais, continuavam escrevendo como antes: o helicóptero X fez um voo de exercício… Foi condecorado com a Ordem da Estrela Vermelha… Em Cabul foi realizado um concerto em homenagem ao Primeiro de Maio com a participação de soldados soviéticos… O Afeganistão me libertou. Me curou da fé de que tudo em nossas terras está correto e de que nos jornais escrevem a verdade, na TV falam a verdade. "O que fazer? O que fazer?" — eu perguntava a mim mesmo. Queria decidir algo, ir a algum lugar. Mas para onde? Minha mãe tentou me dissuadir, nenhum dos meus amigos me apoiou. Eu dizia para todos se calarem. Era preciso.

Aí está, lhe contei... Pela primeira vez tentei falar o que penso. Não estou acostumado.

Soldado, infantaria mecanizada

— Tenho medo de começar a contar. Essas sombras vão atacar de novo...

Todo dia... Todo dia eu dizia para mim mesma ali: "Burra, sou burra. Por que fui fazer isso?". Esses pensamentos apareciam especialmente à noite, quando eu não estava trabalhando; de dia era outra coisa: como ajudar a todos? As feridas eram terríveis... Ficava chocada: para que balas como essas? Quem as inventou? Foi uma pessoa que as inventou? O orifício de entrada era pequeno, mas dentro o intestino, o fígado, o baço — tudo cortado, despedaçado. Não basta matar, ferir, é preciso torturar assim... Eles sempre gritavam "mamãe!" quando sentiam dor. Eu não ouvia outra palavra...

Eu queria era ir embora de Leningrado, por um ano ou dois, ir embora. Morreu meu filho, depois morreu meu marido. Nada me segurava naquela cidade, pelo contrário, tudo me fazia lembrar, me expulsava. Ali eu tinha me encontrado com ele... Aqui a gente se beijou pela primeira vez... Nessa maternidade eu dei à luz...

O chefe da equipe médica me ligou:

— Quer ir para o Afeganistão?

— Quero.

Eu precisava ver que tinha gente pior do que eu. E vi.

É uma guerra justa, nos diziam, estamos ajudando o povo afegão a terminar com o feudalismo e a construir uma bela sociedade socialista. Que nossos rapazes estivessem morrendo, isso de alguma forma era omitido, entendíamos que lá havia muitas doenças infecciosas: malária, febre tifoide, hepatite. Em 1980... O começo… Chegamos a Cabul… Umas velhas estrebarias inglesas foram usadas como hospital. Não havia nada… Uma seringa para todos… Os oficiais bebiam todo o álcool, tratávamos as feridas com gasolina. As feridas cicatrizavam mal… O sol ajudava. O sol forte mata os micróbios. Os primeiros feridos que vi estavam de roupa de baixo e botas. Sem pijama. Os pijamas demoraram a aparecer. Os chinelos também. E os cobertores… Tinha um menino… Lembro desse menino: o corpo dele se dobrava para todos os lados, como se não tivesse ossos, as pernas pareciam cordas. Tiraram doze estilhaços dele.

Durante todo o mês de março, ali ao lado da enfermaria, foram amontoando braços cortados, pernas. Os cadáveres ficavam numa enfermaria separada… Seminus, com os olhos arrancados, uma vez vi um com uma estrela cortada na barriga… Antes eu tinha visto algo assim num filme sobre a guerra civil. Ainda não existiam os caixões de zinco, ainda não tinham começado a fazer um estoque deles.

Logo começamos a pensar, pouco a pouco: o que estamos fazendo aqui? A chefia não gostava dos nossos questionamentos. Não havia pijamas, chinelos, mas já tinham pendurado slogans, palavras de ordem e cartazes que haviam trazido. No pano de fundo dos slogans, o rosto triste e magro de nossos rapazes. Eles ficaram para sempre assim na minha consciência… Duas vezes por semana tínhamos estudo político. O tempo todo nos ensinavam: é um dever sagrado, a fronteira deve estar bem guardada. A coisa mais desagradável no Exército é o ambiente de delação, a ordem de delatar. Cada bobagem. Cada ferido, doente. Isso se chamava "entender o clima". O Exército precisa ser saudável… Era preciso "caguetar" todos. Não podia ter pena. Mas a gente tinha pena, tudo aquilo ali só ficava de pé por pena…

Tínhamos ido salvar as pessoas, ajudar, amar… Para isso tínhamos ido… Passou um certo tempo e me peguei pensando que estava com ódio. Odiava aquela areia macia e leve, que queimava feito fogo. Odiava aquelas montanhas. Odiava aqueles *kichlaks* baixos de onde podiam atirar a qualquer momento. Odiava um afegão qualquer que carregava uma cesta de melões ou que estava parado ao lado de casa. Vai saber onde ele havia estado de noite e o que tinha feito. Mataram um oficial conhecido meu, que pouco tempo antes tinha se tratado no hospital, acabaram com duas enfermarias de soldados... Em outro lugar a água foi envenenada... Alguém pegou um isqueiro bonito, e ele explodiu nas mãos... Eram os nossos meninos que estavam morrendo. É preciso entender isso... Você nunca viu uma pessoa queimada? Não viu. Não tem rosto, não tem olhos, não tem corpo... É uma coisa enrugada, coberta por uma casca amarela... O que sai de debaixo dessa casca não é um grito, mas um rugido...

Ali se vive pelo ódio, se sobrevive pelo ódio. E o sentimento de culpa? Esse não me veio lá e sim aqui, quando vi tudo isso de longe. Lá tudo me parecia justo, aqui eu me horrorizei lembrando de uma menina pequena jogada na terra, sem braços, sem pernas... Feito uma boneca quebrada. Depois de nossos bombardeios... E ainda nos surpreendíamos de que eles não nos amassem. Eles se tratavam em nosso hospital... Você dava um remédio para uma mulher, ela não levantava os olhos, nunca sorria pra você. Isso até ofendia. Lá ofendia — aqui, não. Aqui você já é uma pessoa normal, todos os sentimentos já voltaram.

Tenho uma profissão boa: salvar; e ela me salvou também. Consigo me justificar: nós éramos necessários lá. Não salvamos todos os que podíamos salvar — isso é o mais terrível. Podia salvar, mas não tinha o remédio necessário. Podia salvar, mas trouxeram tarde (quem estava nas companhias médicas? Soldados de baixa formação que só tinham sido ensinados a fazer curativos). Podia salvar, mas não consegui acordar o cirurgião bêbado. Podia salvar... Não podíamos nem escrever a verdade nos comunicados de óbito. Eles se explodiam em minas… Muitas vezes de uma pessoa só sobrava meio balde de carne… E escrevíamos: morto num acidente de automóvel, caiu num barranco, intoxicação alimentar. Quando já eram milhares, aí nos permitiram escrever a verdade para os familiares. Me acostumei com os cadáveres. Mas que eles fossem tão jovens e adoráveis, como crianças — a isso é impossível se resignar.

Uma vez trouxeram um ferido. Justo quando eu estava de plantão. Ele abriu os olhos, olhou para mim: "Ah, acabou para mim". E morreu.

Haviam passado três dias procurando por ele nas montanhas. Encontraram. Trouxeram. Ele delirava: "Médicos! Médicos!". Viu um jaleco branco e pensou: estou salvo! A ferida era impossível de curar. Só ali eu soube o que é isso: uma ferida na caixa craniana… Tenho na memória meu próprio cemitério, minha galeria de retratos. Numa moldura preta.

Nem na morte eles eram iguais. Por algum motivo aqueles que morriam em combate lamentavam mais. Os que morriam no hospital, menos. Às vezes eles gritavam ao morrer… Como gritavam! Lembro de quando um major morreu na reanimação. Era um conselheiro militar. A esposa tinha ido encontrá-lo. Ele morreu diante dos olhos dela. E ela começou a gritar de um jeito horrível… Como um animal… Queríamos fechar todas as portas para que ninguém escutasse… Pois havia soldados morrendo por perto. Meninos… Não tinham ninguém para chorar por eles. Morriam sozinhos. Ela estava sobrando entre nós…

— Mamãe! Mamãe!

— Estou aqui, filhinho — você diz, mente.

Nós virávamos as mães deles, as irmãs. E sempre dava vontade de corresponder a essa confiança.

Uma vez trouxeram um soldado ferido. Entregaram e não iam embora:

— Meninas, não precisamos de nada. Podemos só ficar sentados aqui com vocês?

Aqui, em casa, eles têm suas mães, irmãs. Esposas. Aqui não precisam de nós. Lá eles confiavam a nós coisas que nunca nessa vida dirão a ninguém. Você roubou um bombom do camarada e comeu. Aqui isso é bobagem. Lá é uma terrível decepção consigo mesmo. Aquelas circunstâncias lançam uma luz sobre a pessoa. Se é um covarde, logo fica claro que é um covarde, se é um dedo-duro, logo se vê que é dedo-duro. Se é mulherengo, todos sabiam que era mulherengo. Não tenho certeza de que aqui alguém admite isso, mas lá ouvi de mais de um: dá para gostar de matar, matar é um prazer. É um sentimento forte. Um alferes conhecido foi embora para a União Soviética e não escondia: "E agora, como vou viver se eu quero é matar?". Talvez isso também seja uma paixão: eles falavam disso tranquilamente. Os meninos — empolgados! — contavam que tinham queimado um *kichlak*, derrubado tudo. Eles são loucos? Quantos deles voltaram assim... Para eles matar uma pessoa não custava nada... Uma vez, um oficial veio nos visitar, ele veio de perto de Candaar. À noite, na hora de se despedir, ele se fechou num quarto vazio e se matou com um tiro. Diziam que estava bêbado, não sei. Era pesado. Era difícil viver um dia. No posto um menino se matou com um tiro. Estava havia três horas no sol. Era um menino caseiro, não aguentou. Havia muitos loucos. No começo eles ficavam em enfermarias comuns, depois os botaram separados. Eles começaram a fugir, as grades os assustavam. Era mais fácil para eles ficar junto com todo mundo. Um em especial me ficou na memória:

— Sente-se. Vou cantar a música do desmobilizado para você. — Cantava, cantava e adormecia.

Acordava:

— Quero ir para casa! Para casa! Para a mamãe... Estou com calor aqui...

Pedia para ir para casa o tempo todo.

Muitos fumavam. Erva, maconha... O que alguém conseguisse.... Me explicaram que você fica forte, livre de tudo. Em primeiro lugar, do seu corpo. É como se estivesse andando nas pontas dos pés, sente-se leve em cada célula, sente cada músculo. Quer voar. Como se estivesse voando! Uma felicidade incontrolável. Gosta de tudo, ri de qualquer besteira. Escuta melhor, vê melhor. Distingue mais cheiros, mais sons. Nesse estado é mais fácil matar — você está anestesiado. Não tem pena. É mais fácil morrer — o medo vai embora. Um sentimento de que você está de colete blindado, de que você é blindado. Eu conseguia escutar... Duas vezes... Eu mesma... Duas vezes eu mesma fumei... Nos dois casos, quando não aguentava psíquica e fisicamente... Trabalhava na ala de infecções. Devia haver trinta leitos, mas havia trezentas pessoas. Febre tifoide e malária. Davam a eles lençóis, cobertores, e eles ficavam deitados em cima dos capôs, na terra nua, de cuecas. As cabeças eram raspadas mas chovia piolho deles... Da roupa... Da cabeça... Eu não imaginava que existia essa quantidade de piolhos... Ao lado, no *kichlak*, os afegãos andavam com nossos pijamas de hospital, com nossos lençóis na cabeça como turbante. Sim, nossos meninos vendiam tudo. Não os julgo... Não... Muitas vezes não julgo... Eles morriam por três rublos por mês — nossos soldados recebiam oito cheques por mês. Dá três rublos... Davam carne bichada para eles comerem, latas de peixe enferrujadas... Todos nós tínhamos escorbuto, me caíram todos os dentes da frente. Eles vendiam cobertores e compravam maconha... Algo doce. Bugigangas... Lá havia lojinhas tão alegres, nessas lojinhas havia tanta coisa atraente. Aqui na União Soviética não havia isso, eles não viam isso. E eles vendiam armas, munição, para depois serem mortos por essas mesmas armas e munição. Com isso compravam chocolate... Salgadinhos...

Depois de tudo isso lá eu passei a ver nosso país com outros olhos. Minha pupila mudou, ficou maior...

Tinha medo de voltar para cá. Era meio estranho. Como se tivessem tirado toda a minha pele. Eu chorava o tempo todo. Não conseguia me encontrar com ninguém além de quem esteve lá. Passava dia e noite com eles. As conversas dos outros me pareciam fúteis, umas bobagens. Isso durou seis meses. Agora eu brigo na fila da carne. Você tenta levar uma vida normal, como vivia "antes". Mas não dá. Fiquei indiferente a mim mesma, à minha vida. A vida acabou, não vai haver mais nada. Mas para os homens essa experiência é ainda mais torturante. A mulher pode se agarrar num filho, ele não tem a que se agarrar. Eles voltam, se apaixonam, têm filhos e mesmo assim o Afeganistão é para eles maior do que tudo. Eu mesma quero entender por que isso. Para que houve tudo isso? Por que isso mexe tanto comigo? Lá a gente botava tudo para dentro, aqui isso escapa.

É preciso ter compaixão por eles, ter compaixão por todos os que estiveram lá. Eu era adulta, tinha trinta anos, e mesmo assim fiquei arrasada. Mas eles eram jovens, não entendiam nada. Foram tirados de casa e receberam uma arma nas mãos. Diziam a eles: vocês vão cumprir uma missão sagrada, a pátria nunca se esquecerá de vocês. Agora todos desviam os olhos deles, tentam esquecer essa guerra. Todos! E os primeiros são aqueles que nos mandaram para lá. Nós mesmos, quando nos encontramos, falamos cada vez mais raramente sobre a guerra. Ninguém gosta dessa guerra. Embora eu chore até hoje quando tocam o hino afegão. Me apaixonei pela música afegã. É feito uma droga.

Recentemente encontrei um soldado no ônibus. Nós o tratamos. Ele perdeu o braço direito. Eu me lembrava bem dele, também era de Leningrado.

— Serioja, você está precisando de alguma ajuda?

E ele ficou bravo:

— Saia daqui!

Sei que ele vai me encontrar e pedir desculpas. Mas e a ele, quem vai pedir? A todos os que estiveram lá? Àqueles que foram destroçados, arruinados? Não estou falando dos inválidos. Até que ponto é preciso não amar o próprio povo para mandá-lo para algo assim? Agora eu não só não amo a guerra, mas odeio brigas de meninos. E não me diga que essa guerra acabou. A poeira quente que sopra no verão, o brilho de uma poça de água parada, o cheiro cortante das flores secas... São como uma pancada na testa... Isso vai nos perseguir por toda a vida.

Enfermeira

— Já descansei da guerra, me afastei... como transmitir tudo o que aconteceu?

Aquele tremor no corpo todo, aquela fúria... Como? Antes do Exército me formei como técnico de transportes rodoviários, e me designaram como motorista do comandante do batalhão. Não reclamava do serviço. Mas entre nós começaram a falar com insistência do contingente limitado das tropas soviéticas no Afeganistão, não havia uma aula de educação política que passasse sem essa informação: nossas tropas guardavam solidamente as fronteiras da pátria e prestavam ajuda amistosa aos povos. Começamos a nos preocupar — podiam nos mandar para a guerra. Eles decidiram, agora entendo, nos enganar...

Fomos chamados para a seção de comando e perguntaram:

— Rapazes, querem trabalhar em carros novinhos?

Claro, numa só voz:

— Sim! É nosso sonho.

Em seguida:

— Mas no começo vocês devem ir para terras virgens e ajudar a colher trigo.

Todos concordaram.

No avião escutamos dos pilotos por acaso que estávamos indo para Tachkent. Involuntariamente me surgiu uma dúvida: estamos indo para terras virgens? Pousamos em Tachkent, de fato. Nos conduziram em fila para um lugar com arame farpado perto do campo de pouso. Ficamos sentados. Os comandantes andavam meio agitados, cochichavam entre si. Estava chegando a hora do almoço, começaram a puxar caixas de vodca para onde estávamos, uma atrás da outra.

— Em filas de dois, forma-a-ar!

Eles nos enfileiraram e ali mesmo anunciaram que em algumas horas um avião viria nos buscar — estávamos a caminho da República do Afeganistão para cumprir nosso dever militar. O juramento.

Aí começou! O medo e o pânico transformaram as pessoas em animais — uns quietos, outros enfurecidos. Um chorava de raiva, outro ficou letárgico, em transe, por causa daquela mentira inacreditável, baixa. Foi para isso que trouxeram a vodca, descobrimos. Para ficar mais fácil e mais simples de nos amansar. Depois da vodca, quando ainda por cima a bebedeira tinha subido à cabeça, alguns soldados tentaram fugir, ou correram para brigar com os oficiais. Mas o acampamento era rodeado de soldados com metralhadoras, começaram a empurrar todos na direção do avião. Ali fomos transportados feito caixas, fomos jogados naquele bucho de ferro vazio.

E assim chegamos ao Afeganistão... Logo vimos os feridos, os mortos, escutamos as palavras: "prospecção", "combate", "operação". Acho que... Na minha compreensão de agora, eu tive um choque... Comecei a me recuperar, a tomar consciência clara do que estava ao meu redor, só depois de alguns meses.

Quando minha esposa perguntou como seu marido tinha ido parar no Afeganistão, responderam a ela: "Ele manifestou o desejo voluntariamente". Todas as nossas mães e esposas receberam a mesma resposta. Se precisassem de minha vida, de meu sangue para um grande feito, eu mesmo diria: "Podem me inscrever como voluntário!". Mas fui enganado duas vezes: me mandaram para uma guerra e não disseram a verdade sobre essa guerra — eu soube a verdade oito anos depois. Meus amigos estão no túmulo e não sabem como foram enganados com essa guerra canalha. Às vezes eu até tenho inveja deles: nunca vão saber. E não serão mais enganados.

Soldado, motorista

— Longe, sentia muita saudade da pátria…

Meu marido serviu muito tempo na Alemanha, depois na Mongólia… Passei vinte dos meus anos fora da pátria que eu amava com um amor sem limites. Eu até escrevi para o estado-maior geral dizendo que não podia mais passar toda a vida no exterior. Pedi ajuda para voltar para casa…

Já estávamos no trem e eu ainda não acreditava. A cada minuto perguntava para meu marido:

— Estamos indo para a União Soviética? Você não está me enganando?

Na primeira estação peguei um punhado de terra, olhei para ela e ri — querida! E juro que a comi. Passei no rosto.

Meu amor… Meu… Nosso… Iura, o meu maiorzinho. Não é correto uma mãe admitir isso, mas eu o amava mais do que tudo no mundo. Mais do que o meu marido, mais do que o meu segundo filho; eu amava todos, mas ele em especial. Quando ele era pequeno eu dormia e segurava o pezinho dele. Não conseguia imaginar: como vou ao cinema e deixo meu filho com alguém? Pegava o menino com três meses, algumas garrafas de leite, e íamos para o cinema. Posso dizer que passei a vida toda com ele. Eu o eduquei apenas segundo os livros, com exemplos ideais: Pavka Kortcháguin, Oleg Kochevoi, Zoia Kosmodemiánskaia. No primeiro ano, o que ele sabia de cor não eram os contos de fada, mas páginas inteiras de *Assim foi temperado o aço*, de Nikolai Ostróvski.*

A professora ficava encantada:

— Em que sua mãe trabalha, Iura? Você já leu tanta coisa.

— Minha mãe trabalha na biblioteca.

Ele conhecia os ideais, mas não conhecia a vida. Eu também, vivendo tanto tempo longe da pátria, imaginava que a vida consistia em ideais. Veja um caso... Nós já tínhamos voltado para nossa terra natal, morávamos em Tchernovtsi. Iura estudava no colégio militar. Uma vez, às duas da madrugada, ouvi a campainha. Ele estava na porta.

— É você, filhinho? O que foi, tão tarde? Por que veio na chuva? Está todo molhado...

— Mamãe, vim lhe dizer: a vida é difícil para mim. O que você me ensinou... Não existe nada disso. De onde você tirou tudo isso? E é só o começo... Como vou continuar vivendo?

Eu e ele passamos a noite toda na cozinha. O que eu dizia? Sempre a mesma coisa: a vida é maravilhosa, as pessoas são boas. É tudo verdade. Ele me escutava calado. De manhã, saiu para o colégio.

Mais de uma vez eu insisti:

— Iura, largue o colégio militar, vá para uma escola civil. Seu lugar é lá. Estou vendo como você está se torturando.

Ele não estava satisfeito com sua escolha porque tinha se tornado militar por acaso. Ele podia ter sido um bom historiador... Um pesquisador... Ele vivia com livros... "Que país maravilhoso

---

* Pável (Pavka) Kortcháguin: jovem revolucionário, personagem do romance *Assim foi temperado o aço* (1932), do escritor soviético Nikolai Ostróvski (1904-36). Oleg Kochevoi e Zoia Kosmodemiánskaia: membros do Komsomol e partisans durante a Segunda Guerra Mundial; capturados pelos nazistas, foram torturados e mortos.

— Grécia Antiga." E lia tudo sobre a Grécia. Depois sobre a Itália: "Mãe, Leonardo da Vinci pensou em ir para o espaço. Um dia vão decifrar o sorriso da Mona Lisa…". E no décimo ano, nas férias de inverno, ele foi para Moscou. Um irmão meu mora lá, é coronel da reserva. Iura compartilhou com ele: "Quero fazer faculdade de filosofia". Ele não aprovou:

— Você é um rapaz honesto. Ser filósofo nos nossos tempos é difícil. É preciso enganar a si mesmo e aos outros. Se você disser a verdade vai parar atrás das grades ou no manicômio.

E na primavera Iura decidiu:

— Mamãe, não diga nada. Vou ser militar.

Eu tinha visto os caixões de zinco na vila militar. Mas na época um dos meus filhos estava no sétimo ano, o outro era ainda menor. Eu tinha uma esperança: até eles crescerem a guerra terá terminado. E uma guerra lá pode ser tão longa? "Mas ela acabou tendo a duração da escola, dez anos" — alguém disse no funeral de Iura.

A última noite no colégio militar. Meu filho se tornou um oficial. Mas eu não entendia como Iura podia ir embora para algum lugar. Não imaginava nem por um instante minha vida sem ele.

— Para onde podem te mandar?

— Vou pedir para ir para o Afeganistão.

— Iura!!!

— Mamãe, você me criou assim, agora não invente de recriar. Você me criou bem. Todos aqueles degenerados que encontrei na vida não são minha gente e não são minha pátria. Vou para o Afeganistão mostrar a eles que existe algo grandioso na vida, e que nem todo mundo se contenta com uma geladeira cheia de carne e um Jiguli* para ser feliz. Há algo mais… Você me ensinou…

---

* Marca de carro soviético.

Não foi só ele que pediu para ir ao Afeganistão, muitos meninos se alistavam. Todos eles de boas famílias: o pai de um era presidente do kolkhoz*, o de outro, professor rural... A mãe era enfermeira...

O que eu podia dizer para o meu filho? Que a pátria não precisa disso? Aqueles a quem ele queria demonstrar algo achavam, e vão continuar achando, que só se vai para o Afeganistão por roupas e pelos cheques. Por condecorações, por uma carreira. Para eles, Zoia Kosmodemiánskaia é uma fanática, e não um ideal, porque uma pessoa normal não é capaz disso.

Não sei o que aconteceu comigo: chorei, implorei. Reconheci a ele o que eu tinha medo de reconhecer para mim mesma... Mas já tínhamos falado disso... Já tínhamos cochichado baixinho na cozinha. Pedi a ele:

— Iúrotchka, a vida não é de jeito nenhum como lhe ensinei. E se eu souber que você está no Afeganistão, vou para a praça... Para o cadafalso... Me dou um banho de gasolina e boto fogo. Lá não vão matar você pela pátria, vão matar sei lá por quê... Porque sim. Como a pátria pode mandar para a morte seus melhores filhos sem um grande ideal?

E ele me enganou, disse que ia para a Mongólia. Mas eu sabia: é meu filho, ele vai para o Afeganistão.

Ao mesmo tempo, Guena, meu filho mais novo, entrou para o Exército. Eu estava tranquila por ele, tinha crescido diferente. Havia uma briga eterna com Iura.

Iura:

— Guena, você lê pouco. Nunca o vi com um livro na mão. Sempre o violão.

Guena:

— Não quero ser igual a você. Quero ser igual a todo mundo.

---

* Fazendas coletivas que funcionavam como cooperativas na União Soviética.

Eles foram embora, fui morar no quarto das crianças. Perdi o interesse por tudo que não fosse os livros deles, as coisas deles, as cartas deles. Iura escrevia sobre a Mongólia, mas se confundia tanto com a geografia que eu já não tinha dúvida de onde ele estava. Eu rememorava minha vida dia e noite... Me despedaçava. Não há como expressar essa dor em palavras...

Eu mandei Iura para lá. Eu!

... Entraram umas pessoas desconhecidas, pelo rosto deles eu captei na hora que traziam desgraça. Recuei para o quarto. Restava uma última esperança terrível:

— Guena?!

Eles desviaram os olhos. Mais uma vez eu estava disposta a entregar um filho para salvar o outro.

— Guena?!

Um deles proferiu bem baixinho:

— Não, Iura.

Não consigo seguir em frente... Não consigo seguir... Estou morrendo há dois anos. Não tenho nenhuma doença, mas estou morrendo. Não botei fogo em mim mesma na praça, meu marido não entregou nem jogou a carteirinha do partido na cara deles. Certamente nós já morremos. Só que ninguém sabe...

Nós mesmos não sabemos...

Mãe

— Eu me convencia na hora: "Estou esquecendo tudo. Estou esquecendo tudo...".

Na nossa família esse tema é tabu. Minha esposa ficou grisalha aos quarenta anos; minha filha tinha cabelo comprido, agora usa curto. Na hora dos tiroteios noturnos em Cabul não conseguíamos acordá-la e a arrastávamos pela trança.

Quatro anos depois, de repente saí falando. Quero falar...

Ontem mesmo vieram umas visitas em casa, não consegui me conter. Trouxe o álbum... Mostrei slides: helicópteros sobrevoando um *kichlak*, gente pondo um ferido na maca, ao lado a perna dele de tênis, em frangalhos. Prisioneiros condenados ao fuzilamento olham ingênuos para a objetiva, dez minutos depois eles já não existiam... *Allahu akbar!** Quando olhei em volta, os homens fumavam normalmente na varanda, as mulheres tinham se mandado para a cozinha. Estavam só os filhos deles sentados. Os adolescentes. E estavam curiosos. Não entendo, o que está acontecendo comigo? Quero falar. Por que de repente? Para não me esquecer de nada...

Como era na época, o que eu sentia na época — isso não posso expressar. Posso contar meus sentimentos agora. Daqui a quatro anos... Daqui a dez anos talvez tudo comece a soar diferente, talvez se desfaça em mil pedaços.

Havia certa raiva. Uma irritação. Por que tenho que ir? Por que coube a mim? Mas aguentei o peso e não me abalei — isso deu uma satisfação. Você começa a se preparar com as coisas mais banais: qual faquinha levar, qual lâmina de barbear... Eu estava pronto... E aí não me aguentava: queria encontrar logo o desconhecido, para não perder o entusiasmo, a intensidade dos sentimentos. Acaba que é um esquema... Isso todo mundo vai dizer para você. Mas eu tinha calafrios, e o suor escorria... E também tem o momento em que o avião pousa, a gente sente um alívio e, ao mesmo tempo, um despertar: agora tudo vai começar, vamos ver, vamos sentir, vamos viver aquilo.

Três afegãos parados falam sobre algo, riem. Um garotinho sujo passa correndo ao longo das fileiras de tendas comerciais, mergulha nuns panos grossos debaixo do balcão. Um papagaio crava em mim os olhos verdes, fixos. Eu olho e não entendo o que está acontecendo... Eles não interrompem a conversa. O que está

* Em árabe, "Deus é maior".

de costas para mim se vira... Eu já estava vendo o cano da pistola. A pistola sobe... sobe... aparece a boca do cano... Eu a vejo. Na mesma hora sinto um golpe brusco — e já não existo... Estou ao mesmo tempo do lado de cá e do lado de lá... Mas ainda não caí, continuo de pé. Quero falar com eles, mas não consigo: a-a-a...

O mundo vai aparecendo devagar, como uma fotografia sendo revelada... Uma janela... Uma janela alta... Algo branco, e algo grande e pesado nesse branco... Alguém... Seus óculos atrapalham, não consigo olhar bem o rosto... Pingam gotas de suor... E essas gotas me atingem dolorosamente no rosto... Abro as pálpebras pesadas e escuto um suspiro de alívio:

— Acabou, camarada coronel, o senhor voltou da "viagem".

Mas se eu levanto a cabeça, mesmo que eu só a vire, meu cérebro escorre para algum lugar. A consciência oscila... De novo o menino mergulha em panos grossos debaixo do balcão... O papagaio crava em mim os olhos verdes, fixos... Três afegãos de pé... O que está de costas para mim se vira... E meu olhar se fixa na pistola... Aparece a boca do cano... Eu a vejo... Agora não espero o golpe conhecido... Grito: "Eu tenho que matar você! Eu tenho que matar você!...".

De que cor é o grito? Que gosto tem? Qual é a cor do sangue? No hospital é vermelho, na areia seca é cinza, no rochedo, à noite, é azul vivo, já está morto. O sangue escorre rápido de uma pessoa com uma ferida grave, como de uma lata partida. E a pessoa se apaga... se apaga... Só os olhos brilham até o fim e atravessam você... Estão fixos em algum lugar adiante...

Está tudo pago! Tudo! Completamente. (*Começa a andar nervoso pelo quarto.*)

Você está em terra e olha para as montanhas: são infinitas, não há como alcançar; sobe no avião: parecem esfinges lá embaixo. Entende do que estou falando? Do tempo. Da distância entre os acontecimentos. Na época, mesmo nós, os participantes, não sabíamos o que era a guerra. Não confunda o eu de hoje com o eu de ontem, com aquele que estava lá em 1979. Sim, eu acreditava! Em 1983 vim para Moscou. Aqui viviam do mesmo jeito, se comportavam do mesmo jeito, como se não estivéssemos lá. E como se não houvesse guerra nenhuma. No metrô, como sempre, sorriam, se beijavam. Liam. Eu andava pela rua Arbat e parava as pessoas:

— Há quantos anos está acontecendo a guerra no Afeganistão?

— Não sei...

— Há quantos anos está acontecendo a guerra...

— Não sei, para que você quer saber disso?

— Há quantos anos...

— Acho que dois anos...

— Há quantos anos...

— O quê, tem guerra lá? Verdade?

Agora podem rir de nós, zombar: dizem que éramos cegos e bobos feito ovelhas. Um rebanho obediente! Agora Gorbatchóv lhes deu permissão... Estão liberados... Podem rir! Mas reza a velha sabedoria chinesa: é digno de todo desprezo o caçador que se vangloria aos pés do leão morto, e é digno de todo respeito o caçador que se vangloria aos pés do leão abatido. Alguns podem falar sobre os erros. Na verdade, não sei quem. Mas eu, não. Me perguntam: "Por que você ficou calado na época? Você não era um menino, tinha quase cinquenta anos". Preciso entender...

Vou começar dizendo que lá eu atirava neles, mas ao mesmo tempo sinto respeito por aquele povo. Sinto até amor por eles. Gosto da música deles, das orações: são calmas e infinitas como aquelas montanhas. Mas é que eu — vou falar só por mim — acreditava sinceramente que uma iurta é pior que um edifício de cinco andares, que sem vaso sanitário não há cultura. E vamos enchê-los de vasos sanitários, vamos construir casas de concreto. Ensinar a dirigir trator. E levamos para eles mesas de escritório, jarras de água, toalhas de mesa vermelhas para reuniões oficiais e milhares de retratos de Marx, Engels, Lênin. Eles os penduraram em todos os escritórios, sobre a cabeça de cada chefe. Levamos Volgas pretos para as autoridades. Nossos tratores, nossos bezerros de raça. Os camponeses (*dekhkan*) não queriam pegar a terra que dávamos porque ela pertence a Alá, e o ser humano não pode dar nem tirar. Os crânios esmagados nas mesquitas olhavam para nós como se viéssemos do espaço...

Nunca vamos saber como uma formiga enxerga o mundo. Leia sobre isso em Engels. E no orientalista Spencer: "Não se compra o Afeganistão com dinheiro, se compra com muito dinheiro". Uma manhã acendi um cigarro: no cinzeiro havia uma lagartixa pequena como um besouro. Voltei uns dias depois: a lagartixa estava no cinzeiro na mesma posição, nem a cabeça tinha virado. Entendi: aí está — o Oriente é isso. Vou desaparecer e voltar dez vezes, me despedaçar e me levantar, e ela ainda não vai ter tido tempo de virar a cabecinha minúscula. No calendário deles estamos em 1361...

Agora estou em casa, na poltrona em frente à tv. Sou capaz de matar uma pessoa? Eu não mato nem uma mosca! Nos primeiros dias, até meses, as balas cortavam galhos de amoreira — e a sensação era de irrealidade... A psicologia do combate é diferente... Você corre e acerta o alvo... Adiante... Visão lateral... Eu não contava quantos matava... Mas corria. Acertava o alvo... Aqui... Lá... Alvo vivo em movimento... E eu também era um alvo. Estava na mira... Não, da guerra ninguém volta herói. De lá é impossível voltar herói...

Está tudo pago! Tudo! Totalmente.

A gente imagina e adora aquele soldado de 1945, que era amado por toda a Europa. Ingênuo, simplório, com um cinto largo. Ele não precisa de nada, só da vitória — e ir para casa! Mas esse soldado que voltou para a sua porta, para a sua rua, é outro. Esse soldado só queria calças jeans e um aparelho de som. Ele viu outra vida e ficou com ela na memória. Passou a querer muito... Os antigos já falavam: não desperte um cachorro adormecido. Não imponha a um ser humano provações desumanas. Ele não vai suportá-las.

Lá eu não conseguia ler meu querido Dostoiévski. Achava sombrio. Carregava Bradbury comigo. Ficção científica. Quem quer viver para sempre? Ninguém.

Mas também teve... Teve sim! Isso eu lembro... Na prisão me mostraram o chefe de, como chamávamos na época, um bando. Estava deitado numa cama de ferro, lendo... Uma capa conhecida... Lênin: *O Estado e a revolução*. "Pena", ele disse, "que não vou ter tempo de terminar. Talvez meus filhos leiam..."

Uma escola pegou fogo, sobrou só uma parede. Toda manhã as crianças iam à aula e escreviam nela com os carvões que tinham restado do incêndio. Depois da aula pintavam a parede com cal. E ela voltava a parecer uma folha branca de papel...

Trouxeram das "verdinhas" um tenente sem braços e sem pernas. Tinha perdido também suas partes masculinas. As primeiras palavras que ele falou depois do choque: "Como estão meus rapazes?...".

Está tudo pago! E pagamos mais do que todos. Mais do que vocês...

Não precisamos de nada, passamos por tudo. Escute-nos e vai entender. Mas todos estão acostumados a agir: nos dar remédios, nos dar pensão, nos dar apartamentos. Dar e esquecer. Esse "dar" foi pago com uma moeda cara — sangue. Mas viemos aqui nos confessar. Estamos nos confessando.

Não se esqueçam do segredo da confissão...

Conselheiro militar

* * *

— Não, mesmo assim é bom que tenha terminado desse jeito. Uma derrota. Isso vai abrir nossos olhos...
É impossível contar tudo... O que aconteceu, aconteceu. Sobrou o que eu vi e guardei na memória, que é só uma parte do todo, e só vai aparecer o que eu puder contar. No discurso fica um décimo... No melhor dos casos, se eu me esforçar. Vou tentar. Em nome de quem? Em nome de Alióchka, que morreu nos meus braços com oito estilhaços na barriga. Levamos dezoito horas para descer da montanha com ele. Ele viveu por dezessete horas — na décima oitava, morreu. Recordar em nome de Alióchka? Mas é só do ponto de vista da religião que a pessoa precisa de algo, especialmente lá em cima. Eu acredito que eles não sentem dor, nem medo nem vergonha. Então por que remexer nisso? Você quer perguntar algo nosso... Sim... Nós, claro, estamos marcados... O que é possível saber de nós? Será que você não está nos confundindo com outros? Entenda, em um país estrangeiro, lutando sabe-se lá para quê, é difícil adquirir ideais. Encontrar um sentido. Lá éramos iguais, mas não pensávamos da mesma forma. Como aqui... No mundo normal... Não adianta nada trocar quem esteve lá de lugar com quem não esteve. Somos todos diferentes, mas em todo lugar somos iguais — lá e aqui.

Lembro que no sexto ou sétimo ano a professora de literatura russa me chamou para o quadro:

— Quem é seu herói preferido: Tchapáev ou Pável Kortcháguin?*

— Huckleberry Finn.

— Por que Huckleberry Finn?

---

* Tchapáev: comandante bolchevique, herói da Revolução e da Guerra Civil, imortalizado no relato *Tchapáev* (1923), de Dimítri Fúrmanov, e no filme homônimo (1934) dos irmãos Vassíliev.

— Quando Huckleberry Finn decidia se entregava o escravo foragido Jimmy ou queimava no inferno por ele, disse para si mesmo: "Bom, que diabos, vou queimar no inferno", mas não entregou Jimmy.

— E se Jimmy estivesse do lado dos brancos e você dos vermelhos?* — perguntou Alióchka, meu amigo, depois da aula.

Foi assim que vivemos a vida inteira — brancos e vermelhos, quem não está conosco está contra nós.

Perto de Bagram... Passamos num *kichlak*, pedimos algo para comer. Segundo as leis deles, se uma pessoa está na sua casa e tem fome você não pode recusar comida. As mulheres nos sentaram à mesa e nos deram comida. Quando fomos embora, espancaram essas mulheres e seus filhos com pedras e paus. Elas sabiam que iriam matá-las, mas ainda assim não nos expulsaram. E nós vamos até eles com nossas leis... Entrávamos de gorro nas mesquitas...

Para que me obrigar a lembrar? Isso tudo é muito íntimo: o primeiro que matei, meu próprio sangue na areia clara, o clarim alto na cabeça do camelo que cambaleava debaixo de mim antes de eu perder a consciência. E ao mesmo tempo lá eu era como todos. Uma vez... No jardim de infância nos obrigavam a dar as mãos e andar em dupla, mas eu gostava de passear sozinho. As jovens professoras toleravam minha desobediência por um tempo, mas logo uma delas se casou, foi embora, e no lugar dela trouxeram a tia Klava.

— Pegue na mão de Serioja — a tia Klava trouxe outro menino até onde eu estava.

— Não quero.

— Por que não quer?

— Gosto de passear sozinho.

---

* Referência aos exércitos branco e vermelho, que lutaram na Guerra Civil de 1917-22.

— Faça o que estão fazendo todos os meninos e meninas obedientes.

— Não faço.

Depois do passeio a tia Klava tirou minha roupa, tirou até a cueca e a camisetinha, me levou até um quarto escuro e vazio e me deixou lá por três horas. E na infância não tem nada mais assustador do que ficar sozinho. No escuro... Parece que todos se esqueceram de você. Que nunca vão te encontrar. No dia seguinte dei a mão a Serioja e passei a ser como todos. Na escola a turma decidia, na faculdade o curso decidia, na fábrica o coletivo decidia. Em todo lugar decidiam por mim. Me incutiram a ideia de que uma pessoa não pode nada. Em algum livro me deparei com as palavras "assassinato da coragem". Quando estava indo para lá, não havia nada em mim que pudesse matar: "Voluntários, dois passos à frente". Todos davam dois passos à frente, e eu também — dois passos à frente.

Em Chindand... Vi dois soldados nossos que enlouqueceram, eles passavam o tempo todo "conversando" com os *dukh*. Explicavam o que era o socialismo de acordo com o manual de história do décimo ano... Quem era Lênin... "Na verdade, o ídolo estava vazio, e o profetas se enfiavam ali dentro para pregar aos mundanos." Vovô Krilov...* Um clássico... Uma vez, na escola, eu tinha uns onze anos, veio uma "tia atiradora", que tinha matado 78 "tios *fritz*".** Voltei para casa aturdido, à noite tive febre. Meus pais decidiram: é gripe. Passei uma semana em casa. Foi quando li meu amado *The Gadfly* [O moscardo].***

---

* Ivan Krilov (1769-1844), poeta russo que revitalizou o gênero das fábulas baseando-se nos textos de Esopo e La Fontaine. A citação se refere à fábula "Oráculo".

** Maneira depreciativa de se referir aos soldados alemães durante a Segunda Guerra Mundial.

*** Romance da escritora irlandesa Ethel Lilian Voynich (1864-1960), muito popular entre os leitores russos.

Para que me obrigar a lembrar? Quando eu voltei... Não conseguia vestir meus jeans e camisas de antes da guerra, eram as roupas de outra pessoa, um desconhecido, ainda que tivessem conservado meu cheiro, como assegurava minha mãe. Esse outro que agora sou eu tem só o mesmo sobrenome. Antes do Exército eu namorava uma menina, estava apaixonado. Voltei e não telefonei para ela. Ela soube por acaso que eu já estava na cidade, me encontrou. Procurou em vão... Não devíamos ter nos encontrado... "Aquela pessoa que você amava, e que amava você, se foi", falei para ela. "Sou outro. Ah, eu sou outro!" Ela chorava. Veio muitas vezes. Telefonava. Para quê? Eu sou outro. Outro! (*Fica em silêncio. Se acalma.*) Mesmo assim eu gosto daquele homem de antes... Sinto saudade dele... Eu me lembro dele... "Padre", perguntou o moscardo a Montanelli, "agora seu Deus está satisfeito?"

Em quem posso jogar essas palavras? Queria jogar feito uma granada...

Soldado, artilheiro

— Como vim parar aqui? Muito simples, eu acreditava em tudo o que escreviam nos jornais...

Eu dizia para mim mesma: "Antes as pessoas realizavam façanhas, eram capazes de autossacrifício, agora nossa juventude não serve para nada. E eu sou igual. Tem uma guerra acontecendo, e eu aqui costurando vestidos, inventando um penteado novo". Minha mãe chorava: "Vou morrer — nunca vou te perdoar. Não foi para isso que tive você, para enterrar braços e pernas soltos".

Das primeiras impressões? A transferência para Cabul. Arame farpado, soldados com metralhadoras... Cachorros latiam... Só mulheres. Centenas de mulheres. Vinham os oficiais, escolhiam as mais bonitas, as mais jovens. Abertamente. Um major me chamou:

— Vamos, vou levá-la para o meu batalhão, se meu veículo não perturbar você.

— Que veículo?

— "Carga duzentos"... — eu já sabia o que era "carga duzentos": são mortos, caixões.

— Tem caixões?

— Estão carregando.

Era um KamAZ comum com capota de lona. Jogavam os caixões como se fossem caixas de munição. Fiquei horrorizada. Os soldados entenderam: "novata". Cheguei à seção. Um calor de sessenta graus. No banheiro havia tanta mosca que podiam levantar você com as asinhas. Sem chuveiro. Água a peso de ouro. E eu era a única mulher.

Duas semanas depois, o comandante me chamou:

— Você vai morar comigo...

Briguei por dois meses. Uma vez por pouco não joguei uma granada, em outra peguei uma faca. Cansei de ouvir: "Você está escolhendo as patentes mais altas... No dia em que você quiser tomar chá com leite vai vir por vontade própria". Nunca antes tinha falado palavrão, mas lá:

— Vai tomar no cu!

Falei palavrão atrás de palavrão, fiquei grossa. Fui transferida para Cabul como zeladora do dormitório. Nos primeiros tempos atacava todos feito um animal. Me olhavam como se eu fosse louca.

— Por que está nos agredindo? Não vamos morder.

Mas eu não conseguia agir de outra forma, estava acostumada a me defender. Alguém me chamava:

— Passe aqui para tomar um chá.

— Está me chamando para uma xícara de chá ou para te chupar?

Enquanto não apareceu meu... Amor? Aqui não se usam essas palavras. É assim que ele me apresenta aos amigos:

— Minha esposa.

E eu falo no ouvido dele:

— Esposa afegã?

Uma vez estávamos andando de VBTP... Eu o cobri com meu corpo, mas por sorte a bala pegou a escotilha. E ele estava sentado de costas. Voltamos, e ele escreveu para a esposa a meu respeito. Há dois meses não recebe uma carta de casa.

Adoro atirar. Solto um carregador inteiro numa rajada. Fico mais leve.

Eu mesma matei um *dukh*. Havíamos ido para as montanhas respirar um pouco, admirar a vista. Escutei um ruído atrás da pedra, e foi como uma corrente ao redor de mim, soltei uma saraivada. Fui a primeira. Olhei: um homem forte, bonito...

— Podemos ir fazer reconhecimento com você — disse o pessoal.

Fiquei toda prosa. Eles também gostaram que eu não fui até a bolsa dele para pegar coisas, só peguei a pistola. Depois me vigiaram por toda a estrada: talvez pudesse começar a sentir náusea, enjoo. Nada. O corpo de repente ficou leve... Cheguei, abri a geladeira e comi bastante, uma quantidade que seria suficiente para uma semana. Aí tive um colapso nervoso. Trouxeram uma garrafa de vodca. Eu bebia e não ficava bêbada. Estava horrorizada: se eu tivesse errado o alvo, minha mãe também receberia a "carga duzentos".

Eu queria ir para a guerra, mas não essa, queria ir para a Grande Guerra Patriótica.

De onde surge o ódio? É muito simples. Matam um camarada, e você estava com ele lado a lado, comiam da mesma panela. Ele contava para você da namorada, da mãe. E lá está, jogado, todo queimado. Na hora você entende tudo... Vai atirar até ficar louca. Não estamos acostumados a pensar em grandes questões: quem começou isso? De quem é a culpa? Há uma anedota sobre esse tema... Perguntam a uma rádio armênia: o que é política? A rádio armênia responde: já escutaram uma mosca mijando? Pois a política é ainda mais sutil. Que o governo cuide disso, mas aqui as pessoas veem sangue e viram animais. Perdem a cabeça... Quando você vê que a pele carbonizada se enrola... como meias de náilon queimadas... Isso basta... É um horror quando matam animais... Fuzilaram uma caravana, estava levando armas. Fuzilaram as pessoas e os burros separadamente. Eles esperavam a morte em silêncio da mesma forma. Um burro ferido gritava como se fosse ferro esfregando no ferro. Como que rangendo...

Aqui tenho outro rosto, outra voz. Você pode imaginar como somos aqui, se nós, moças, nos sentamos e falamos desse jeito:

— Mas que imbecil! Brigou com o sargento e foi para o lado dos *dukhi*. Deviam dar um tiro nele e pronto. Ponto-final. Anotavam como morte em combate.

Uma conversa sincera... Muitos oficiais achavam que aqui era que nem a União Soviética: você podia bater num soldado, insultar. Eles apareciam mortos... Com um tiro nas costas durante o combate... Quem vai saber quem atirou? Tente provar.

Nos postos nas montanhas o pessoal não vê ninguém por anos. Vai um helicóptero três vezes por semana. Eu fui. Um tenente se aproximou:

— Moça, tire o lenço da cabeça. Solte o cabelo. — Eu tinha cabelo comprido. — Já faz dois anos que só vejo a cabeça raspada dos soldados.

Todos os soldados saíram das trincheiras...

Uma vez, num combate, um soldado me protegeu com o corpo. Enquanto eu for viva vou me lembrar dele, acender uma vela por ele na igreja. Ele não me conhecia, fez isso só porque sou mulher. É algo que fica na memória. E como na vida normal você vai testar se uma pessoa vai proteger você com o corpo? Aqui o bom é ainda melhor, e o ruim, ainda pior. Abrem fogo... Isso já é outro caso... Um soldado gritou para mim algo vulgar. Uma nojeira! Algo obsceno. "Maldito seja!", pensei. E ele foi morto, cortaram a cabeça pela metade, o tronco pela metade. Diante dos meus olhos... Isso me fez tremer como se estivesse com malária. Ainda que antes disso já tivesse visto sacos plásticos grandes com cadáveres. Cadáveres embrulhados em papel-alumínio... Feito... Não vou achar a comparação... Eu não seria capaz de descrever, ficaria procurando, procurando as palavras. Experimentaria e experimentaria seu efeito. Bem... feito um brinquedo grande... Mas me fazer tremer nunca tinha acontecido. E daquela vez não consegui me tranquilizar.

Não encontrei mulheres que usassem as condecorações de guerra, ainda que as tenham recebido. Uma usava uma medalha "Pelos serviços em guerra", todos riam — "Pelos serviços no sexo". Porque é sabido: você pode receber uma medalha por uma noite com o comandante do batalhão... Por que trazem mulheres para cá? Não conseguem ficar sem elas... Entende? Alguns senhores oficiais ficariam loucos. E por que existem mulheres que se esforçam para ir à guerra? Dinheiro... Um bom dinheiro... Você compra um aparelho de som, objetos. Quando voltar para casa, vende. Na União Soviética não se consegue ganhar tanto. Você não consegue juntar... Não há uma verdade, ela é variada, a verdade. Estamos tendo uma conversa sincera... Algumas meninas se metiam com os donos dos *dukans* em troca de roupas. Quando você vai até o *dukan*, os *batcha* — as crianças — gritam: "Khanum,* djik-djik": e apontam para a despensa. Nossos oficiais pagam com cheque e falam assim: "Vou na chequista". Já escutou a piada? Zmêi-Gorínitch, Kochtchêi, o Imortal, e Baba-Iagá se encontraram na zona de transferência em Cabul. Todos estavam indo defender a revolução. Dois anos depois se encontram na viagem de

---

* "Mulher", em persa.

volta para casa: só uma cabeça de Zmêi-Gorínitch ficou intacta, as outras foram arrancadas. Kochtchêi, o Imortal, só ficou vivo porque é imortal, e Baba-Iagá estava cheia de relógios e jeans. Alegre.

— Estou me alistando pelo terceiro ano.

— Você ficou louca, Baba-Iagá!

— É que na União Soviética sou Baba-Iagá, mas aqui sou Vassilissa, a Formosa.*

Os soldados... Os meninos... Eles saem daqui devastados, têm dezoito, dezenove anos. São crianças. Viram muita coisa aqui. Muita... Como uma mulher se vende por uma caixa, aliás, que caixa o quê, por duas latas de carne moída. Depois ele vai olhar com esses olhos para a esposa. Para todos... Aqui estragam a visão deles. Não é de admirar que depois eles não se comportem bem na União Soviética. Um conhecido meu já está na prisão... Eles têm outra experiência. Estão acostumados a decidir tudo com a metralhadora, com a força... Um *dukanschik* estava vendendo melancia, uma melancia custava cem afeganes. Nossos soldados queriam que fizesse mais barato. Ele se recusava. Ah, então um pegou e fuzilou com a metralhadora todas as melancias, uma montanha inteira de melancias. Experimente pisar no pé de um desses no trólebus ou não dar lugar na fila. Experimente!

Eu sonhava: quando voltar para casa, vou levar uma cama dobrável para o jardim e dormir debaixo de uma macieira. Sob as maçãs... Agora tenho medo. A gente ouve isso de muitas pessoas, especialmente agora, antes da retirada das nossas tropas: "Estou com medo de voltar para a União Soviética". Por quê? Muito simples. Quando chegarmos, tudo vai estar mudado; outra moda

---

* Personagens do folclore russo: Zmêi-Gorínitch é um dragão de várias cabeças; Kochtchêi, o Imortal, um monstro, e Baba-Iagá, uma bruxa que vive na floresta e a quem Vassilissa, a Formosa, órfã meiga e prendada, precisa enfrentar.

nesses dois anos, outra música, outras ruas. Outra relação com essa guerra... Vamos ser como corvos brancos.

Me procure daqui a um ano. Em casa. Vou deixar meu endereço com você...

Funcionária

— Eu acreditava tanto que mesmo agora não consigo me afastar daquilo...

Mesmo agora... Não importa o que me digam, não importa o que eu leia, sempre deixo uma pequena porta aberta. Aciona meu instinto de sobrevivência. É uma defesa. Antes do Exército me formei em educação física. Meu último trabalho prático, de final de curso, foi no Artek, trabalhava como monitor dos pioneiros.* Lá, quantas vezes não proferi palavras elevadas: a palavra do pioneiro, as ações do pioneiro... Agora soa bobo... Na época me vinham lágrimas aos olhos...

Pedi no centro de recrutamento: "Me mandem para o Afeganistão...". O comissário político nos dava aulas sobre a situação internacional, ele disse isso, que só tínhamos chegado com uma hora de vantagem sobre os boinas-verdes americanos, eles já estavam no ar. Lamento pela minha credulidade. Nos martelavam, martelavam e por fim nos meteram na cabeça que era um "dever internacional". Não consigo nunca ir até o fim... Pôr um ponto final nas minhas reflexões... "Tire", digo a mim mesmo, "os óculos cor-de-rosa." Não fui para lá em 1980 nem em 1981, já era 1986. Mas todos ainda estavam calados. Em 1987 eu já estava em

---

* A Organização dos Pioneiros da União Soviética agrupava crianças entre dez e quinze anos e, além de promover atividades semelhantes às dos escoteiros, difundia os princípios ideológicos do comunismo. O Artek, localizado na Crimeia, foi dos mais prestigiosos acampamentos de pioneiros.

Khost. Tomamos uma colina… Caíram sete dos nossos… Vieram uns jornalistas de Moscou. Mostraram os "verdes" (o Exército nacional afegão), como se eles tivessem tomado a colina na batalha. Os afegãos posando, e nossos soldados estavam no necrotério…

No "treinamento" escolhiam os melhores para mandar para o Afeganistão. Dava medo ir parar em Tula, em Pskov ou em Kirovabad — era sujo e abafado —, e para o Afeganistão as pessoas pediam para ir, tentavam ir. O major Zdobin começou a nos convencer, a mim e ao Sacha Krívtsov, meu amigo, que retirássemos nossas solicitações:

— É melhor que matem Sinítsin do que algum de vocês. O governo já gastou tanto com vocês.

Sinítsin era um rapaz simples, do campo, motorista de trator. Eu já tinha diploma, Sacha estudava na Faculdade de Letras Romano-Germânicas da Universidade de Kémerovo. Ele cantava que era uma maravilha. Tocava piano, violino, flauta, guitarra. Compunha músicas. Desenhava bem. Eu e ele vivíamos como irmãos. Nas aulas de educação política nos contavam sobre grandes feitos, sobre heroísmo. O Afeganistão, asseguravam, é como a Espanha. E de repente: "É melhor que morra Sinítsin do que um de vocês".

Ver uma guerra era interessante do ponto de vista psicológico. Antes de mais nada, para aprender sobre si mesmo. Isso me atraía. Eu perguntava para conhecidos que tinham estado lá. Um, pelo que entendo agora, nos dizia um monte de balelas. Via-se no peito dele uma grande mancha, como se fosse uma queimadura, com a letra R; ele usava camisas abertas de propósito, para mostrar. Inventou que à noite pousavam de helicóptero nas montanhas, ainda me lembro, dizia que por três segundos o paraquedista era um anjo, até abrir o paraquedas; por três minutos é uma águia, enquanto voa; e o resto do tempo é um cavalo de carga. Nós caíamos como patinhos. Se eu me encontrasse agora com aquele Homero! Depois passei a sacar esses tipos na hora. "Se tivesse cérebro, estaria lesionado." Outro rapaz, pelo contrário, tentava me dissuadir:

— Não tem necessidade de ir para lá. É uma sujeira, não é romântico.

Eu não gostava:

— Você tentou? Eu também quero tentar.

Ele me ensinou a ficar vivo:

— Depois de atirar, role dois metros para longe do lugar de onde atirou. Esconda o cano da metralhadora atrás da mureta ou atrás de um rochedo para que não vejam a chama, não localizem. Quando for andar, não beba, não vai conseguir caminhar. Quando estiver de guarda, não durma, arranhe o rosto, morda a mão. O paraquedista corre primeiro o quanto consegue, depois o quanto precisa.

Meu pai é cientista, minha mãe, engenheira. Desde a infância eles me educaram para ser um indivíduo... Eu queria ser um indivíduo... Por isso... (*Sorri.*) Fui excluído do *oktiabr*,* por muito tempo não me aceitaram nos pioneiros. Lutei pela minha honra. Quando amarraram o lenço, eu não tirava, dormia com ele. Mas nas aulas de literatura a professora me interrompia:

— Não fale por si mesmo, fale como está no livro.

— Estou respondendo errado?

— Está diferente do que aparece no livro...

Como na história do rei que não gostava de nenhuma cor além do cinza. E tudo naquele reino era cinzento.

Agora eu estimulo meus alunos (trabalho numa escola):

— Aprendam a pensar para que não façam de vocês uma fila de tontos. Soldadinhos de chumbo.

---

* Literalmente, "outubro". Organização infantil que preparava para o ingresso nos pioneiros.

Antes do Exército, quem me ensinava a viver eram Dostoiévski e Tolstói; no Exército eram os sargentos. O poder dos sargentos é ilimitado, há três sargentos num pelotão.

— Escute meu comando! O que um soldado tem que ter? Repita!

— O soldado tem que ter fuça insolente, punho de ferro e nenhum grama de consciência.

— Consciência é luxo para um paraquedista. Repita!

— Consciência é luxo para um paraquedista.

— Vocês são do batalhão médico. O batalhão médico é o sangue azul do ESA (Exército de Soldados da Aeronáutica). Repitam!

De uma carta de um soldado: "Mamãe, compre um carneiro e dê a ele o nome de Sargento, quando eu chegar em casa vou matá-lo".

Até a dieta embrutece a consciência, a gente fica sem forças para se opor. Podem fazer de tudo com você...

Às seis da manhã, de pé. Três vezes: de pé, toque de alvorada. Levantar-se, deitar-se.

Três segundos para entrar em formação para a "decolagem" — linóleo branco, branco para ter que limpar com maior frequência, esfregar. Cento e sessenta pessoas precisam pular da cama e entrar em formação em três segundos. Em 45 segundos vestir o uniforme número 3 — uniforme completo, mas sem cinto e gorro. Se de alguma forma alguém não conseguiu enrolar a *portianka** a tempo:

— Dispersar e repetir!

De novo não conseguiu a tempo.

— Dispersar e repetir!

---

* Pedaços de pano que são enrolados em volta dos pés antes de calçar as botas, para aquecer.

Treino de ginástica. Luta corpo a corpo: uma combinação de caratê, boxe, sambo e técnicas de combate contra faca, bastão, pá de sapador, pistola, metralhadora. Ele com uma metralhadora, você de mãos vazias. Você com a pá de sapador, ele de mãos vazias. Saltar cem metros fazendo o "coelhinho"... Numa perna só... Quebrar dez tijolos com o punho. Nos levaram para uma construção: "Vocês não vão embora enquanto não aprenderem". O mais difícil era vencer a si mesmo, perder o medo de bater.

Cinco minutos para se lavar. Doze torneirinhas para 160 pessoas.

— Formar! Dispersar! — Um minuto depois, de novo. — Formar! Dispersar!

Vistoria da manhã: verificação das fivelas, precisam estar brilhando de tão limpas, colarinhos brancos, duas agulhas com linha no gorro.

— Adiante! Marchar! Posição inicial!

No dia todo, meia hora de tempo livre. Depois do almoço, cartas.

— Soldado Krívtsov, por que não escreve?

— Estou pensando, camarada sargento.

— Por que está respondendo tão baixo?

— Estou pensando, camarada sargento.

— Por que não grita como lhe ensinaram a gritar? Vai ter que treinar "no buraco".

Treinar "no buraco" — gritar no vaso sanitário, exercitar a voz de comando. Atrás, o sargento confirma se há um eco retumbante.

Do glossário do soldado:

Toque de recolher: "Te amo, vida". Inspeção matinal: "Acreditem em mim, gente". Inspeção da noite: "Conhecia pela cara". No lábio: "Longe da pátria". Desmobilização: "A luz de uma estrela distante". Campo de exercícios táticos: "Campo dos bobos". La-

var a louça: "Discoteca" (os pratos giram como se fossem discos).
Comissário político: "Cinderela" (na frota é o "passageiro").

— O batalhão médico é o sangue azul do ESA. Repitam!

Uma eterna sensação de fome. O lugar mais amado era o *voentorg*,* lá podíamos comprar bolos, bombons, chocolate. Quando você tira dez no treino de tiro, recebe permissão para passar na loja. Se falta dinheiro, vendemos uns tijolos. A gente, dois sujeitos saudáveis, pega uns tijolos e chega perto de um novato, que ainda tem dinheiro:

— Compre o tijolo.

— Para que vou querer isso?

Ficamos em volta dele:

— Compre o tijolo...

— Quanto custa?

— Três rublos.

Ele nos dá três rublos, vira a esquina e joga o tijolo fora. Nós, com três rublos, nos fartamos de comer. Um tijolo dá para dez bolos.

— Consciência é um luxo para um paraquedista. O batalhão médico é o sangue azul do ESA.

Eu não devo ser mau ator, porque aprendi rápido a desempenhar o papel que me deram. O pior de tudo era ter fama de *tchados*, da palavra *tchado*, alguém fraco, que não é masculino. Depois de três meses saí de licença. Como tinha me esquecido de tudo! Ainda outro dia estava aos beijos com uma moça, ia ao café, dançava. Como se não tivessem passado três meses, mas três anos, e eu voltasse para a civilização.

À noite:

— Macacos, formação! O que é o principal para um paraquedista? O principal para um paraquedista é não passar pela terra voando.

---

* Estabelecimento comercial militar.

Logo antes da partida festejamos o Ano-Novo. Eu era o Ded Moróz, e Sachka a Snegúrotchka.* Lembrava a escola.

Andamos por doze dias... Pior que as montanhas, só as montanhas... Estávamos fugindo de um bando... Segurávamos a onda com estimulantes...

— Enfermeiro-instrutor, me dê meu *animalin*.

— Era sydnocarb. Tomamos todos os comprimidos.

E ainda brincávamos.

— "Qual é a queixa?", pergunta o médico ao gato Leopold.**

— Alguém começa primeiro.

— Os ratos.

— Inspire, expire... Está claro. Você é muito bondoso. Precisa ficar bravo. Aqui está um comprimido de *animalin*. Tome um comprimido três vezes por dia depois das refeições.

— E depois?

— Você vai se animalizar.

No quinto dia um soldado foi lá e se matou com um tiro, deixou todos passarem adiante e pôs a metralhadora na garganta. Tivemos que arrastar o cadáver dele, a mochila, o colete à prova de balas, o capacete. Não teve pena. Ele sabia que não abandonaríamos o corpo — teríamos que carregar.

Lembramos dele e lamentamos sua morte quando já estávamos indo para casa, quando fomos desmobilizados.

— Tomar um comprimido três vezes por dia...

— E depois?

— Você vai se animalizar.

As feridas de explosão são as mais terríveis... Uma perna arrancada até o joelho... O osso saindo... O calcanhar arrancado da

---

* Personagens do folclore russo. Ded Moróz se assemelha ao Papai Noel e distribui presentes na noite de Ano-Novo, com a ajuda de sua neta Snegúrotchka.
** Personagem de uma animação soviética, Leopold é um gato pacato e intelectual, perturbado por dois ratos malandros que desejam vingar a espécie.

outra perna... O membro cortado... Um olho removido... Uma orelha arrancada... Da primeira vez senti um calafrio, uma comichão na garganta... Eu mesmo me convencia: "Se você não fizer isso agora, nunca vai ser enfermeiro-instrutor". Me arrastei para perto dele — ele estava sem as pernas. Amarrei o torniquete, estanquei o sangue, anestesiei, pus para dormir... Bala explosiva na barriga... O intestino para fora... Fiz o curativo, estanquei o sangue, anestesiei, pus para dormir... Aguentou quatro horas... Depois morreu...

Faltavam remédios. Não havia *zelionka** comum. Às vezes não tinham tempo de levar, às vezes nossa economia planificada atingia o limite. Conseguíamos uns apreendidos, importados. Na minha bolsa sempre havia vinte seringas descartáveis japonesas. Vinham num pacote mole de polietileno, você tira a capa e dá a injeção. As embalagens de papel das que eram da marca Record deterioravam, fazendo com que deixassem de ser estéreis. A metade não sugava, nem aspirava — estava com defeito. Nossos estoques de sangue vinham em garrafas de meio litro. Para prestar socorro a um ferido em estado grave são necessários dois litros — quatro garrafas. Como, no campo de batalha, vou dar um jeito de segurar a borracha por quase uma hora na mão estendida? É praticamente impossível. E quantas garrafas você carrega? O que os italianos fazem? Uma embalagem de polietileno de um litro, você pode pular em cima dela de botas e não arrebenta. E mais: o curativo comum, o curativo estéril soviético. Uma embalagem pesada feito carvalho, pesava mais do que o próprio curativo. Os importados... Tailandeses, austríacos... São mais finos, mais brancos, não sei por quê... Curativos elásticos não tinha mesmo. Também pegava os apreendidos... franceses, alemães... E nossas talas nacionais? Eram uns esquis, não equipamentos médicos.

---

* Tipo de antisséptico.

Quantas você ia carregar? Eu tinha umas inglesas: separadas — para antebraço, perna, coxa. Com zíper, de encher. Você enfiava o braço, fechava o zíper. O osso quebrado não se mexia, estava protegido de impactos no transporte.

Em nove anos não produzimos nada de novo. O curativo era o mesmo, a tala era a mesma. O soldado soviético é o mais barato. O mais paciente, sem exigências. Não é abastecido, não é protegido. Material consumível. Era assim em 1941... Cinquenta anos depois ainda é assim. Por quê?

Dá medo quando eles vêm pra cima de você, não quando você atira. Para sobreviver, é preciso pensar nisso constantemente. Eu nunca subia no primeiro ou no último veículo. Nunca baixava a perna na escotilha, por melhor que fosse a blindagem, para que uma explosão não pudesse arrancá-la. Guardava uma reserva de comprimidos alemães para conter o sentimento de medo. Mas ninguém mais tomava. Eu tinha um colete à prova de balas... Ainda por cima isso! Com nosso colete à prova de balas não dava para se levantar, era impossível se mexer com ele, o americano não tinha nenhuma parte metálica, era feito de algum material resistente a tiros. Vestia como uma roupa de ginástica. Ele segurava um tiro de pistola Makárov à queima-roupa, e a bala de metralhadora só pegava a menos de cem metros. Tínhamos uns elmos dos anos 1930, uns capacetes ridículos. Ainda daquela guerra... (*Fica pensando.*) Disso... Muita coisa lá dava vergonha... Por que somos assim? Os sacos de dormir americanos são do modelo de 1949, com pluma de cisne, leves. Os japoneses são ótimos, mas curtos. E nosso casaco acolchoado pesa uns sete quilos, não menos. Pegávamos dos mercenários mortos os casacos, os bonés de pala longa, as calças chinesas que não esfolavam a virilha. Pegávamos tudo. Pegávamos cuecas, já que faltavam cuecas, meias, tênis. Consegui uma lanterna pequena, uma faquinha-punhal. Também estava sempre com vontade de comer... Com fome! Atirávamos em carneiros selvagens. Considerávamos selvagem um carneiro que ficara cinco metros para trás do rebanho. Ou trocávamos: dois quilos de chá por um carneiro. O chá a gente também arrumava. Trazíamos dinheiro das missões de combate, afeganes. Quem tivesse a patente mais alta tomava da gente. Ali mesmo, diante dos nossos olhos, dividiam entre si. Você enfiava na munição, jogava pólvora em cima de umas duas notas — e salvava.

Uns queriam beber até cair, outros sobreviver, uns terceiros sonhavam com condecorações. Eu também queria condecorações. Na União Soviética me encontrariam:

— E aí, o que você tem? O que você foi, suboficial, administrou um depósito?

Fico ofendido por minha credulidade. Os comissários políticos nos convenciam de coisas em que eles mesmos não acreditavam.

A recomendação do comissário político antes de voltar para casa: sobre o que pode falar, sobre o que não pode. Sobre os mortos não pode, porque somos um Exército grande e forte. As operações não oficiais não podiam ser divulgadas, porque somos um Exército grande e forte e moralmente saudável. Devíamos rasgar as fotografias. Destruir as fitas. Aqui não atiramos, não bombardeamos, não envenenamos, não explodimos. Somos um Exército grande, forte e o melhor do mundo…

Na alfândega levavam os presentes que trazíamos para casa: perfumes, lenços, relógios.

— Não é permitido, pessoal.

Não faziam nenhum inventário. Era o negócio deles. Mas que cheiro bom tinham as folhas verdes da primavera… As meninas passeando com vestidos leves… Volta e meia me vem à memória Svetka Afochka (não lembro o sobrenome — era só Afochka). No primeiro dia da chegada em Cabul ela dormiu com um soldado por cem *afochkas*,* enquanto não se instalava. Uma se-

---

* "Afeganes", na gíria dos combatentes.

mana depois estava levando três mil. É demais para o bolso de um soldado. E Pachka Kortcháguin, onde está? O nome verdadeiro dele era Andrei, mas o apelidamos de Pachka pelo sobrenome.

— Pachka, veja só essas meninas!

Pachka-Andrei tinha uma namorada, mas um dia ela mandou uma foto do próprio casamento. Fizemos plantão ao lado dele por noites — tínhamos medo. Uma manhã ele pendurou a foto num rochedo e fuzilou com uma metralhadora.

— Pachka, veja só essas meninas!

No trem, sonhei que estávamos nos preparando para sair para o combate, e Sachka Krívtsov perguntava:

— Por que você tem 350 cartuchos, e não quatrocentos?

— Porque eu tenho remédios.

Ele ficou calado e depois perguntou:

— Você seria capaz de fuzilar aquela afegã?

— Qual?

— Aquela que nos conduziu para uma emboscada. Lembra? Morreram quatro.

— Não sei... Eu acho que não. No jardim de infância e na escola me provocavam chamando de "mulherengo" porque eu defendia as meninas. E você?

— Tenho vergonha...

Ele não conseguiu terminar de falar do que tinha vergonha, eu acordei.

Em casa me esperava um telegrama da mãe de Sacha: "Venha para cá, Sacha morreu".

Fiquei ao lado do túmulo dele:

— Sachka, tenho vergonha porque, na prova final de comunismo científico, tirei dez pela crítica à democracia burguesa. Fiz uma análise comparativa... Você me entende... Fomos para o Afeganistão cegos... Agora todos já falam que essa guerra é uma vergonha, e recentemente nos concederam condecorações novinhas de Combatente Internacional. Fiquei calado… Até falei: "Obrigado!". Sachka, você está aí, e eu estou aqui.

Preciso conversar com ele…

Subtenente, enfermeiro-instrutor
da companhia de reconhecimento

— Ele era baixinho. Nasceu pequeno feito uma menina, pesava dois quilos, media trinta centímetros. Eu tinha medo de segurá-lo…

Eu o apertava contra mim:

— Você é meu raio de sol…

Ele não tinha medo de nada, só de aranhas. Uma vez ele veio da rua… Tínhamos comprado um casaco novo para ele. Tinha completado quatro anos… Pendurei esse casaco no cabide e escutei da cozinha: chlep-chlep, chlep-chlep… Saí correndo: a antessala estava cheia de sapos, eles pulavam para fora do bolso do sobretudo. Ele estava recolhendo:

— Mamãe, não tenha medo. Eles são bonzinhos. — E botava de volta no bolso.

— Você é meu raio de sol.

Ele gostava de brinquedos de guerra. Dei para ele um tanque, uma metralhadora, um revólver. Prendia nele mesmo e marchava pela casa.

— Sou um soldado… Sou um soldado…

— Você é meu raio de sol. Brinque de algo tranquilo.

— Sou um soldado…

Na hora de ir para o primeiro ano, não conseguíamos comprar o uniforme em lugar nenhum, não importa qual experimentássemos — ele ficava sufocado.

— Você é meu raio de sol.

Foi aceito no Exército. Eu não rezava para que não o matassem, rezava para que não o espancassem. Eu tinha medo de que os rapazes mais fortes fossem humilhá-lo, ele era tão pequeno. Ele dizia que eram capazes até de mandar limpar o banheiro com uma escova de dentes e lavar as cuecas dos outros. Eu tinha medo disso. Ele pediu: "Mandem fotos de todos vocês: mãe, pai, irmãzinha. Estou de partida...".

Para onde ia, não escreveu. Dois meses depois chegou uma carta do Afeganistão: "Não chore, mamãe, nossa blindagem é forte".

— Você é meu raio de sol... Nossa blindagem é forte...

Já estava esperando que ele voltasse para casa, faltava um mês para o fim do serviço. Comprei uma camisa, um cachecol, pantufinhas. Estão até agora no armário. Podia usar no túmulo... Eu mesma o vestiria, mas não deixaram abrir o caixão. Olhar meu filhinho, tocar... Será que acharam um uniforme do tamanho dele? É ele que meu filho jaz vestindo?

Primeiro veio o capitão do centro de recrutamento:

— Força, mãe...

— Onde está meu filho?

— Aqui em Minsk. Já vão trazê-lo.

Caí no chão:

— Meu raio de sol!!! — Me levantei e parti para cima do capitão com os punhos fechados:

— Por que você está vivo e meu filho não? Você é tão saudável, tão forte. E ele é pequeno... Você é um homem, ele é um menino. Por que você está vivo?!

Trouxeram o caixão, eu batia no caixão:

— Meu raio de sol! Meu raio de sol!

Agora vou até ele no túmulo. Caio em cima da lápide, abraço:

— Meu raio de sol...

Mãe

* * *

— Pus no bolso um pedacinho da minha terra... Foi no trem que surgiu esse sentimento...

U-uh! Guerra! Vou combater. Claro, entre nós havia covardes também. Um rapaz não passou na comissão de vista e saltou de alegria: "Dei sorte!". Depois dele veio outro na fila e também não foi aceito, por pouco não chorou: "Como vou voltar para minha seção? Os rapazes passaram duas semanas se despedindo de mim. Se ao menos eu tivesse uma úlcera, mas por uma dor de dente". Só de cuecas estourou com um general: se não me aceitam por dois dentes doloridos, então que os arranquem!

Na escola eu tirava dez em geografia. Fechava os olhos e imaginava: montanhas, macacos, gente se bronzeando, comendo banana... Mas não foi assim. Nos puseram nos tanques: de capote, uma metralhadora na direita e outra na esquerda; o último veículo, que fecha o comboio — metralhadora apontada para trás, todas as bombardeiras abertas, armas expostas. Uma espécie de ouriço de ferro. Encontramos dois VBTPs nossos — o pessoal estava sentado na blindagem, de camisa de marinheiro, chapéu panamá, olhavam para nós segurando o riso. Vi um mercenário morto, fiquei impressionado. Como estava em forma! Era um atleta. E fui parar nas montanhas sem saber como pisar na pedra, que é preciso começar com o pé esquerdo. Carreguei um telefone por dez metros por um rochedo escarpado... Quando havia uma explosão eu fechava a boca, mas é preciso abrir — os tímpanos podem furar. Nos entregaram máscaras de gás. Logo no primeiro dia jogamos fora, os *dukhi* não tinham armas químicas. Vendemos nossos capacetes no *dukan*. Era um peso extra na cabeça, esquentava feito frigideira. Eu só tinha um problema: onde roubar carregadores de munição adicionais? Nos deram quatro carregadores, comprei um quinto de um camarada com meu primeiro salário, o sexto me deram de presente. No combate você pega o último carregador e a última munição — e põe nos dentes. É para você.

Fomos construir o socialismo e nos cercaram com arame farpado: "Pessoal, para lá não pode ir. Não precisam fazer agitação pelo socialismo, tem gente que vai especialmente para isso". Claro, era ofensivo que não confiassem em nós. Falei com um *dukanschik*:

— Você estava vivendo errado. Agora vamos ensinar a você. Vamos construir o socialismo.

Ele sorriu:

— Antes da revolução eu fazia comércio, agora ainda faço comércio. Vá para casa. Essas montanhas são nossas. Nós mesmos nos ajeitamos...

Quando andamos de carro por Cabul, as mulheres jogaram paus e pedras nos nossos tanques. Os *batcha* xingaram com palavrões russos sem sotaque, gritaram: "Russo, vá para casa".

Para que estamos aqui?

... Atiraram com um lançador de granadas. Consegui virar a metralhadora, isso me salvou. O projétil vinha na direção do peito e pegou um braço, o outro foi atingido por todos os estilhaços. Lembro que era uma sensação tão suave, agradável... E nenhuma dor... E em algum lugar atrás de mim o grito: "Atire! Atire!". Apertei, mas a metralhadora continuava calada, depois vi que o braço estava pendurado, todo queimado, eu sentia que estava apertando com os dedos, mas não tinha dedos...

Não perdi a consciência, saí do carro com todos, me fizeram um torniquete. Precisava andar, dei dois passos e caí. Perdi algo como um litro e meio de sangue. Escutei:

— Estamos cercados...

Alguém disse:

— Precisamos largá-lo senão vamos todos morrer.

Pedi:

— Atirem em mim...

Um rapaz se afastou na hora, outro puxou a metralhadora, mas devagar. Quando é devagar, o cartucho pode ficar atravessado. E daquela vez o cartucho ficou atravessado, ele largou a metralhadora:

— Não consigo! Tome, vá você mesmo...

Puxei a metralhadora para mim, mas com uma mão só não tem como fazer nada.

Tive sorte: havia um pequeno barranco, fiquei nele atrás das pedras. Estava coberto por um pedregulho grande e liso. Os *duchmani* andavam por perto e não me viam. Pensava: assim que eles me descobrirem tenho que dar um jeito de me matar. Tateei uma pedra, puxei para mim, testei o movimento...

De manhã os nossos me encontraram. Os dois que haviam fugido à noite me trouxeram um casaco de marinheiro de manhã. Entendi que estavam com medo de que eu não dissesse a verdade. Mas para mim já dava no mesmo. No hospital me puseram na mesa imediatamente. O cirurgião chegou perto: "Amputação...". Acordei, senti que não tinha o braço... Os pacientes ali eram de todo tipo: sem um braço, sem os dois braços, sem a perna. Choravam em segredo. E se entregavam à bebida. Comecei a aprender como segurar o lápis com a mão esquerda.

Vim para a casa do meu avô, não tenho mais ninguém. Vovó caiu no choro: meu neto querido ficou sem um braço. Meu avô levantou a voz para ela: "Você não entende a política do Partido". Eu me encontrava com conhecidos:

— Trouxe um casaco de pele de ovelha? Trouxe um aparelho de som japonês? Não trouxe nada... Por acaso você foi para o Afeganistão?

Queria trazer uma metralhadora!

Comecei a buscar meu pessoal. Ele esteve lá, eu estive lá — falamos a mesma língua. Minha língua. Entendemos um ao outro. O reitor me chamou: "Aceitamos você com um três na faculdade, demos bolsa. Não vá ver esse pessoal... Para que estão se reunindo no cemitério? Para causar confusão". Nos primeiros tempos não permitiam que a gente se reunisse. Tinham medo de nós, diziam que espalhávamos boatos doentios. Rumores. Mas se nós nos organizássemos, iríamos lutar por nossos direitos. Tinham que nos dar apartamentos, iríamos obrigá-los a ajudar as mães do pessoal que estava no túmulo. Exigíamos que construíssem monumentos, cercas para aqueles túmulos. E quem é que precisava disso, diga? Tentavam nos convencer: pessoal, não espalhem muito o que aconteceu, o que vocês viram. É segredo de Estado! Cem mil soldados num país estrangeiro — e é segredo. Até o calor que fazia em Cabul era segredo...

A guerra não torna uma pessoa melhor. Só pior. Isso é simples. Nunca vou voltar para o dia em que saí para ir à guerra. Não vou ser aquele que eu era antes da guerra. Como posso ser melhor se vi... que em troca de cheques compravam dos médicos dois copos de urina de uma pessoa com icterícia. A pessoa bebia. Adoecia. Era liberada do serviço. Vi pessoas atirando nos próprios dedos. Se desfigurando com a tranca da metralhadora. Vi... Vi... Vi num mesmo avião voltar para casa caixões de zinco e malas com casacos de pele, calças jeans, calcinhas... Chá chinês...

Antes meus lábios tremiam diante da palavra "pátria". Agora sou outro. Lutar em nome disso... Lutar pelo quê? Combater, nós combatemos. Tudo normal. Mas é possível lutar por uma causa? Em nosso país cada geração recebe sua guerra. Os jornais escrevem que está tudo certo. E vai estar tudo certo. Mas por outro lado, começaram a escrever que somos assassinos. Em quem acreditar? Não sei. Já não acredito em mais ninguém. Jornais? Não leio. Nem assino. Hoje escrevem uma coisa, amanhã outra. Esse é o nosso tempo... A perestroika. Muitas verdades... E onde está ela, a minha verdade? Tenho meus amigos... Em um, dois, três

— eu acredito. Posso contar com eles para tudo. E com mais ninguém. Já estou aqui há seis anos, vejo tudo isso...
 Ganhei um cartão de inválido, me dá certas regalias! Quando chego no caixa para combatentes de guerra:
— Aonde vai, rapaz? Você se confundiu.
Aperto os dentes, fico calado. Ouço pelas minhas costas:
— Eu defendi a pátria, já esse aí...
Agora, se um desconhecido pergunta:
— O que houve com seu braço?
— Estava bêbado e caí debaixo do bonde. Cortaram fora.
Aí sim as pessoas entendem. Lamentam.

No romance de Valentin Píkul, *Tchest imeiu (Ispoved ofitsera rossiiskogo Guenchtaba)* [Tenho honra (Confissão de um oficial do Estado-Maior General russo)], li recentemente: "Agora (refere-se às consequências vergonhosas da Guerra Russo-Japonesa de 1905) muitos oficiais pedem dispensa, pois em todo lugar aonde vão são submetidos a desprezo e zombaria. A questão chega a tal ponto que o oficial tem vergonha de usar sua farda, e tenta sair com roupas civis. Nem os feridos inválidos despertam compaixão, e se dá a mendigos sem pernas muito mais se eles dizem que a perna foi cortada por um bonde na esquina da avenida Niévski com a avenida Liteini, e que eles não têm nenhuma relação com Mukden e Liaoyang". Logo vão escrever assim a nosso respeito...

Acho que agora posso até trocar de pátria. Ir embora.

Soldado, comunicações

— Eu mesmo pedi para ir... Sonhava em ir para aquela guerra... Achava interessante...
 Eu ficava imaginando como seria lá. Queria saber como é quando você tem uma maçã e dois amigos, está com fome, eles também estão com fome, e você dá a eles essa maçã. Eu pensava

que lá todos eram amigos, todos eram irmãos. Fui para lá em busca disso.

Saí do avião, arregalei os olhos para as montanhas, e um desmobilizado (um rapaz que estava voltando para a União Soviética) me empurrou para o lado.

— Me dê seu cinto.

— O quê?! — O cinto era meu, importado.

— Imbecil, vão tomar de você de toda forma.

Pegaram no primeiro dia. E eu que pensava: "O Afeganistão é onde são todos amigos". Que idiota! Um soldado jovem é um objeto. Podem acordá-lo de noite para bater nele, espancar com cadeiras, paus, punhos, pés. Podem golpeá-lo, esmurrá-lo no banheiro de dia, tomar a mochila, as coisas, a carne enlatada, os biscoitos (de quem tem, de quem trouxe). Não há televisão, rádio, jornais. Nos divertíamos com a lei do mais forte: "Lave minhas meias, pintassilgo" — e isso não era nada, veja essa outra: "E aí, pintassilgo, lamba as minhas meias. Lamba direitinho, para que todos vejam". Um calor de sessenta graus, você vai andando e cambaleando... Levam você para vários lugares... Mas na hora das operações de guerra os "avôs" andavam na frente, nos protegiam. Nos salvavam. Isso é verdade. Voltávamos para a caserna: "E aí, pintassilgo, lamba minhas meias...".*

Isso era mais assustador do que o primeiro combate... O primeiro combate é interessante! Você assiste como se fosse um filme de ficção. Vi centenas de vezes no cinema como os soldados andam no ataque, e descobri que é balela. A gente não anda, e sim corre, não corre sem pressa, se curvando de um jeito bonito, e sim com todas as forças, e nessa hora a força de uma pessoa é como a de um

---

* Na gíria dos soldados, "pintassilgo" eram os militares que estavam em serviço havia menos de um ano; "avôs" eram os que já serviam havia mais de um ano e meio.

louco, e você dá voltas feito um coelho enfurecido. Antigamente eu amava as paradas militares na Praça Vermelha, o equipamento militar. Amava isso… Agora sei: não podemos nos encantar com isso, antes esses tanques, veículos blindados, metralhadoras ficassem parados num canto, encapados. Antes fosse! Porque isso tudo é para destruir gente… Transformar em pó! Em terra! É como se… Melhor ainda se mostrassem na Praça Vermelha com todos os soldados com prótese do Afeganistão… Eu iria… Veja! Minhas duas pernas foram cortadas acima do joelho… Se fosse abaixo do joelho… Que sorte! Eu seria um homem feliz. Tenho inveja de quem foi amputado abaixo do joelho… Depois dos curativos você se contorce por uma hora e meia, de repente fica tão pequeno sem as próteses. Deitado de short e camiseta, a camiseta fica do seu tamanho. No começo eu não deixava ninguém se aproximar. Ficava calado. Que ao menos tivesse ficado uma das pernas, mas nenhuma… O mais difícil é esquecer que você tinha duas pernas… Das quatro paredes a gente quer escolher uma — a que tem janela.

Fiz um ultimato à minha mãe: "Se você vai chorar, não precisa vir". Lá era o que mais me dava medo: se me matarem, vão me levar para casa — e minha mãe vai chorar. Depois do combate as pessoas têm pena do ferido, mas não do morto, só dá pena da mãe. No hospital eu queria dizer à auxiliar de enfermagem "obrigado", mas não consegui, até as palavras tinha esquecido.

— Iria para o Afeganistão de novo?

— Sim.

— Por quê?

— Lá, amigo é amigo, inimigo é inimigo. Aqui é uma pergunta constante; meus amigos morreram pelo quê? Por esses especuladores bem alimentados? Pelos funcionários públicos? Ou pelos jovens indiferentes que não ligam para nada desde que tenham uma lata de cerveja pela manhã? Aqui tudo é incômodo. Eu me sinto estranho. Um forasteiro.

Estou aprendendo a andar. Tentam me guiar. Caio. "Tranquilo", digo a mim mesmo. "Primeiro comando: levante-se com os braços; segundo comando: levante e ande." Nos primeiros meses não seria isso: não seria ande, e sim se arraste. Eu me arrastava. A imagem mais viva que trago de lá é a de um garoto negro com cara de russo... Lá tem muitos. Pois estamos lá desde 1979... Sete anos. Eu voltaria para lá. Com certeza! Se não fosse por minhas duas pernas acima do joelho... Se ao menos fosse abaixo do joelho.

Eu iria para lá...

Soldado, atirador de morteiro

— Eu me perguntava: por que fui parar ali?

As respostas são umas cem... Mas o principal está nestes versos, não guardei de quem são... Talvez algum dos nossos rapazes tenha composto?

Há duas coisas no mundo que são como uma:
Primeiro, as mulheres, segundo, o vinho.
Mas mais doce que as mulheres, mais saborosa que o vinho
É, para o homem, a guerra.

Eu tinha inveja dos colegas que haviam estado no Afeganistão: eles tinham uma experiência colossal. Onde eu ia adquiri-la na vida civil? Sou cirurgião... Já tinha nas costas dez anos de trabalho como cirurgião num hospital de uma cidade grande, mas quando chegou o primeiro transporte com feridos, eu quase perdi a cabeça. Sem braços, sem pernas, ali havia só um coto que respirava. Nem em filmes sádicos você vê algo assim. Lá fiz operações que na União Soviética só faria em sonho. As enfermeiras jovens não aguentavam. Às vezes uma chorava até engasgar, outra gargalhava. Uma ficou o tempo todo parada sorrindo. Eram mandadas para casa.

O jeito como as pessoas morrem não tem nada a ver com o que mostram no cinema. As pessoas não morrem à la Stanislávski. Se uma bala acerta a cabeça, a pessoa não agita os braços e cai. Na verdade, se uma bala acerta a cabeça, voa cérebro, ela corre para pegá-lo, pode correr meio quilômetro para pegar. Isso ultrapassa o limite. Ela corre enquanto não acontece a morte física. Seria mais fácil atirar do que olhar e escutá-la soluçando ou deitada pedindo a morte como uma libertação. Se lhe restar ainda alguma força. Se não, ela está caída, o medo vai se aproximando. O coração começa a palpitar. Ela grita, chama... Você vai verificar... Vai tranquilizar... O cérebro espera o momento em que a pessoa relaxa... Não tem nem tempo de se afastar da cama — e o menino se foi. Agora mesmo estava aqui...

Isso não se esquece rápido... Esses meninos-soldados vão crescer e vão sofrer isso tudo de novo. Os olhares deles vão mudar, um pouco será esquecido, mas algo das memórias virá à tona. Meu pai era piloto na Segunda Guerra Mundial, mas ele não contava nada... Sempre se calava... Na época eu não entendia, agora entendo. Respeito o silêncio dele. Lembrar... É como enfiar o braço numa fogueira... Basta uma palavra, uma indireta... Li ontem no jornal: se defendeu até o último cartucho; com o último se matou com um tiro. O que é dar um tiro em si mesmo? No combate a questão é categórica: você ou ele? É claro que você deve ficar. Mas todos foram embora, você está dando cobertura a eles, recebeu uma ordem ou você mesmo decidiu, sabendo quase com certeza que escolheu a morte. Tenho certeza de que psicologicamente esse momento não é difícil. Nessa circunstância o suicídio é tido como um fenômeno normal. Muitos são capazes de executá-lo. Depois são chamados de heróis. Isso aqui... na vida comum os suicidas não são normais. E lá? Lá é tudo ao contrário... São outras leis... Bastam duas linhas de jornal, e à noite você não fecha os olhos, tudo aflora em você. Volta.

Quem esteve lá não quer combater uma segunda vez. Não vão nos enganar dizendo que carne cresce em árvore. Não importa como a gente seja — ingênuo, cruel, amoroso com a esposa e os filhos —, todos matávamos mesmo assim. Entendi qual era meu lugar na Legião Estrangeira, mas não lamento nada. Agora todos começaram a falar sobre o sentimento de culpa. Isso eu não tenho. Culpados são os que nos mandaram para lá. Uso o uniforme do Afeganistão com orgulho, me sinto homem com ele. As mulheres vão à loucura! Uma vez vesti e fui para o restaurante. A gerente cravou os olhos em mim, eu esperava que isso acontecesse:

— O que foi, não estou uniformizado? Pois bem, abra caminho para um coração queimado...

Quero ver se alguém me diz que não gosta do meu uniforme militar de campanha, quero ver dar um pio. Não sei por quê, mas estou procurando por alguém que faça isso...

Médico militar

— Primeiro dei à luz minha filha.

Antes do nascimento dela meu marido dizia que dava no mesmo o que seria, mas melhor que fosse uma menina, depois vinha um irmãozinho e ela amarraria o cadarço das botinhas dele. E foi assim que aconteceu...

Meu marido ligou para o hospital. Responderam:

— É menina.

— Tudo bem. Vão ser duas meninas.

Aí disseram a verdade para ele:

— Você teve um filho... Um filho!

— Ah, obrigado. Ah, eu lhe agradeço!

Pelo filho começou a agradecer.

O primeiro dia... O segundo... A auxiliar de enfermagem trazia os filhos de todos, menos o meu. Ninguém falava nada.

Comecei a chorar, tive febre. Veio o médico: "Por que está aflita, mãe? Você tem um verdadeiro gigante. Ainda está dormindo, não acordou. Ainda não sentiu fome. Não se preocupe". Trouxeram, desenrolaram meu filho, estava dormindo. Aí eu me tranquilizei.

Que nome dar ao meu filho? Estávamos entre três nomes — Sacha, Aliocha e Micha. Gostava de todos. Minha filha e meu marido vieram me ver, e Tánietchka me comunicou: "Eu tirei a *sote...*". O que é *sote*? Descobri que eles haviam jogado papeizinhos num gorro e tirado a sorte. "Sacha" tinha saído duas vezes. Foi nossa Tánietchka que decidiu. Ele nasceu pesado — quatro quilos e quinhentos gramas. Grande — sessenta centímetros. Andou, eu me lembro, com dez meses. Com um ano e meio já falava bem, mas até os três anos não acertava os sons do "r" e do "s". Em vez de "sou eu" falava "chou eu". Chamava o amigo de Tiglei em vez de Serguei. A educadora do jardim de infância, Kira Nikoláievna, era para ele "Kila Kalavna". Quando viu o mar pela primeira vez, deu um grito: "Eu não nasci, uma onda do mar me jogou na praia".

Aos cinco anos dei para ele o primeiro álbum. Ele tem quatro: um infantil, o da escola, um militar (de quando estudou no colégio militar) e o "afegão" — das fotos que ele mandava. Minha filha tinha seus próprios álbuns, eu dava um para cada. Amava a casa, as crianças. Escrevi um poema para eles:

Por entre a neve da primavera
Um brotinho apareceu.
Quando se abriram as flores,
Meu filhinho nasceu...

Na escola, antes, os alunos gostavam de mim. Eu era alegre...

Por muito tempo ele gostava de brincar de cossaco bandoleiro: "Sou corajoso". Quando tinha cinco anos, e Tánietchka dez, fomos para o rio Volga. Descemos do barco, do cais até a casa da avó eram dez quilômetros. Sacha parou ali feito um prego:

— Não vou. Me leve no colo.

— Tão grande e quer ir no colo?!

— Não vou e pronto.

E não foi. Nós o lembrávamos disso o tempo todo.

No jardim de infância ele adorava dançar. Tinha umas calças vermelhinhas, bufantes. A gente tirava fotos dele com elas. Tenho essas fotografias. Colecionou selos até o oitavo ano — deixou os álbuns de selos. Depois começou a colecionar insígnias — deixou uma caixa de insígnias. Era apaixonado por música. Deixou umas fitas cassete com suas músicas preferidas...

A infância inteira ele sonhou em ser músico. Mas, pelo visto, quando cresceu foi absorvido pelo pai — era militar, moramos a vida inteira numa vila militar: ele comia mingau com os soldados, limpava carros com eles. Ninguém disse a ele "não" quando enviou os documentos para o colégio militar, muito pelo contrário: "Filhinho, você vai defender a pátria". Ele era bom aluno, na escola sempre foi ativo. Também se formou com excelência no colégio militar. O alto-comando nos mandou um agradecimento.

Em 1985... Sacha estava no Afeganistão... Estávamos orgulhosos dele, encantados — ele estava na guerra. Eu contava para os meus alunos sobre Sacha, sobre os amigos dele. Esperávamos quando ele sairia de licença. Não sei por que a gente não pensa nas coisas ruins...

Antes de Minsk sempre havíamos morado em vilas militares, e um hábito ficou: quando estávamos em casa, não fechávamos a porta com chave. Ele entrou sem tocar a campainha e disse: "Foi daqui que chamaram o técnico de TV?". Ele tinha vindo de Cabul para Tachkent com os amigos, de lá conseguiram pegar passagens até Donetsk, não havia nada mais perto. E de Donetsk voaram para Vilnius (para Minsk não dava). Em Vilnius precisavam esperar o trem por três horas, era muito para eles quando estavam tão perto de casa, uns duzentos quilômetros. Pegaram um táxi.

Estava bronzeado, magro, só os dentes brilhavam:

— Meu filho — eu chorava —, como está magrinho!

— Mamãe — ele me levantava e girava pelo quarto —, estou vivo! Estou vivo, mamãe! Está entendendo? Vivo!

Dois dias depois era o Ano-Novo. Ele escondeu presentes para nós debaixo da árvore. Para mim, um lenço grande. Preto.

— Filhinho, por que escolheu o preto?

— Mamãe, havia vários lá. Mas quando chegou a minha vez na fila, só sobraram os pretos. Olhe, fica bem em você...

Eu o enterrei usando aquele lenço, não tirei por dois anos.

Ele sempre adorou dar presentes, chamava de "surpresinhas". Uma vez, quando ainda eram pequenos, eu e o pai deles chegamos em casa, e as crianças não estavam. Fui à casa dos vizinhos, à rua, nada das crianças, ninguém tinha visto. Como gritei, como chorei! Então, abre-se uma caixa debaixo da televisão (havíamos comprado uma TV e ainda não tínhamos tido tempo de jogar a caixa fora) e saem meus filhos dali: "Por que está chorando, mamãe?". Tinham posto a mesa, feito chá e esperado por nós, mas não chegávamos. Sacha inventou uma "surpresinha" — esconder-se dentro da caixa. Se esconderam e adormeceram lá dentro.

Ele era carinhoso, é raro um menino ser tão carinhoso. Sempre beijava, abraçava: "Mamãe... Mamãezinha...". Depois do Afeganistão ficou ainda mais terno. Em casa, para ele tudo estava bom. Mas havia uns momentos em que ficava sentado, calado, não via nada. À noite saltava da cama e andava pelo quarto. Uma vez acordei com um grito: "Está explodindo, está explodindo! Mamãe, estão atirando...". Outra noite escutei: alguém estava chorando. Quem podia estar chorando aqui? Não havia crianças pequenas. Abri a porta do quarto dele: estava envolvendo a cabeça com as duas mãos e chorava...

— Filhinho, por que está chorando?

— Estou com medo, mamãe. — E nenhuma palavra a mais. Nem para o pai, nem para mim.

Foi embora como de costume. Assei uma mala inteira de *orechki* — uns biscoitinhos. Os preferidos dele. Uma mala inteira, para que fosse suficiente para todos. Eles sentiam saudade de estar em casa. De estar à vontade.

Da segunda vez ele também veio para o Ano-Novo. No começo esperávamos que viesse no verão. Escreveu: "Mamãe, prepare mais compotas, faça geleias, estou chegando, vou comer e beber de tudo". Transferiu a licença de agosto para setembro, queria ir à floresta, colher cantarelas. Não veio. Para o feriado de novembro também não. Recebemos uma carta que dizia, o que vocês acham, não será melhor ir no Ano-Novo outra vez? Já vai ter a árvore de Natal, o aniversário do papai é em dezembro, e o de mamãe em janeiro.

No dia 30 de dezembro... Fiquei o dia inteiro em casa, não saí para lugar nenhum. Antes disso ele tinha mandado uma carta: "Mamãe, quero fazer uma encomenda antecipada de geleia de mirtilo, geleia de cereja e requeijão". Meu marido voltou do trabalho, decidimos: agora ele esperava, eu passaria na loja e compraria um violão. De manhã havia recebido um postal dizendo que tinham começado a vender violões. Sacha pediu: não precisa ser um caro, comprem um normal, de quintal.

Voltei da loja, e ele estava em casa:

— Ai, filhinho, estava de guarda esperando por você!

Viu o violão:

— Que violão bonito. — E dançava pelo quarto. — Estou em casa. Como é bom estar aqui. Até o cheiro da nossa portaria é especial.

Disse que tínhamos a cidade mais bonita, a rua mais bonita, a casa mais bonita, as acácias mais bonitas no pátio. Ele amava esta casa. Agora é difícil para a gente viver aqui — tudo nos faz lembrar do Sacha; e é difícil sair — ele amava tudo.

Daquela vez ele veio diferente. Não fomos só nós, de casa, mas todos os amigos notaram. Ele disse para eles:

— Como vocês todos são felizes! Vocês nem imaginam como são todos felizes! Vocês têm feriado todo dia.

Cheguei do cabeleireiro com um penteado novo:

— Mamãe, faça sempre esse penteado. Está tão bonita.

— Para fazer todo dia precisa de muito dinheiro, filhinho.

— Eu trouxe dinheiro. Pegue tudo. Não preciso de dinheiro.

Nasceu o filho de um amigo. Lembro com que cara ele pediu: "Me deixe segurar". Pegou no colo e congelou. No fim da licença teve uma dor de dente, e tinha medo do dentista desde criança. Arrastei Sacha pela mão até o dentista. Ficamos sentados, esperando. Olhei: o rosto dele estava suado de medo.

Se na televisão estivesse passando um programa sobre o Afeganistão, ele ia para outro quarto. Uma semana antes da partida apareceu uma tristeza nos olhos dele, ela se derramava. Será que só agora eu acho que foi assim? Na época eu estava feliz: meu filho era major aos trinta anos, veio com a ordem da Estrela Vermelha. No aeroporto eu olhava para ele e não acreditava: será possível que esse belo jovem oficial é meu filho? Tinha orgulho dele.

Um mês depois chegou uma carta. Ele parabenizava o pai pelo Dia do Exército Soviético, e me agradecia pela torta e pelos cogumelos. Depois dessa carta aconteceu alguma coisa comigo… Não conseguia dormir… Eu me deitava… Ficava deitada… Fiquei deitada até as cinco da manhã com os olhos abertos. Não preguei o olho.

No dia 4 de março tive um sonho… Um campo grande, e por todo o campo explosões brancas. Algo explodia… E longas fitas brancas se estendiam… Meu Sacha corria, corria… Se agitava… Não tinha onde se esconder… E o lugar se incendiou… E o lugar... Eu corria atrás dele. Queria tomar a dianteira. Queria ir na frente, que ele fosse atrás de mim... Como antigamente, quando ele era pequeno, no campo, fomos parar numa tempestade. Eu o cobri com meu corpo, ele se curvava, como um ratinho: "Mamãe, me salve!". Mas eu não o alcançava... Ele era tão alto, e os passos dele eram longos, longos. Eu corria com todas as minhas forças... Logo meu coração ia explodir. E eu não conseguia alcançá-lo...

... A porta de entrada bateu. Meu marido veio. Eu e minha filha estávamos sentadas no sofá. Ele cruzou o quarto todo, vindo ao nosso encontro de botas, sobretudo, gorro. Isso nunca aconteceu, ele era metódico porque passou a vida inteira no Exército, em todo lugar tinha disciplina. Ele se aproximou e caiu de joelhos diante de nós:

— Meninas, aconteceu uma desgraça conosco...

Então eu vi que tinha mais gente na antessala. Entraram uma enfermeira, um comissário do serviço de alistamento, um professor da minha escola, conhecidos do meu marido...

— Sáchenka! Filhinho!!!

Já tem três anos... E até hoje não conseguimos abrir a mala. As coisas de Sacha estão ali... Trouxeram junto com o caixão... Acho que elas têm o cheiro dele.

Ele foi ferido por quinze estilhaços de uma vez. Só teve tempo de dizer: "Está doendo, mamãe".

Para quê? Por que ele? Era tão carinhoso. Bondoso. Como assim ele se foi? Esses pensamentos me matam aos poucos. Sei que estou morrendo — viver não faz mais sentido. Vou encontrar as pessoas, me arrasto até elas. Vou com Sacha, com o nome dele, falo dele... Fiz uma apresentação no Instituto Politécnico, uma aluna se aproximou de mim e disse: "Se você não tivesse metido tanto patriotismo na cabeça dele, estaria vivo". Fiquei mal depois das palavras dela. Caí ali.

Eu tinha ido ali em nome de Sacha. Em nome da memória dele. Tinha orgulho dele... E agora dizem: um erro fatídico, ninguém precisava disso — nem nós, nem o povo afegão. Antes eu odiava os que tinham matado Sacha. Agora odeio o Estado que o mandou para lá. Não digam o nome... Agora ele é só nosso. Não o entrego para ninguém. Nem a memória dele...

(*Alguns anos depois ela me liga.*)

Quero continuar meu relato... Ali não havia desfecho. Na época eu não havia terminado... Ainda não estava pronta... Mas... Claro, não sou jovem... Mas seis meses atrás adotamos um menino do orfanato. Ele se chama Sacha... É muito parecido com nosso Sacha pequeno. Em vez de "sou eu" diz "chou eu". Não acerta as letras "r" e "s". Recuperamos nosso filho... Lembra de mim? Mas eu jurei e fiz meu marido jurar que ele nunca será militar...

Nunca!

Mãe

— Eu atirava... Atirava como todo mundo. Não sei como isso é organizado, como esse mundo é organizado... Eu atirava...

Nossa unidade ficava em Cabul... (*De repente sorri.*) Tínhamos uma cabana de leitura — era um banheiro enorme: uma vala de vinte metros por uns cinco, seis metros de profundidade, com uns quarenta buracos, uns tabiques de tábua, e em cada tabique, pendurado num prego, botavam os jornais *Pravda, Komsomólskaia Pravda, Izvéstia*. Você baixava as calças, cigarro nos lábios, acendia o cigarro e ficava sentado lendo. Sobre o Afeganistão você encontrava algo... As tropas do governo afegão entraram em tal lugar... Tomaram tal e tal... Sobre nós, nem uma palavra, cacete... E no dia anterior, nossos rapazes, umas quarenta pessoas, tinham sido totalmente estraçalhados, eu tinha me sentado com um deles aqui no trono e lido esses jornais uns dois dias antes. A gente gargalhava. Eta nós!!! Era pra botar o cano da arma na boca e mandar cérebro pra todo lado! Uma deprê total. Mentira pra tudo que é canto... Estava cansado da caserna... A gororoba dá vontade de vomitar, a única alegria é ir para a guerra. Para o ataque, para a missão. Matando ou não matando, a gente corria para o combate, não por causa da pátria... do dever... mas porque nos faltavam sensações. Passávamos meses atrás de uma cerca de arame. Por quatro meses só comemos trigo-sarraceno: café da manhã, almoço e jantar — só trigo-sarraceno. E nos combates davam uma ração seca, lá havia carne enlatada, às vezes até um chocolate Alionka. Depois do combate você apalpa os *dukhi* mortos e, procurando, fica rico: acha uma lata de geleia, conservas boas e cigarro com filtro. Meu Deus! — Marlboro, e nós tínhamos Okhótnitchi. Você já deve ter sentido o cheiro. No maço tinha um cara que andava pelo pântano com um porrete, nós os chamávamos "Morte no Pântano". Também tinham cigarros Pamir, esse era o "Morte na Montanha". Foi no Afeganistão que provei pela primeira vez caranguejo, carne de lata americana... Fumei um charuto caro americano... Podia passar pelo *dukanzinho* no caminho, surrupiar algo, não porque fôssemos assim uns supersaqueadores, mas o ser humano sempre quer comer algo mais doce e dormir um pouco mais. Quanto a nós, nos tiraram do colo da mamãe e disseram, adiante, meninos, é uma dívida sagrada, vocês têm a obrigação, têm dezoito anos. Eta nós!

Primeiro me levaram para Tachkent... O comissário político veio, tinha uma pança... E disse: escrevam, quem quiser ir para o Afeganistão escreva um pedido. Os garotos escreveram correndo: "Solicito encaminhamento...", e eu não escrevi, mas no dia seguinte deram para todos nós uma ração, um complemento financeiro, puseram num veículo e levaram para a zona de transferência. À noite na zona de transferência os militares antigos se aproximaram e disseram: "Muito bem, rapazes, deixem o dinheiro soviético aqui; lá, para onde vocês estão sendo mandados, o dinheiro é afegane". Que porra é essa? Nos levavam como carneiros... Um estava feliz, ele mesmo tinha pedido, outro não queria, estava tendo um ataque histérico, chorava, outro bebia um monte de água-de-colônia. Cacete... Eu fiquei arrasado, para mim tudo passou a dar no mesmo. "Ah, diabo", eu pensava, "por que não fizeram uma preparação especial? Eta nós! Estão nos levando para uma guerra de verdade." Não nos ensinaram a atirar e tal. Quanto eu atirei nos exercícios? Três tiros isolados e seis rajadas... Puta merda! As primeiras impressões de Cabul... Areia, a boca cheia de areia... No dia da chegada na guarita os desmobilizados me encheram de porrada... Começou assim, logo de manhã: "Venha cá correndo! Lavou a louça? Correndo! Sentido! Sobrenome?". Não batiam no rosto para que os oficiais não notassem, batiam no peito, no botão do uniforme de soldado, que parece um cogumelinho e facilmente apertava a pele. Quando ia parar num posto, ficava feliz: nem "avôs", nem desmobilizados, por duas horas ninguém mexia comigo. Quatro dias antes da nossa chegada um "jovem"* chegou perto da enfermaria dos desmobilizados e jogou uma granada lá dentro — sete desmobilizados sumiram de uma vez — como se nunca tivessem existido. Depois ele mesmo pôs o cano da arma na boca e — cérebro para todo lado. Deram baixa como perda de guerra. Mamãe guerra, ela dá baixa em todos... Eta nós! Depois do jantar, os "avôs" nos chamavam: "Então, Moscou (sou do subúrbio de Moscou) — arruma uma batatinha. Vamos marcar o tempo — quarenta minutos. Vai!". E um pontapé no traseiro. Pergunta: "Onde eu pego?". Resposta: "Quer viver?". A batata devia ser com cebola, pimentinha e óleo de girassol, chamavam de "civilzinho". E ainda com uma folhinha de louro em cima. Atrasei vinte minutos, me espancaram... Puta merda! Achei a batatinha

---

* Na gíria dos combatentes, aqueles que estavam no Exército havia menos de seis meses.

com os pilotos de helicóptero, lá "jovens" limpavam batatas para os oficiais, aí pedi: "Rapazes, me deem umas dessas, senão me matam, cacete". Deram meio balde. "Para o óleo", sugeriram, "vá falar com nosso cozinheiro. É uzbeque. Dê um trago a ele pela amizade entre os povos, ele adora." O uzbeque me deu o óleo e a cebola do cardápio dos senhores. No barranco, fritei tudo numa fogueira, depois corri para não levar a frigideira fria... Agora, quando leio sobre a irmandade afegã, dá vontade de gargalhar. Algum dia vão fazer um filme sobre essa irmandade, e todos vão acreditar, mas eu, se for assistir, vai ser só para ver as paisagens afegãs. Você levanta a cabeça — montanhas! Montanhas violeta. O céu! E você — parece que está na prisão. Se os *dukhi* não te matam, os seus te espancam. Contei para um preso na União Soviética depois, ele não acreditou que os nossos humilhassem a nós mesmos desse jeito: "Não pode ser!!!". E ele tinha passado dez anos preso. Viu de tudo. Cacete... Pra não sair da casinha. Pra não se ferrar de vez! Uns bebiam, outros fumavam... O fumo... Bebiam *samogón.** Destilavam *samogón* do que conseguiam: passas, açúcar, amora, fermento, jogavam um pãozinho. Quando faltava cigarro, em vez de tabaco a gente usava chá, enrolava no jornal, o gosto era uma merda! Mas tinha fumaça. *Charas*, claro... *Charas* é pólen de cânhamo... Um prova, começa a rir, caminhar e rir sozinho, outro entra debaixo da mesa e fica lá até de manhã. Sem isso... sem drogas e um pouquinho de *samogón* a cachola não aguentava... Botam você no posto e dão dois carregadores de munição, se algo começasse, os sessenta cartuchos eram meio minuto de um bom combate. Os franco-atiradores e os *dukhi* eram tão adestrados que acertavam fumaça de cigarro, o flash de um fósforo.

Entendi... Já não estou lhe contando sobre a guerra, mas sobre o ser humano. Sobre esse ser humano de quem nossos li-

---

* Aguardente caseira, destilada a partir de diversos ingredientes, entre eles beterraba, batata, rabanete e casca de carvalho.

vros pouco escrevem. Têm medo dele. Escondem. Sobre o ser humano biológico. Sem ideais... As palavras "heroísmo" e "espiritualidade" me deixam perturbado. Me viram do avesso. (*Fica em silêncio.*)

Isso... Vamos continuar... Eu sofria mais por causa dos nossos, os *dukhi* faziam de você um homem, e os nossos faziam de você um merda. Só no Exército eu entendi que qualquer pessoa pode pifar, a diferença está nos meios de fazer isso e no tempo. Um "avô" me chama, serviu seis meses, está deitado de pança para cima, de botas: "Lamba as botas, lamba com a língua até limpar. Você tem cinco minutos". Fico parado... Ele: "Chame o Ruivo pra cá", e o Ruivo é um cara que chegou junto comigo, somos amigos. E aí dois filhos da mãe surram o Ruivo com uma força terrível, e eu vejo que vão quebrar as vértebras dele. Ele olha para mim... Você começa a lamber as botas, para que ele fique vivo e não seja mutilado. Antes do Exército eu não sabia que uma pessoa pode apanhar tanto nos rins até perder o ar. É quando você está só e não precisa defender ninguém... aí você quebra tudo.

Eu tinha um amigo... O apelido dele era Urso, um grandalhão de quase dois metros de altura. Voltou do Afeganistão e um ano depois se enforcou. Não sei... E ele não se abria com ninguém, ninguém sabe por que ele se enforcou: por causa da guerra ou porque se convenceu de que o ser humano é um lixo. Na guerra eu não me fazia essas perguntas, depois comecei a pensar. A cabeça pifou de vez... Um amigo meu caiu na bebida. Ele me escrevia, recebi duas cartas dele... Dizendo algo tipo que lá, meu irmão, era a vida de verdade, aqui é só merda, lá a gente combatia e sobrevivia, aqui você não entende bosta nenhuma. Uma vez telefonei para ele, estava bêbado de cair... Da segunda vez também estava bêbado... (*Acende um cigarro.*) Lembro que eu e o Urso chegamos a Moscou na estação Kazanski, estávamos vindo de Tachkent havia quatro dias, bebemos dia e noite. Tínhamos esquecido de mandar os telegramas para que fossem nos encontrar. Saímos na plataforma às cinco da manhã... As cores atingiram em cheio nossos olhos! Todo mundo vestido de um jeito diferente — de vermelho, amarelo, azul, mulherada jovem, bonita. Cacete... Era um mundo completamente diferente. A gente pirou! Voltei no dia 8 de novembro... Um mês depois fui estudar na universidade, voltei no segundo ano. Tive sorte... Fechei a cabeça... Eu não tinha tempo de ficar remoendo, precisava fazer as provas desde o zero. Naqueles dois anos tinha esquecido de tudo, só lembrava do Curso do Jovem Combatente — descascar batata e correr dezoito quilômetros. As pernas destruídas até o joelho. E ele? O Urso chegou e não tinha nada. Nem formação, nem trabalho. Ao nosso redor, o pensamento era de salsicharia: o principal era que a salsicha do doutor custasse dois rublos e vinte copeques, e a garrafa de vodca, três e sessenta e dois. Quem liga que os rapazes voltem com um parafuso a menos ou com cotos de dez, doze centímetros, pulando com o cu aos vinte anos. Se não é meu filho, tudo bem. Nosso sistema é este: ferram com você no Exército e na vida civil. Você caiu no sistema, assim que te fincarem os dentes você vai ser serrado em pedaços, não importa que seja bom, que sonhos tenha em sua alma. (*Fica em silêncio.*) Tenho poucas das palavras necessárias... Muito poucas... Quero fazer chegar meu pensamento: o principal é não cair no sistema. Como passar por ele de um salto? É preciso servir a pátria, a carteirinha do Komsomol no bolso — isso é sagrado. No estatuto está escrito: o soldado é obrigado a suportar com firmeza e valentia todos os pesados sacrifícios do serviço militar. Com firmeza e valentia! Em suma, puta merda. (*Cala-se. Estende a mão para a mesa para pegar mais um cigarro, mas o maço já está vazio.*) Droga! Um maço já não dá para um dia...

É preciso partir do fato de que somos animais, e esse lado animal está coberto por uma fina camada de cultura, fofinha. Ah,

Rilke! Ah, Púchkin! O animal se revela na pessoa num instante...
Você não tem tempo de piscar... É só temer por si mesmo, pela
vida. Ou de repente ter poder. Um poder pequeno. Um poderzi-
nho de nada! O sistema de patentes do Exército: até o juramento
você é um "espírito"; depois do juramento, um "pintassilgo"; seis
meses depois, "alcatruz"; um ano e meio depois, "vô"; a partir dos
dois anos, "desmobilizado". E bem no começo você é um espírito
estéril e sua vida é um penico cheio...
   Mas eu atirava... Atirava como todos. Isso é o principal, independente de qualquer coisa... Mas não sinto vontade de pensar
nisso. Não consigo pensar nisso.
   A heroína ficava debaixo dos nossos pés... À noite um mo-
lequinho descia da montanha e distribuía. Depois sumia como que
por encanto. Mas fumávamos erva, era raro alguém pegar heroína, lá a heroína é puríssima — você experimenta uma, duas vezes
e está acabado. Perdeu pra agulha. Eu me segurava. Mas também
tem a segunda condição de sobrevivência — não pensar em nada!
Comia, dormia, saía para a missão. Eu via e na hora já esquecia,
mandava para o subsolo. Para depois... Eu via as pupilas de uma
pessoa ficarem do tamanho do olho, a vida saindo dela... As pupilas aumentam... Escurecem... Eu via e na hora já esquecia.
Agora, com você, me lembrei...
   Eu atirava! Claro que atirava. Mirava na pessoa e... apertava... Agora espero que eu não tenha matado muitos, queria pensar isso, porque eles... Eles... estavam defendendo a pátria... Teve um... me lembro bem dele... Que eu atirei e ele caiu. Pôs os
braços para cima e caiu... Ele ficou na minha memória... Tinha
medo de ir parar no combate corpo a corpo, só me contavam
como você atravessa uma pessoa com o ferro e olha nos olhos
dela... Cacete... Numa bebedeira o Urso me revelou, quando
passamos quatro dias viajando de Tachkent para Moscou, ele disse: "Você não imagina o som rouco que a pessoa faz quando o

sangue está escorrendo pela garganta. Tem que aprender a matar...". Uma pessoa que nunca matou ninguém, nem saiu para caçar, precisa aprender a matar outra pessoa. O Urso contou... Tinha um *dukh* deitado, gravemente ferido, ferido na barriga, mas estava vivo, e o comandante pegou uma faca de um soldado e deu para ele: pegue e termine de matar, e além disso olhando nos olhos dele. Sabe por que isso é necessário? Para que depois, quando precisar salvar seus companheiros, você mate sem pensar. E da primeira vez você precisa sobreviver a tudo isso... Atravessar tudo isso... O Urso... Ele pegou a faca, encostou na garganta... No peito do ferido... E não conseguiu começar a cortar o homem... Como pegar aquilo e furar uma caixa torácica viva? Onde tem um coração batendo... O *dukh* seguia a faca com os olhos... Por muito tempo não conseguiu fazer nada... Levou muito tempo para matar. Quando o Urso ficava de porre, chorava... Tinha reservado um lugar no inferno...

Depois da desmobilização estudei na universidade, morei no dormitório estudantil, lá bebem muito, gritam. Tocam violão. Alguém batia na porta — e eu, feito um doido, dava um salto e me escondia atrás da porta. Para me defender. Um trovão soava ou a chuva tamborilava no peitoril da janela, meu coração saltava. Você entorna uma garrafa, fica normal, daqui a pouco uma garrafa passa a não ser suficiente. O fígado se contorcia, o fígado começava a falhar. Fui parar no hospital, lá me disseram: "Rapaz, se você quiser viver pelo menos até os quarenta anos, pare de beber". Pensei: eu ainda não conheci uma mulher, tanta menina bonita andando por aí, e eu vou e bato as botas. Foi assim que parei de beber. E me apareceu uma namorada...

O amor... É uma coisa de outro mundo... Não consigo dizer se eu amo. Agora já estou casado, tenho uma filha pequena, mas não sei o que é isso — se é amor ou outra coisa —, mesmo que por elas eu fosse capaz de cortar uma garganta com os dentes, enterrar alguém no asfalto. Daria minha vida! Mas o que é o amor? As pessoas confessam que amam, de acordo com o que elas imaginam, mas o amor é um trabalho diário, selvagem e sangrento. Se eu amei? Para ser sincero, não sei. Experimentei alguns sentimentos, tive um entusiasmo interior, realizei certo trabalho puramente espiritual, sem ligação com essa vida de merda, mas era amor ou outra coisa qualquer? Na guerra nos ensinaram: "É preciso amar a pátria". A pátria nos recebeu de braços abertos, e em cada punho dela era um nocaute. É melhor você me perguntar se eu fui feliz. E eu vou responder que fui feliz quando andava pela minha rua natal a caminho de casa depois do Afeganistão... Era novembro... Era novembro, e o cheiro da terra que eu não via fazia dois anos me atingia no nariz e no crânio e ecoava nos calcanhares, eu sentia um nó na garganta, não conseguia andar porque queria chorar. Depois disso posso dizer: fui feliz nessa vida. Mas se eu amei? O que é isso quando você viu a morte? E a morte é sempre feia... O que é o amor? Eu presenciei o parto quando minha mulher estava dando à luz. Nesses momentos é preciso ter alguém próximo para segurar sua mão. Agora, eu obrigaria cada imbecil do sexo masculino a ficar ao lado da cabeça de uma mulher quando ela está dando à luz, quando as pernas dela estão abertas e ela está toda cheia de sangue, cheia de merda. Vejam, seus filhos da puta, como uma criança vem ao mundo. E vocês matam com tanta simplicidade. Matar é fácil. É simples. Eu pensava que ia desmaiar. A pessoa volta da guerra e desmaia ao ver um parto. Uma mulher não é uma porta pela qual dá para entrar e sair. Dois mundos viraram minha vida do avesso: a guerra e a mulher. Me obrigaram a pensar para que eu, um pedaço de carne nojento, vim para esta terra.

A pessoa não muda na guerra, a pessoa muda depois da guerra. Ela muda quando, com os mesmos olhos que viu o que acontecia lá, vê o que acontece aqui. Nos primeiros meses a visão é dupla — você lá e aqui. A quebra acontece aqui. Agora estou disposto a pensar no que aconteceu comigo lá... Os seguranças de banco, os guarda-costas dos executivos ricos, os matadores — são todos do nosso pessoal. Encontrei com eles, conversei e entendi: eles não queriam voltar da guerra. Voltar para cá. Gostavam mais de lá. De lá... depois daquela vida... ficam sensações indescritíveis... Os *dukhi* não tinham medo da morte, eles, por exemplo, quando sabiam que no dia seguinte seriam fuzilados riam como se não estivesse acontecendo nada, conversavam entre si. Até parecia que estavam felizes. Alegres e tranquilos. A morte é uma grande passagem, é preciso esperá-la como uma noiva. Está escrito assim no Alcorão deles...

Melhor contar uma piada... Senão assusto a escritora. (*Ri.*) Ah, pois bem... Um homem morre e vai para o inferno, olha ao redor: gente sendo cozida num caldeirão, sendo serrada em cima de uma mesa... Segue em frente. Mais adiante há uma mesinha, e uns homens sentados ali bebendo cerveja, jogando cartas e dominó. Aproxima-se deles:

— O que vocês estão tomando, cerveja?

— É, cerveja.

— Posso provar? — Prova. É cerveja mesmo. Gelada. — E o que é isso, cigarro?

— Cigarro. Quer fumar? — Acende um.

— Então aqui onde vocês estão é o inferno ou não é o inferno?

— Claro que é o inferno. Relaxe. — Riem. — Ali é onde cozinham e serram; é o inferno para quem o imagina assim.

Você terá o que diz sua fé. O que diz a fé... E as preces internas... Se você espera a morte como uma noiva, ela virá para você como uma noiva.

Uma vez procurei um rapaz conhecido entre os mortos... No necrotério, os soldados que recebiam os mortos eram chamados de saqueadores... Eles tiravam tudo dos bolsos. Um rapaz com um buraco no peito ou com as vísceras para fora, e eles vasculhando os bolsos. Levavam tudo: isqueiro, uma caneta-tinteiro bonita, tesourinha de unhas, depois davam para a namorada na União Soviética. Puta merda!

Vi tantos *kichlaks* destruídos, mas nenhum jardim de infância, nenhuma escola construída ou árvore plantada como escreviam em nossos jornais. (*Cala-se.*)

Você espera, espera uma carta de casa... A namorada mandou uma foto (de pé, com flores até a cintura) — seria melhor se estivesse de roupa de banho! De biquíni. Ou ao menos que fosse de corpo inteiro, para olhar as pernas... De saia curta... E esses sanguessugas políticos, esses nossos comissários políticos, faziam uma ladainha sobre a pátria, sobre o dever do soldado. Nas aulas de política... Mas à noite, quando nos deitávamos, o tema número um era mulher... Como era a de cada um e o que tinha... Cansamos de escutar! Todos com as mãos no mesmo lugar... Puta merda! Lá é... Os afegãos têm... Para eles a pederastia é normal. Você entra sozinho no *dukan*: "Camarada, venha... Venha aqui... Vou te foder no traseiro, em troca pode levar o que quiser. Leve um lenço para sua mãe...". Passavam poucos filmes, a única coisa que davam regularmente e em grande quantidade era o *Frunzenets*, jornal da guarnição. Nós o levávamos para a cabana de leitura... Bem... para aquele lugar... Às vezes, conseguíamos pegar um programa musical, e quando escutávamos a música "Izdaleka dolgo tetchiot rieká Volga", de Liudmila Zíkina,* todos chorávamos. Sentávamos e chorávamos.

Em casa eu não conseguia construir uma frase normal, logo vinha: cacete! Palavrão atrás de palavrão... Minha mãe, nos primeiros tempos: "Filhinho, por que você não conta nada?". Eu

---

* Liudmila Zíkina (1929-2009), cantora popular russa.

lembrava de algo... Minha mãe me interrompia: "Nossos vizinhos deram um jeito de o filho fazer o serviço militar alternativo num hospital. Eu queimaria de vergonha se meu filho ficasse carregando penico de umas velhas. Isso é coisa de homem?". "Sabe, mãe", respondi, "quando eu tiver filhos, vou fazer de tudo para que não sirvam no nosso Exército." Meu pai e minha mãe me olharam como se eu fosse um doente, depois pararam de conversar comigo sobre guerra, especialmente na frente de desconhecidos. Escapei da minha casa rapidinho... Fui estudar... Minha namorada estava me esperando. Bom, eu pensava, vou chegar junto no primeiro dia... No primeiro dia eu trepo. Ela tirou minha mão do ombro: "Está coberta de sangue". Cortou minha libido por três anos, passei três anos com medo de me aproximar de uma mulher. Eta nós! Nos educavam assim: você precisa defender a pátria, defender sua namorada... Você é homem... Eu gostava de mitologia escandinava, amava ler sobre os vikings. Eles consideravam uma vergonha um homem morrer na cama. Morriam em combate. Desde os cinco anos o menino aprendia a usar armas. Para a morte. A guerra não é momento de perguntas: você é uma pessoa ou um bichinho assustado? O objetivo de um soldado é matar, você é um instrumento para matar. Você está destinado a fazer isso, como um projétil ou uma metralhadora. Agora estou filosofando... Quero me entender...

Uma vez fui a um encontro num clube de veteranos do Afeganistão... Não vou mais. Fui só uma vez... Era um encontro com americanos, com veteranos da Guerra do Vietnã. Nos sentamos num café, em cada mesinha havia um americano e três russos. Para o que se sentou conosco, um dos nossos rapazes soltou: "Tenho raiva dos americanos porque eu me explodi numa mina americana. Perdi uma perna". E ele respondeu: "E eu fui atingido por estilhaços de um projétil soviético em Saigon". Normal! Puta merda! Bebemos e nos abraçamos, tipo irmãos de arma. E por aí foi… Enchemos a lata ao estilo russo: um brinde à *Bruderschaft*,* a saideira… Entendi algo simples: soldado é soldado em todo lugar, sempre igual; carne é carne. É o departamento da carne. Só tem uma diferença: no café da manhã eles comem dois tipos de sorvete, e nós, no café da manhã, no almoço e no jantar, só trigo-sarraceno. Frutas não vimos, sonhávamos com ovos e peixe fresco. Comíamos cebola como se fosse maçã. Voltei do Exército sem dentes. Era dezembro, trinta graus negativos. Aquele rapaz era da Califórnia… Fomos acompanhá-lo ao hotel. Ele usava casaco e luvas forrados de plumas, andava por Moscou assim todo encapotado, e na nossa direção vinha um Vánia russo — de *tulup* aberto,** camisa de marinheiro na altura do umbigo, sem gorro e sem luvas. "Oi, pessoal!" "Oi!" "Quem é esse?" "Um americano." Ah, um americano! E apertou a mão dele, deu umas batidas no ombro. E seguiu em frente. Subimos para o quarto, o americano calado. "Chefe! O que você tem?", perguntamos. "Estou de casaco forrado, luvas, e ele está nu. E a mão dele estava quente. É impossível lutar contra este país." Respondi: "Claro que é impossível. Nós os cobriríamos de cadáveres!". Puta merda! Bebemos tudo o que arde, fodemos tudo o que se mexe, e se não se mexe sacudimos e fodemos mesmo assim.

Há muito tempo não falo sobre o Afeganistão… Não acho essas conversas interessantes… Mas se me deixassem escolher: descobrir isso na guerra e passar por isso, ou outra possibilidade — poder continuar um menino e não ir para lá — o que escolheria? Ainda assim eu ia querer passar por tudo de novo e me tornar quem me tornei agora. Sobreviver novamente, experimentar novamente. Graças ao Afeganistão encontrei amigos… Encontrei minha esposa e tenho uma filha pequena maravilhosa. Lá desco-

---

* Em alemão, "fraternidade".
** *Tulup*: tipo de sobretudo forrado com peles.

bri quanta merda existe dentro de mim, e como ela está escondida lá no fundo. Voltei e li a Bíblia com um lápis. E releio o tempo todo. Gálitch* canta bem: "Tenha medo de quem disser: eu sei como". Eu não sei como. Estou procurando. Sonho com montanhas roxas. E colunas de areia cortantes...

Nasci aqui... A pátria, como a mulher amada, a gente não escolhe, recebe, se você nasceu neste país, consiga morrer nele também. Pode bater as botas e pode matar, mas saiba morrer. Quero viver neste país, mesmo que seja miserável, infeliz, mas aqui vive Levcha, capaz de pôr uma ferradura numa pulga,** e os homens na cervejaria resolvem os problemas do mundo. Este país nos enganou... Mas eu o amo.

Eu vi... Agora sei que as crianças nascem puras. São anjos.

Soldado, atirador

— Uma explosão... Uma fonte de luz... E pronto...

Na sequência, noite... Trevas... Abri um olho e me arrastei pela parede: onde estou? No hospital... Continuei verificando: os braços estão no lugar? Estão. Mais abaixo... Me toquei com as mãos... Onde estão as pernas? Minhas pernas!!!

(*Vira-se para a parede e passa muito tempo sem querer falar.*)

Eu me esqueci de tudo o que havia acontecido antes. Tive uma lesão gravíssima... Esqueci minha vida inteira... Abri o documento e li meu sobrenome. Onde nasci? Em Vorônej. Trinta anos... Casado... Dois filhos... meninos...

Não me lembrava de um único rosto...

(*De novo fica calado por muito tempo. Olha para o teto.*)

---

* Aleksandr Gálitch (1918-77), cantor e compositor russo.
** Referência ao conto "O canhoto vesgo de Tula e a pulga de aço" (1881), de Nikolai Leskov, em que o protagonista, um artesão humilde e habilidoso, é capaz de ferrar uma pulga mecânica fabricada pelos ingleses.

Minha mãe foi a primeira que veio… Ela disse: "Sou sua mãe". Eu a observava… Não conseguia me lembrar dela, mas ao mesmo tempo aquela mulher não me era estranha. Eu entendia — ela não era uma estranha… Ela me contou sobre minha infância… a escola… Até umas bobagens: que eu tinha um bom sobretudo no oitavo ano, e rasguei numa cerca. Que notas tirava… Quatro, havia também uns cinco, mas três em comportamento.* Fazia bagunça. O que eu mais gostava era de sopa de ervilha… Eu a escutava e parecia me ver de fora…

Uma vez, a zeladora do refeitório me chamou:

— Suba na cadeira de rodas. Vou levá-lo. Sua esposa chegou para ver você.

Uma mulher bonita estava parada ao lado da enfermaria… Olhei: está aí, que fique aí. E onde está minha esposa? Ela era minha esposa… Um rosto familiar — mas eu não o reconhecia…

Ela me contou a respeito do nosso amor… Como nos conhecemos… Como eu a beijei pela primeira vez… Trouxe fotos do nosso casamento. Como nasceram nossos meninos. Dois meninos… Eu escutava e não me lembrava, mas fui decorando… Pelo esforço… Comecei a sentir fortes dores de cabeça… E a aliança… Onde estava a aliança? Eu me lembrei do que aconteceu com a aliança… Olhei para a mão esquerda — mas não tinha dedos…

Lembrei dos meus filhinhos pela foto… Eles chegaram e eram outros. Eram meus e não eram meus. O branquinho ficou moreninho, o pequeno estava grande. Olhei para mim mesmo no espelho: são parecidos!

Os médicos juram que a memória pode voltar… Então, eu terei duas vidas: a que me contaram e a que aconteceu. Volte nessa época que eu conto para você da guerra…

Capitão, piloto de helicóptero

---

* O sistema de notas russo vai até o cinco.

* * *

— O fogo avançava... Passei muito tempo vagando pela encosta da montanha...

À noite veio saltando ao nosso encontro um rebanho de ovelhas. Vi-va!!! Um presente de Alá. *Allahu akbar!* Estávamos famintos e cansados depois de dois dias caminhando, já tínhamos comido nossa ração seca havia muito tempo. Só tinham sobrado torradas. E de repente aparece um rebanho perdido. Sem dono. Não precisava comprar ou trocar por chá e sabão (uma ovelha era um quilo de chá ou dez pedaços de sabão), não era preciso saquear. Primeiro capturamos um carneiro grande, amarramos na árvore, assim as ovelhas não iriam embora para lugar nenhum. Isso já havíamos aprendido. De cor... Num bombardeio as ovelhas se espalham, mas depois voltam. Para o líder. Depois... Depois escolhemos a ovelha mais gorda... Levamos...

Muitas vezes observei como esses animais aceitam a morte resignadamente. Quando matam um porco, um bezerro... É outra coisa... Eles não querem morrer. Tentam escapar, soltam ganidos. Mas a ovelha não sai correndo, não grita, não se debate num ataque histérico, vai calada. Com os olhos abertos. Anda atrás da pessoa com a faca.

Aquilo nunca pareceu um assassinato, sempre me lembrou um ritual. Um ritual de sacrifício.

Soldado, batedor

SEGUNDO DIA

"AQUELE MORRE COM A ALMA AMARGURADA"

Ele ligou de novo. Felizmente, eu estava em casa...

— Não estava pensando em ligar... Mas hoje entrei no ônibus e escutei duas mulheres discutindo: "Como assim eles são heróis? Lá eles matavam crianças, mulheres... Por acaso são normais? E os chamam para ir às escolas, falar com nossos filhos. Ainda têm regalias". Desci no primeiro ponto... Éramos soldados e estávamos cumprindo ordens. A punição pelo não cumprimento de ordens em período de guerra é fuzilamento! Você vai para a corte marcial! Claro, os generais não fuzilavam mulheres e crianças, eles davam as ordens. E agora nós somos culpados de tudo! Os soldados são culpados! Agora querem nos convencer de que cumprir uma ordem criminosa é crime. Mas eu acreditava em quem dava as ordens! Eu acreditava! Pelo que me lembro, o tempo todo me ensinaram a acreditar. Só acreditar! Ninguém me ensinou: pense se deve acreditar ou não, atirar ou não. Repetiam para mim: só acredite cada vez mais! Saíamos daqui assim, e não voltávamos de lá assim.

— Podemos nos encontrar... Conversar...

— Só falo com quem é igual a mim. Com quem veio de lá...

Entende? Sim, eu matava, estou coberto de sangue... Mas ele estava caído... Meu amigo, ele era um irmão para mim. A cabeça solta, os braços soltos... A pele... Pedi na hora para sair de novo para o ataque... Vi o enterro de um kichlak. *Havia muita gente. Carregavam o corpo em algo branco... Eu os observava pelo binóculo... E ordenei: "Atirar!".*

— Fico pensando... Como você vive com isso? Está assustado?

— Sim, eu matava... Porque eu queria viver... Queria voltar para casa. Agora tenho inveja dos mortos. Os mortos não sentem dor...

A conversa se interrompeu mais uma vez...

A autora

— É como num sonho... Como se eu tivesse visto em algum lugar... Em algum filme... Agora tenho a sensação de que eu não matava ninguém...

Eu mesmo fui. Solicitei... Pode perguntar para mim: em nome de um ideal ou para entender quem sou? A segunda opção, claro. Queria me pôr à prova, ver do que eu era capaz. Tenho um ego grande. Estava na faculdade, lá você não mostra, não descobre quem é. Eu queria ser um herói, buscava uma ocasião para me tornar um herói. Saí no segundo ano. Falavam... Eu escutava... Diziam que era uma guerra de meninos... Quem estava combatendo eram meninos que pouco antes estavam no décimo ano. Na guerra é sempre assim. Na Grande Guerra Patriótica também foi assim. Para nós, é como um jogo. É muito importante que você tenha seu amor-próprio, seu orgulho. Vou conseguir ou não vou conseguir. Ele conseguiu. E eu? Essas eram nossas tarefas, não a política. Desde a infância estou disposto a me impor algumas provas. Jack London é meu escritor preferido. Um homem de verdade deve ser forte. Na guerra, as pessoas se fortalecem. Minha namorada tentava me dissuadir: "Imagine se Búnin ou Mandelchtam diriam algo assim?". Dos meus amigos, ninguém entendeu. Um se casou, outro se entusiasmou por filosofia oriental, outro por ioga. Só eu fui para a guerra.

Acima, as montanhas queimavam ao sol... Embaixo, uma menina gritava para uma cabra, uma mulher estendia a roupa... Como em nossas terras no Cáucaso... Até me decepcionei... Uma noite houve um tiroteio na nossa fogueira: peguei a chaleira, voou uma bala por debaixo dela. Guerra! Nas marchas, a sede era torturante, humilhante. A boca seca, é impossível juntar saliva para engolir. Parece que você está com a boca cheia de areia. Lambíamos o orvalho, lambíamos nosso próprio suor... Eu precisava viver. Eu queria viver! Peguei uma tartaruga. Furei a garganta com uma pedrinha afiada. Bebi o sangue da tartaruga. Os outros não conseguiram. Ninguém conseguiu. Bebíamos nossa própria urina...

Entendi que sou capaz de matar. Tinha uma arma nas mãos... No primeiro combate vi como as pessoas entram em choque. Perdem a consciência. Alguns até vomitam ao lembrar de como matavam. Depois do combate, ficava uma orelha pendurada na árvore... Um olho escorria por um rosto humano... Eu aguentava! Entre nós havia um caçador, ele se gabava de que antes da guerra matava lebres, abatia javalis selvagens. Pois bem, esse sempre vomitava. Matar um animal é uma coisa, matar um ser humano é outra. No combate você fica insensível. Raciocínio frio. Cálculo. Minha metralhadora, minha vida. A metralhadora vira uma extensão do corpo. Como se fosse mais um braço...

Era uma guerra de resistência, grandes combates eram raros. Era sempre você e ele. Você fica alerta como um lince. Solta uma rajada — ele se abaixa. Você espera. Quem será o próximo? Ainda não escutou o tiro, mas já sente a bala passar voando. Você se arrasta de pedra em pedra... se esconde... Persegue-o como se fosse um caçador. Você parece uma mola. Não respira. Capta o instante... Se vocês se encontrassem, poderia matá-lo com uma coronhada. Você mata — e é muito forte pensar que dessa vez você está vivo. Estou vivo de novo! Não há alegria em matar uma pessoa. Você mata para que não te matem. Guerra não é só morte, mas também algo mais. A guerra tem até seu próprio cheiro. Seu som.

Os mortos são diferentes... Não há um igual ao outro. Na água... Na água acontece algo com o rosto morto, todos têm algum tipo de sorriso. Depois da chuva eles ficam limpos. Sem água, na poeira, a morte é mais sincera. Um uniforme novinho, mas em vez de cabeça há uma folha seca vermelha... Achatada, como uma lagartixa debaixo de uma roda... Mas eu estou vivo! Outro está sentado perto de uma parede... Ao lado de casa... Perto dele há castanhas picadas. Está sentado... De olhos abertos... Não havia ninguém para fechar... Depois da morte, por dez, quinze minutos, ainda é possível fechar os olhos. Depois não mais. Os olhos não fecham... Mas eu estou vivo! Vejo um outro, curvado... A braguilha aberta... Ainda... está pingando... O que quer que estivessem vivendo naquele momento, o que quer que estivessem fazendo, permaneceram daquele jeito... Ainda estão neste mundo, mas já foram para lá... Já estão lá em cima... Mas eu estou vivo! Preciso tocar em mim mesmo, me convencer. Os pássaros não têm medo da morte. Ficam sentados, olhando. As crianças não têm medo da morte. Também ficam sentadas olhando tranquilamente, com curiosidade. Como pássaros. Eu vi uma águia observando uma batalha... Pousada, como uma pequena esfinge... No refeitório você está tomando sopa, olha para o vizinho e o imagina morto. Uma vez não consegui olhar para fotos dos meus parentes. Quando você volta da missão, ver mulheres e crianças é insuportável. Você vira o rosto. Depois passa. De manhã você corre para a ginástica, treina bastante com os halteres.

Eu pensava na minha forma física, em como ia voltar. Não dormia bem, é verdade. Tinha piolhos, especialmente no inverno. Polvilhavam os colchões com inseticida.

Conheci o medo da morte em casa. Voltei e nasceu meu filho. O medo: se eu morrer, meu filho vai crescer sem mim. Me lembrei de minhas sete balas… Elas podiam, como dizíamos, ter me mandado para "o andar de cima"… Mas passaram por mim… Até tenho um sentimento de que não joguei até o fim. Não combati até o fim.

Não sinto culpa, não tenho medo de pesadelos. Sempre escolhi um duelo honesto — ele e eu. Uma vez, quando vi que estavam batendo num prisioneiro… dois batiam, e o cara estava amarrado… Jogado ali, feito um trapo… Eu os dispersei, não deixei bater. Desprezava esses tipos. Outro pega uma metralhadora e atira numa águia… Dei uma porrada na fuça desse… Uma ave — para quê?

Meus parentes perguntavam:

— Como é aí?

— Tudo bem. Desculpem. Depois eu conto.

Me formei na faculdade, sou engenheiro. Quero ser apenas engenheiro, e não um veterano da Guerra do Afeganistão. Não gosto de lembrar. Mesmo que eu não saiba o que vai ser de nós, da geração que sobreviveu. Sobreviveu a uma guerra da qual ninguém precisava. Ninguém! Nem… Nem… Até que enfim desabafei… Como num trem… Duas pessoas desconhecidas se encontram, conversam e saem em estações diferentes. Minhas mãos estão tremendo… Não sei por que estou preocupado… Achava que sairia do jogo facilmente. Se você escrever, não dê meu sobrenome…

Não tenho medo de nada, mas não quero mais ficar nessa história toda…

Comandante de um pelotão de infantaria

✳ ✳ ✳

— Estava planejando meu casamento para dezembro... Um mês antes do casamento... Em novembro fui para o Afeganistão. Confessei para o meu noivo, ele riu: "Vai defender a fronteira sul da nossa pátria?". Mas quando percebeu que eu não estava brincando: "O que foi, não tem com quem dormir aqui?".

Vindo para cá, eu pensava: "Não consegui ir para a BAM,* para as terras virgens, dei sorte que tem o Afeganistão!". Eu acreditava nas canções que o pessoal trazia, passava dias inteiros tocando:

Na terra afegã
Nos últimos anos
A Rússia espalhou pelas rochas
Muitos de seus filhos...

Eu era uma moça livresca de Moscou. Achava que a vida verdadeira acontecia em algum lugar distante. E que lá os homens eram todos fortes; as mulheres, bonitas. Muitas aventuras. Queria me libertar do cotidiano...

Levei três noites para chegar a Cabul, não dormi. Na alfândega decidiram: está drogada. Lembro que expliquei para alguém com lágrimas nos olhos:

— Não sou usuária de drogas. Quero dormir.

Arrastava uma mala pesada — geleia da minha mãe, biscoitos —, e nenhum dos homens me ajudava. E não eram homens comuns, eram jovens oficiais, bonitos, fortes. E os meninos sempre haviam cuidado de mim, me idolatrado. Sinceramente me surpreendi:

---

* Ferrovia Baikal-Amur, cuja construção foi propagandeada como um feito heroico nos anos 1970.

— Alguém me ajuda?!

Eles olharam para mim de um jeito...

Passei mais três noites na transferência. No primeiro dia, um alferes se aproximou:

— Se quiser ficar em Cabul, venha me ver à noite...

Gordinho, rechonchudo. O apelido dele era Ballon. Entrei para a unidade como datilógrafa. Trabalhávamos em velhas máquinas de escrever do Exército. Nas primeiras semanas destruí meus dedos até sair sangue. Datilografava com curativos — as unhas se soltavam dos dedos.

Umas duas semanas depois, um soldado bateu na porta do meu quarto:

— O comandante está chamando.

— Não vou.

— Para que está fazendo charme? Não sabia para onde estava vindo?

De manhã, o comandante ameaçou me mandar para Candaar. Bem, e várias outras coisas...

O que é Candaar?

Moscas, dukhi *e se apavorar...*

Naqueles dias tinha medo de ser atropelada... De levar um tiro nas costas... De que me matassem...

Minhas companheiras de dormitório eram duas moças: uma era encarregada da eletricidade, era chamada de Elektrítchka, a outra fazia o tratamento químico da água — era a Clora. Para tudo elas tinham a mesma explicação:

— É a vida...

Justo naquela época publicaram no *Pravda* um artigo chamado "Madonas afegãs". As meninas nos escreviam da União Soviética: todas tinham gostado, algumas até tinham ido ao centro de recrutamento pedir para vir ao Afeganistão. Nas escolas, o artigo era lido nas aulas. E nós não podíamos passar tranquilamente na frente dos soldados que eles gargalhavam: "*Botchkariévka*, quer dizer que vocês são heroínas?! Estão cumprindo o dever internacional na cama!". O que é "*botchkariévka*"?* Nos barris (aqueles vagõezinhos) vivem os oficiais mais estrelados, de major para cima. As mulheres com as quais eles... são chamadas de "*botchkariévki*". Os meninos que servem aqui não escondem: "Se fico sabendo que minha namorada esteve no Afeganistão, ela deixa de existir para mim...". Sofremos as mesmas doenças, todas as mulheres tiveram hepatite, malária... Éramos bombardeadas do mesmo jeito... Mas quando nos encontramos na União Soviética, não posso dar um abraço nesse menino. Para eles somos todas p... ou temos um parafuso a menos. Não dormir com uma mulher é não se sujar... "Com quem eu durmo? Durmo com uma metralhadora..." Experimente sorrir para alguém depois disso...

Minha mãe declara para os conhecidos com orgulho: "Minha filha está no Afeganistão". Como é inocente, a minha mãe! Dá vontade de escrever para ela: "Mãe, fique calada, senão vai escutar umas boas!". Talvez quando eu voltar eu entenda tudo — e me afaste, fique mais mansa. Mas agora por dentro está tudo quebrado, pisoteado. O que eu aprendi aqui? Por acaso é possível aprender o bem ou a compaixão aqui? Ou a alegria?

Os meninos correm atrás do carro...

— *Khanun*, mostre...

Podem até oferecer dinheiro. Quer dizer que algumas delas aceitam.

Eu ficava pensando que não ia viver até voltar para casa. Agora superei isso. Tenho dois sonhos aqui que se alternam e se repetem...

---

* Palavra formada a partir de *botchka*, barril em russo.

Primeiro sonho.

Entramos num *dukan* rico... Há tapetes nas paredes, pedras preciosas... E nossos rapazes estão me vendendo. Trazem um saco de dinheiro para eles... Eles contam as *afochkas*... E dois *dukhi* enrolam meus cabelos nas mãos... Toca o despertador... No susto, grito e acordo. Nunca cheguei a contemplar todos os medos.

Segundo sonho.

Estamos voando de Tachkent para Cabul num avião militar IL-65. As montanhas aparecem na janela, e uma luz forte se apaga. Começamos a cair em algum abismo, somos cobertos por uma camada da pesada terra afegã. Começo a cavar, como uma toupeira, e não consigo escapar para a luz. Estou sufocando. E cavo, cavo...

Se eu não me obrigar a parar, minha história não vai ter fim. Aqui todo dia acontece algo que te abala, revira sua alma. Ontem, um rapaz conhecido recebeu uma carta da União Soviética, da namorada: "Não quero mais ser sua amiga, suas mãos estão manchadas...". Veio correndo falar comigo — eu entenderia.

Todos nós pensamos sobre nossa casa, mas falamos pouco. Por superstição. Dá muita vontade de voltar. Para onde vamos voltar? Sobre isso também não falamos. Só contamos piadas:

— Contem, crianças, em que seus pais trabalham?

Todas levantam o braço:

— Meu pai é médico.

— Meu pai é encanador.

— Meu pai... trabalha no circo.

O pequeno Vova fica calado.

— Vova, você não sabe com que seu pai trabalha?

— Antes ele era piloto, agora trabalha como fascista no Afeganistão.

Em casa eu amava livros de guerra, aqui carrego Dumas comigo. Na guerra não dá vontade de falar da guerra. De ler sobre a guerra. As meninas foram olhar os mortos... Disseram: estão deitados só de meia... Não vou... Não gosto de ir para a cidade, de ir fazer compras nos *dukans*... Lá, nas ruas, há muitos homens com uma perna só... crianças usando muletas feitas em casa... Não consigo me acostumar... Eu sonhava em ser jornalista, agora não sei, agora tenho dificuldade em acreditar em alguma coisa. De amar alguma coisa.

Quando eu voltar para casa, nunca mais vou para o sul. Não tenho forças para ver mais montanhas. Quando vejo montanhas, sinto que logo vai começar um bombardeio. Uma vez abriram fogo sobre nós, e uma de nossas meninas ficou de joelhos, chorando e rezando... Fazendo o sinal da cruz... Me pergunto: o que ela estava pedindo aos céus? Aqui todos somos um pouco reservados, ninguém se abre por completo. Cada um passou por algum desapontamento...

Já eu choro o tempo todo. Choro por aquela moça moscovita que gostava de livros...

Funcionária

— O que eu entendi ali? O bem nunca vence. O mal no mundo não diminui. O ser humano é terrível. Mas a natureza é bonita... E o pó. O tempo todo a boca cheia de areia. Você não consegue falar...

Estávamos fazendo uma operação limpeza num *kichlak*... Íamos andando eu e um rapaz... Ele abriu com o pé a porta de um *duval** — e atiraram nele à queima-roupa com uma metralhadora. Nove balas... A consciência se enche de ódio... Fuzilamos todos, até os animais domésticos; só que atirar em animais é

---

* Muros de adobe construídos ao redor de casas e pátios em aldeias da Ásia central.

pior. Dá pena. Eu não deixava atirar nos burrinhos... Que culpa eles têm? Eles tinham amuletos pendurados no pescoço, iguais aos das crianças... Com os nomes... Quando queimamos um campo de trigo fiquei perturbado, porque sou do campo. Lá, da minha vida anterior, eu só lembrava da minha infância, longa e boa. Como me deitava na grama entre campânulas e margaridas... Como assávamos espigas de trigo na fogueira e comíamos...

Em volta havia uma vida que não entendíamos. Estrangeira. Por isso, matar era mais fácil do que... (*Fica calado.*) Do que se estivéssemos em lugares conhecidos. Parecidos com os nossos... Para ser exato... Se falar dos meus sentimentos... Sentia nojo e orgulho — eu matei! O calor era tanto que o ferro rachava nos tetos dos *dukans*. O campo pegava fogo na hora, explodia em chamas. Cheirava a pão... O fogo fazia subir também um cheiro de pão da minha infância...

Lá a noite não desce, ela cai em cima de você. Estava de dia, e de repente — noite. O amanhecer é bonito... Você era um menino, e de repente — um homem. A guerra faz isso. Lá chove, e você vê a chuva, mas ela não chega até a terra. Você assiste aos programas da União Soviética pelo satélite e lembra que existe aquela outra vida, mas ela já não penetra em você... Tudo isso pode ser contado... Tudo isso pode ser publicado... Mas há algo que me deixa aborrecido... Não consigo transmitir o essencial...

O que é viver com a guerra, lembrar? Significa que você nunca está só. Estão sempre vocês dois, você e ela — a guerra... Temos pouca escolha: esquecer e ficar calado ou ficar louco e gritar. A segunda... Não adianta nada para ninguém... Não só para o governo, mas também para as pessoas próximas... Para seus parentes. Mas você veio... Para que veio aqui? Aquilo não é humano... (*Acende um cigarro nervosamente.*)

Às vezes eu mesmo quero escrever sobre tudo o que vi... Tudo... Sou formado em letras. No hospital... Havia um homem sem braços, na cama dele ficava um outro sem pernas e escrevia uma carta para a mãe. Havia uma menininha afegã... Ela tinha aceitado um doce de um soldado soviético. De manhã cortaram suas duas mãos. Escrever tudo como aconteceu, sem nenhuma reflexão. Se estava chovendo... E só sobre isso — se estava chovendo... Sem nenhuma reflexão — sobre se é bom ou ruim estar chovendo. A chuva... Ali, qualquer água não é simplesmente água. Do cantil saía água quase quente. Com gosto amargo. Não havia onde se esconder do sol...

Sobre o que mais eu escreveria?

Sobre o sangue... Quando vi sangue pela primeira vez, senti frio, muito frio. Fiquei gelado. Senti frio em meio a um calor de mais de quarenta graus... Um calorão...

Trouxeram dois prisioneiros... Era preciso matar um porque não havia lugar para dois no helicóptero, e necessitávamos de um como "língua". E eu não conseguia decidir: qual?

No hospital... Os vivos e os mortos se alternavam... E eu já nem os distinguia, uma vez passei meia hora conversando com um morto...

Chega! (*Bate com o punho na mesa. Depois se acalma.*)

Pensei... Sonhei como passaria minha primeira noite em casa. Depois de tudo... Voltávamos com esperança de que estivessem nos esperando em casa de braços abertos. E de repente descobrimos: ninguém se interessava em saber pelo que tínhamos passado. Encontrava conhecidos no pátio: "Ah, esteve lá? Que bom". Fui a um encontro dos meus antigos colegas de escola. Os professores também não perguntavam nada. Minha conversa com a diretora da escola:

Eu:

— É preciso imortalizar a memória dos que morreram cumprindo seu dever internacional.

Ela:

— Eram maus alunos, baderneiros. Como vamos pendurar na escola um quadro em memória deles?

Dizem: então vocês fizeram algo assim tão heroico? Perderam a guerra. E a quem servia essa guerra — a Bréjnev e aos generais? Fanáticos da revolução mundial… Acabou que meus amigos morreram à toa… Eu também podia ter morrido à toa… Mas minha mãe me viu da janela e correu por toda a rua, gritando de felicidade. "Não", eu digo a mim mesmo, "ainda que o mundo vire de ponta-cabeça, isso não vai mudar: os que estão debaixo da terra são heróis. Heróis!"

Na faculdade, um velho professor tentava me convencer:

— Vocês foram vítimas de um erro político… Fizeram de vocês cúmplices de um crime…

— Na época eu tinha dezoito anos. E o senhor, quantos tinha? Quando estávamos arrebentando o couro no calor, o senhor ficou calado? Quando nos traziam nas "tulipas negras", o senhor ficou calado? Escutou nos cemitérios as salvas de tiro estrondarem e as orquestras militares tocarem? Agora de repente começa a falar: são vítimas inúteis… foi um erro…

Mas eu não quero ser vítima de um erro político. E vou brigar por isso! Que o mundo vire de ponta-cabeça, mas isso não vai mudar: os que estão debaixo da terra são heróis. Heróis! Eu mesmo vou escrever sobre isso um dia… (*Repete depois de sentar e se acalmar.*) O ser humano é terrível… Mas a natureza é bonita…

É estranho que a beleza me tenha ficado na memória. A morte e a beleza.

Soldado, atirador de granadas

— Tive sorte…

Voltei para casa com braços, pernas, olhos, não fui queimado nem enlouqueci. Lá, nós logo entendemos que aquela guerra não era a que tínhamos em mente. Decidimos: vamos terminar de combater, ficar vivos, voltar para casa e lá nos viramos...

Fomos os primeiros a substituir os que entraram no Afeganistão. Não tínhamos ideias, tínhamos ordens. Ordem não se discute, se começam as discussões já não é um exército. Leia os clássicos do marxismo-leninismo: "O soldado deve ser como uma bala, pronta para atirar a qualquer momento". Gravei bem. Vai-se à guerra para matar. Isso eu aprendi. Medo pessoal? Podem matar a outros, mas não a mim. Mataram a ele, a mim não vão matar. A consciência não assimila a mera possibilidade do próprio desaparecimento. E eu não era um menino quando fui para lá — tinha trinta anos.

Lá eu sentia o que é a vida. Aqueles anos foram os melhores para mim — isso eu vou lhe dizer. Aqui nossa vida é cinza, pequena: do trabalho para casa, de casa para o trabalho. Lá provamos de tudo, conhecemos de tudo. Experimentamos a verdadeira amizade masculina. Vimos coisas exóticas: como a névoa da manhã forma turbilhões nos desfiladeiros estreitos, parecendo uma cortina de fumaça; os *burubakhaiki* — caminhões afegãos com as laterais altas decoradas, os ônibus vermelhos dentro dos quais ia gente misturada com ovelhas e vacas, os táxis amarelos. Lá há lugares que parecem uma paisagem lunar, algo fantástico, cósmico. Apenas as montanhas eternas, parece que não há ninguém nesse planeta, só pedras. E essas pedras atiram em você. Você só sente a hostilidade da natureza, até ela é forasteira. Ficávamos suspensos entre a vida e a morte, e a vida e a morte de outros também estavam em nossas mãos. Há algo mais forte do que esse sentimento? Em nenhum outro lugar vamos nos divertir tanto quanto nos divertimos lá. Em nenhum outro lugar as mulheres vão nos amar tanto quanto nos amavam lá. A proximidade da morte potencializava tudo, estávamos o tempo todo atarefados, dançando diante da morte. Havia muitas aventuras diferentes, acho que conheço o cheiro do perigo, o cheiro que a gente sente quando vê a própria nuca com o terceiro olho... O terceiro olho se abre... Experimentei de tudo lá e saí sem me queimar. Lá, a gente levava uma vida de homem. Sinto saudades... É a síndrome do Afeganistão...

Se era justo ou não era justo, na época ninguém ficava pensando nisso. Fazíamos o que nos ordenavam. Educação, hábito. Agora, claro, tudo foi repensado, ponderado com o tempo, a memória, a informação e a verdade que nos revelaram. Mas isso já foi quase dez anos depois! Na época existia a imagem do inimigo, conhecido dos livros, da escola, dos filmes sobre os *basmatchi*.* Assisti ao filme *O sol branco do deserto* umas cinco vezes. E ali estava ele, o inimigo! Isso bastava, era o suficiente... Nós tínhamos... todos... uma experiência espiritual da guerra ou da revolução, não fomos inspirados por outros exemplos.

Substituímos os primeiros e começamos a cravar alegremente as estaquinhas das futuras casernas, refeitórios, clubes do Exército. Recebemos pistolas TT-44, do tempo da Segunda Guerra, os instrutores políticos andavam com elas. Só serviam para dar um tiro em si mesmo ou vender no *dukan*. Andávamos feito partisans — cada um vestido como queria, a maior parte de roupa esportiva, tênis. Eu parecia o bom soldado Švejk.** Um calor de cinquenta graus, e a chefia exigia gravata e uniforme completo... Como é exigido pelo regulamento, de Kamtchatka a Cabul...

No necrotério havia sacos de carne humana... Foi um choque! Seis meses depois... Estamos assistindo a um filme... Voa munição traçante na tela... Continuamos assistindo ao filme... Estamos jogando vôlei, começa um tiroteio... Conferimos para onde as minas estavam voando e vamos jogar mais longe... Só

---

* Nome de um movimento político e religioso da Ásia central contra o governo soviético.

** *As aventuras do bom soldado Švejk*, romance do escritor tcheco Jaroslav Hašek.

passavam filmes sobre guerra, sobre Lênin ou sobre uma esposa que trai... O personagem ia embora, e ela ficava com outro... A gente queria ver comédias... Não traziam comédia nenhuma... Dava vontade de pegar a metralhadora e descarregar na tela! A tela era a céu aberto, feita de três ou quatro lençóis costurados, os espectadores assistiam sentados na areia. Uma vez por semana era dia de banho e copo. Uma garrafa de vodca custava trinta cheques. Valia ouro! A alfândega permitia trazer duas garrafas de vodca e quatro de vinho por pessoa, e cerveja em quantidade ilimitada. Você jogava fora a cerveja e enchia a garrafa com vodca. O rótulo dizia Borjomi,* a gente ia provar — teor alcoólico de 40%. Uma lata de geleia enrolada, na etiqueta estava escrito com a letra da esposa "mirtilo" ou "morango", você abria — 40%. Tínhamos um cachorro que se chamava Vermute. Olho vermelho não fica amarelo.** Bebíamos "espada" — álcool usado nos aviões, e anticongelante — líquido para resfriar o motor dos veículos. A gente avisava os soldados:

— Beba qualquer coisa, só não beba anticongelante.

Uns dois dias depois de chegar, chamavam o médico:

— O que foi?

— Os novatos se intoxicaram com anticongelante...

Eu fumava drogas... Os efeitos variavam... Às vezes batia a paranoia, você ficava confuso, qualquer bala que voasse parecia que estavam mirando em você. Se fumava à noite... Começava a ter alucinações... Via minha família a noite inteira, abraçava a minha esposa... Alguns tinham visões coloridas. Como se estivessem no cinema... No começo nos vendiam drogas nos *dukans*, depois davam de graça:

---

* Marca de água mineral georgiana.
** Referência a uma crença comum entre os militares soviéticos de que o soldado bêbado não adoece de hepatite.

— Fume, russo! Tome, fume… — Os *batcha* corriam e enfiavam algo na mão dos soldados.

Dá vontade de rir…. (*Sorri, mas os olhos estão tristes.*) Não me lembro só do que era assustador, mas também do que era engraçado. Tinha várias piadas…

— Camarada subtenente, como se escreve sua patente: junto ou separado?

— Claro que é separado. Como "sob a mesa".

— Camarada coronel, onde cavo?

— Da cerca até a hora do almoço.

Eu não queria morrer… Não entendia e não queria… Tinha pensamentos deprimentes… Por que fui para o colégio militar, e não para a escola técnica? Todo dia a gente se despedia de alguém… Uma vez um deles prendeu a sola do sapato numa mina, escutou o clique do detonador e, como sempre acontece nesse caso, não caiu, não se jogou no chão, mas virou-se espantado em direção ao som e foi atingido por dez estilhaços… Outra vez um tanque se arrebentou: o fundo se abriu como uma lata de conserva, arrancou o rolo de suporte e a lagarta. O motorista-mecânico tentou escapar pela escotilha, apareceram só os braços dele — o resto não conseguiu, queimou junto com o carro. No quartel, ninguém queria se deitar na cama do morto. Apareceu um novato, um "substituto", como a gente chamava:

— Por enquanto durma aqui… Nesta cama… Você não o conhecia mesmo…

Nós nos lembrávamos com mais frequência dos que tinham deixado filhos. Iam crescer órfãos. Sem pai. E os que não tinham deixado ninguém? As namoradas iam encontrar outros noivos, as mães iam criar outros filhos. Tudo ia se repetir.

Nos pagavam surpreendentemente pouco na guerra: uns dois soldos, dos quais um era convertido em 270 cheques, e dele ainda descontavam contribuições, assinaturas de jornais, impostos etc. Ao mesmo tempo que pagavam 1500 cheques a um trabalhador contratado comum em Salang. Compare com o soldo dos oficiais. Os conselheiros militares recebiam cinco a dez vezes mais. A desigualdade ficava clara na alfândega... Quando eles levavam mercadorias coloniais... Um trazia um gravador e um par de jeans, o outro, um videocassete e cinco, sete malas do tamanho de um colchão; eram chamadas de "sonho do invasor", e os soldados quase as arrastavam. As rodinhas não aguentavam. Ficavam achatadas.

Em Tachkent:

— Veio do Afeganistão? Quer uma mulher... Uma mulher feito um pêssego, querido? — chamavam do bordel particular.

— Não, querido, obrigado. Quero ir para casa. Encontrar minha esposa. Preciso de uma passagem.

— Em troca da passagem me dê um presente. Você tem óculos italianos?

— Tenho.

Até chegar a Sverdlovsk, paguei cem rublos e dei meus óculos italianos, um lenço japonês com lurex e um kit de maquiagem francês. Na fila me ensinaram:

— O que está fazendo aí parado? Quarenta cheques dentro do passaporte de serviço, e em um dia você está em casa.

Peguei meu equipamento:

— Moça, uma passagem para Sverdlovsk.

— Não temos passagens. Ponha os óculos e leia a plaquinha.

Quarenta cheques dentro do passaporte de serviço...

— Moça, uma passagem para Sverdlovsk...

— Já vou conferir. Que bom que você veio ver, acabou de aparecer uma passagem.

Você chegava em casa de folga e ia parar num mundo completamente diferente, no mundo da família. Nos primeiros dias você não escuta ninguém, só vê. Toca neles. Como contar o que é passar a mão pela cabeça do seu filho… De manhã, na cozinha, o cheiro de café e panquecas… A esposa chama para tomar café da manhã…

Um mês depois tem que ir embora. Para onde, para quê — não se sabe. Você não pensa nisso, simplesmente não se deve pensar nisso. Você sabe de uma coisa: está indo porque é preciso. O serviço é assim. À noite, sente a areia afegã ranger nos dentes, suave como pó ou farinha. Há pouco você estava deitado no pó vermelho… Ou na argila seca… Ao lado um BMP rugindo…* Você recobra a consciência, dá um pulo — não, ainda está em casa… Só vai embora no dia seguinte… Uma vez meu pai me pediu para abater um leitão… Antes, quando ele cortava o leitão eu não ia, tapava o ouvido para não escutar aquele guincho. Fugia de casa.

Meu pai:

— Venha, me ajude. — E me deu a faca.

Eu disse.

— Afaste-se, eu mesmo faço… Precisa ir no coração, aqui.

— Peguei e furei.

Cada um se dedica a salvar a si mesmo. Só a si mesmo!

Eu lembro…

Certa vez havia uns soldados sentados… Embaixo vinham passando um velho e um burrinho. Eles dispararam o atirador de granadas: bum! Nem velho, nem burrinho.

— Pessoal, o que foi, enlouqueceram? Era um velho e um burrinho… O que eles fizeram para vocês?

— Ontem também vieram andando um velho e um burrinho. Atrás vinha um soldado. O velho e o burrinho passaram, o soldado ficou caído…

— Talvez fossem outro velho e outro burrinho?

---

* BMP: veículo blindado de transporte de tropas fabricado na União Soviética nos anos 1960.

Não se deve derramar sangue primeiro. Você vai passar o tempo todo atirando no velho de ontem e no burrinho de ontem. Terminamos de combater. Sobrevivemos, voltamos para casa. Agora estamos nos virando...

Capitão, artilheiro

— Antes eu nunca rezava, agora rezo... Vou à missa na igreja...

Ficava sentada ao lado do caixão e perguntava: "Quem está aí? É você que está aí, filhinho?". Eu só repetia isso: "Quem está aí? Responda, filhinho. Você cresceu e ficou grande, e o caixão é tão pequeno...".

O tempo passou. Eu queria saber como meu filho morreu. Me dirigi ao centro de recrutamento:

— Contem, como meu filho morreu? Onde? Não acredito que o mataram. Acho que enterrei uma caixa de ferro, e meu filho está vivo em algum lugar.

O comissário militar ficou furioso e até levantou a voz:

— Não estamos autorizados a divulgar isso. E a senhora vai andando por aí e dizendo a todos que seu filho morreu. Temos ordens de não divulgar!

... Sofri por dias quando dei à luz. Quando soube — era um menino! —, as dores passaram: não foi à toa que sofri. Desde os primeiros dias eu temia por ele, não tinha mais ninguém. Vivíamos num barraco, era assim: no quarto ficavam minha cama e o carrinho de bebê, e mais duas cadeiras. Eu trabalhava na ferrovia como agulheira, o salário era de sessenta rublos. Voltei do hospital e já comecei o turno da noite. Ia para o trabalho com o carrinho. Levava comigo um fogãozinho elétrico, dava de comer a ele, ele dormia, eu recebia e encaminhava os trens. Quando cresceu um pouco, passei a deixá-lo sozinho em casa. Amarrava a perninha dele na cama e saía. Ele cresceu bem.

Entrou para o colégio técnico de construção civil em Petrozavodsk. Fui visitá-lo, ele me deu um beijo e correu para outro lugar. Até me ofendi. Depois entrou no quarto, rindo:

— As meninas já estão vindo.

— Que meninas?

Ele tinha era corrido até as meninas para ostentar que a mãe tinha vindo, chamar para que elas viessem ver como era a mãe dele.

Quem me dava presentes? Ninguém. Uma vez, ele veio no dia 8 de março. Fui encontrá-lo na estação:

— Deixe que eu te ajudo, filhinho.

— A mala está pesada, mamãe. Pegue meu tubo de desenho. Mas carregue com cuidado, meus desenhos técnicos estão aí.

Fui levando assim, e ele conferia como eu estava carregando. Que desenhos técnicos eram esses?! Em casa, ele tirou o casaco, e eu fui rapidinho até a cozinha ver como estavam meus salgadinhos. Levantei a cabeça, e ele estava de pé segurando três tulipas vermelhas. Onde ele as tinha encontrado no norte? Na Karélia? Tinha enrolado num paninho e posto no tubo de desenho para não congelar. E ninguém nunca tinha me dado flores.

No verão, foi para o destacamento de construção. Voltou logo antes do meu aniversário:

— Mamãe, desculpe por não ter parabenizado você. Mas eu te trouxe… — E mostrou um extrato de transferência bancária.

Eu li:

— Doze rublos e cinquenta copeques.

— Mãe, você se esqueceu dos números grandes. São mil duzentos e cinquenta rublos…

— Nunca tive um dinheirão desses nas mãos, não sei como se escreve.

Ele estava tão satisfeito:

— Agora você vai descansar, e eu vou trabalhar. Vou ganhar muito dinheiro. Lembra que quando eu era pequeno prometi que ia crescer e te carregar nos braços?

É verdade, aconteceu isso. E ele cresceu até chegar a um metro e noventa e seis. Me levantou e carregou como se eu fosse uma menina. Acho que era por isso que a gente amava tanto um ao outro, porque não tínhamos mais ninguém. Como eu ia entregá--lo para uma esposa, não sei. Não aguentaria.

Mandaram uma notificação de convocação para o Exército. Ele queria ser aceito nos paraquedistas:

— Mãe, estão recrutando nas tropas de paraquedistas. Mas disseram que não vão me aceitar porque sou grandão e vou partir todos os cabos. Mas os paraquedistas têm boinas tão bonitas...

Mesmo assim, ele foi parar na divisão de paraquedistas de Vítebsk. Fui vê-lo no juramento. Nem reconheci: estava reto, tinha deixado de ter vergonha da altura.

— Mãe, por que você é tão pequena?

— Porque sinto saudades e não cresço — ainda tentei brincar.

— Mãe, vão nos mandar para o Afeganistão, e de novo não vou ser aceito porque você só tem a mim. Por que não teve também uma menina?

Quando eles fizeram o juramento, muita gente compareceu. Escutei:

— A mãe do Juravliov está aqui? Mãe, venha parabenizar seu filho.

Fui até ele e quis dar parabéns, mas ele tinha um metro e noventa e seis, não conseguia alcançá-lo de jeito nenhum.

O comandante ordenou:

— Soldado Juravliov, abaixe-se para que sua mãe lhe dê um beijo.

Ele se abaixou e me deu um beijo, e alguém tirou uma foto nossa naquele momento. É a única foto dele no Exército que tenho.

Depois do juramento ele foi liberado por algumas horas e fomos para um parque. Nos sentamos na grama. Ele tirou os coturnos — tinha hematomas nos pés. Eles fizeram uma marcha forçada por cinquenta quilômetros, e como não tinham botas tamanho 46 deram a ele uma 44. Não reclamou, pelo contrário:

— Corremos com as mochilas carregadas de areia. O que você acha, em que lugar cheguei?

— Deve ter sido em último por causa desses sapatos.

— Não, mãe, fui o primeiro. Tirei as botas e corri, e não joguei areia fora como outros.

Eu queria fazer algo especial para ele:

— Filhinho, podemos ir a um restaurante? Eu e você nunca fomos a um restaurante.

— Mãe, melhor você comprar um quilo de balinhas para mim. Isso sim vai ser um baita presente!

Nos separamos antes do toque de recolher. Ele acenou para mim com o pacotinho de balas.

Acomodaram a gente, os pais, no território da unidade, em esteiras no ginásio. Mas só dormimos pouco antes de amanhecer, passamos a noite inteira andando em torno do quartel onde nossos rapazes estavam dormindo. O clarim começou a tocar, eu dei um salto: iam levá-los para a ginástica, de repente eu ainda conseguia vê-lo mais uma vez, nem que fosse de longe. Estavam correndo, todos de camiseta listrada — eu deixei passar, não o avistei. Eles iam em fila ao banheiro, em fila à ginástica, em fila ao refeitório. Não tinham permissão para ir sozinhos porque, quando os rapazes souberam que iam ser mandados para o Afeganistão, um se enforcou no banheiro e outros dois cortaram os pulsos. Eles eram vigiados.

Subimos no ônibus, eu era a única dos pais que estava chorando. Como se algo tivesse me dito que eu o estava vendo pela última vez. Logo ele escreveu: "Mãe, vi seu ônibus, corri tanto para te ver mais uma vez". Quando eu e ele estávamos no parque, estava tocando no rádio: "Kak rodnaia mat meniá provojala" [Quando minha mãe querida se despediu de mim]. Agora, quando eu ouço essa música... (*Mal contém as lágrimas.*)

A segunda carta começava com: "Oi de Cabul...". Li e comecei a gritar tanto que os vizinhos vieram correndo. "Onde está a lei? Onde está a proteção?" Eu batia a cabeça na mesa. "Ele é meu único filho, nem na época do tsar aceitavam o único sustento de uma família no Exército. E aqui mandam para a guerra." Pela primeira vez desde que Sacha nasceu eu lamentei não ter casado, não ter ninguém para me proteger. Sacha às vezes me provocava:

— Mãe, por que não se casa?

— Porque você tem ciúme de mim.

Ele começava a rir e ficava calado. Tínhamos planos de viver muito, muito tempo juntos.

Mais algumas cartas e silêncio, um silêncio tão longo que eu me dirigi à unidade de comando. Sacha escreveu na hora: "Mãe, não escreva mais para a unidade de comando, sabe o que aconteceu comigo? E eu não podia lhe escrever, um marimbondo picou minha mão. Não queria pedir a alguém, você ficaria assustada de ver a letra de outra pessoa". Tinha pena de mim, inventava histórias, como se eu não assistisse à televisão todo dia e não conseguisse adivinhar na hora que tinha sido ferido. Depois disso, se passasse um dia sem carta, minhas pernas fraquejavam. Ele se justificava: "Mas como vai chegar carta todo dia se até água só trazem uma vez a cada dez dias?". Uma carta era alegre: "Viva, viva! Escoltamos uma coluna até a União Soviética. Chegamos à fronteira e não nos deixaram seguir adiante, mas ao menos de longe vimos a pátria. Não tem lugar melhor no mundo". Na última carta: "Se eu sobreviver ao verão, volto".

Em 29 de agosto decidi que o verão tinha acabado, comprei um casaco e pantufas para ele. Estão pendurados no armário...

Em 30 de agosto... Antes de ir para o trabalho, tirei meus brincos e o anel. Não sei por que não conseguia usar.

Em 30 de agosto ele morreu.

Se eu continuo viva depois da morte do meu filho, devo agradecer ao meu irmão. Por uma semana ele passou as noites no meu sofá, como um cachorro. Ficou me vigiando. Eu só tinha uma coisa na cabeça: correr até a varanda e pular do sétimo andar... Lembro que trouxeram o caixão para o quarto, eu deitava em cima dele e media, media... Um metro, dois metros... Meu filho tinha quase dois metros... Eu media com as mãos para ver se o caixão tinha o tamanho... Falava com o caixão feito louca: "Quem está aí? Você está aí, filhinho?". Trouxeram um caixão fechado: mãe, aí está seu filho... Viemos devolver para você... Eu não pude beijá-lo uma última vez. Fazer carinho. Nem vi o que ele estava vestindo...

Falei que eu mesma ia escolher o lugar no cemitério... Me deram duas injeções e fui com meu irmão. Na aleia principal já havia túmulos "afegãos".

— Meu filhinho também vem para cá. Aqui, com os rapazes dele, vai ficar mais feliz.

Quem estava conosco, não lembro, algum chefe, balançou a cabeça:

— Não é permitido enterrá-los juntos. Estamos espalhando por todo o cemitério.

Ah, fiquei possessa! Ah, aí fiquei possessa... "Não fique com raiva, Sônia, não fique com raiva", implorava meu irmão. E como ia ficar calma? Na televisão mostravam aquela Cabul... Eu queria pegar uma metralhadora e atirar em todos, ficava sentada em frente à tv "atirando"... Foram eles que mataram meu Sacha. Uma vez mostraram uma mulher velha, talvez uma mãe afegã. Ela olhou direto para mim... Pensei: "Talvez tenham matado o filho dela também". Foi depois dela que parei de "atirar".

Não sou louca, mas espero por ele... Contam um caso: trouxeram o caixão para uma mãe, ela o enterrou. Depois de um ano, o filho voltou... Também estou esperando. Não sou louca.

Mãe

— Desde o começo... Vou começar do momento em que tudo desmoronou para mim. Tudo desabou...

Estávamos andando em Djelalabad... Ao lado da estrada havia uma menina de uns sete anos... O braço dela tinha sido destruído e estava pendurado, como se fosse de um brinquedo de pano, por um fiozinho. Os olhos de azeitona me encaravam sem parar... De choque pela dor... Eu pulei do carro para pegá-la no colo e levar para nossos enfermeiros... Ela, num terror selvagem, como se fosse um animalzinho, pulava para longe de mim e gritava, ela escapulia e gritava. O bracinho balançava, logo, logo ia se soltar... Eu também corria e gritava... Alcancei, abracei a menina, fiz carinho. Ela mordia, arranhava, tremia inteira. Como se eu tivesse agarrado algum animal selvagem, e não uma pessoa. E um pensamento me atingiu como um trovão: ela não acredita que quero salvá-la, acha que quero matá-la... Os russos não são capazes de fazer nada diferente, eles só sabem matar...

Uma maca passou na minha frente: sobre ela estava sentada uma velha afegã, sorrindo.

Alguém perguntou:

— Onde foi ferida?

— No coração — respondeu a enfermeira.

Fui para lá com brilho nos olhos, como todos — precisam de mim por lá. Eu daria a vida por isso! Como ela fugia de mim. Como tremia! Nunca vou me esquecer...

Lá eu não sonhava com a guerra. Aqui, à noite, combato. Persigo aquela menina pequena... Com olhos de azeitona...

— Será que preciso ir ao psiquiatra? — perguntei para os meus rapazes.

— Para quê?

— Fico combatendo à noite.

— Todos nós ficamos combatendo.

Não pense que éramos super-homens... Que a gente se sentava sobre os mortos com o cigarro na boca e abria uma lata de carne... Que comíamos melancia... Bobagem! Éramos pessoas comuns. Qualquer um podia estar no nosso lugar — inclusive quem hoje julga: "Vocês matavam lá...". Tenho vontade de quebrar a cara desses! Se você não esteve lá... Não julgue! Vocês nunca vão poder se pôr no nosso lugar. Ninguém tem o direito de nos julgar. Ao menos entendam... Tentem... Vocês nos deixaram sozinhos com essa guerra. Disseram: se resolvam. Nós nos sentimos culpados, precisamos nos justificar... Ou ficar calados... Nos justificar para quem? Fomos enviados, acreditamos. E com isso morríamos lá. Não se deve colocar no mesmo saco quem enviou gente para lá e quem esteve lá. Um amigo meu morreu... O major Sacha Kravets... Digam à mãe que ele tem culpa... Digam à esposa dele... Aos filhos... "Você está normal", me disse o médico. Como assim estamos normais? Trouxemos tanta coisa conosco...

Lá a gente sente a pátria de um jeito totalmente diferente. Chamávamos de União. Íamos nos despedir dos desmobilizados:

— Dê um alô para a União.

Parecia que havia algo grande e forte atrás da gente, e que sempre ia nos defender. Mas eu lembro: uma vez saímos do combate com perdas — mortos, gravemente feridos... À noite ligamos a televisão para nos distrair: o que está acontecendo lá na União Soviética? Na Sibéria foi construída uma nova fábrica gigante, a rainha da Inglaterra deu um almoço em homenagem a um convidado importante... Em Vorônej uns adolescentes estupraram duas alunas de uma escola, por tédio. Na África mataram um príncipe... Sentimos que ninguém precisava de nós, o país estava vivendo sua vida...

O primeiro que não aguentou foi Sacha Kutchinski:

— Desligue! Senão fuzilo já essa TV.

Depois do combate você relata pelo aparelho de rádio:

— Escreva: "trezentos" — seis, "zero, vinte e um" — quatro.

"Trezentos" são os feridos, "zero, vinte e um", os mortos. Você olha para um morto e pensa na mãe dele: eu sei que o filho dela está morto, ela ainda não sabe. Será que ela sentiu? Pior ainda: o cara caiu num rio ou num abismo, não encontraram o corpo. Comunicam à mãe: desaparecido. De quem foi essa guerra? Das mães, elas combateram. E vão combater até a morte. Cuidar, rogar por nós. Por nossas almas. Não era todo o povo que sofria. O povo não sabe. Diziam a ele que estávamos lutando contra "bandos". Um Exército regular de centenas de milhares lutando por nove anos não é capaz de vencer uns "bandidos" isolados? Um Exército com equipamentos modernos... Que Deus não permita ir parar sob o fogo de nossa artilharia, quando os equipamentos reativos Grad e Uragan fixam um alvo... Os postes telegráficos voam. Você fica a ponto de entrar na terra, como um verme... E os "bandidos" têm metralhadoras Maxim que só vimos no cinema... As Stingers japonesas sem recuo... Isso apareceu depois... Traziam os prisioneiros, umas pessoas magras, extenuadas, com mãos camponesas cansadas... Eram esses os bandidos? Esse era o povo!

Lá nós entendemos: eles não têm necessidade disso... Se eles não têm necessidade disso, de que nos serve? Você passa por *kichlaks* abandonados... Ainda rodopia a fumacinha de uma fogueira, cheira a comida. Passa um camelo arrastando as tripas, como se as corcovas estivessem se desfazendo. Era preciso terminar de matá-lo... Mas mesmo assim nossa consciência está programada para a vida de paz — você não consegue dar o tiro. O braço não se levanta na hora. Outro pega e dispara no camelo. Assim, sem mais nem menos! Com gosto, feito um louco! Na União Soviética seria preso por isso, mas aqui é um herói! Está se vingando dos bandidos. Por que quem tem dezoito, dezenove anos mata com mais facilidade do que, por exemplo, quem tem trinta? Eles não têm pena. Depois da guerra eu descobri de repente como os contos infantis são terríveis. Neles, o tempo todo alguém mata alguém, Baba-Iagá cozinha gente no forno, e as crianças não têm medo. É muito raro elas chorarem.

Mas eu queria continuar normal. Uma vez veio uma cantora nos encontrar. Uma mulher bonita, as músicas dela eram emocionantes. E lá a gente tem tanta saudade das mulheres que esperamos por ela como se fosse um parente. Ela subiu no palco:

— Quando eu estava vindo para cá, me deixaram atirar com uma metralhadora. Que alegria foi atirar...

Começou a cantar, e no refrão pedia:

— Rapazes, batam palmas! Batam palmas, rapazes!

Ninguém batia. Ficamos calados. E ela saiu, o show deu errado. A supermulher tinha vindo ver super-homens. Mas nos quartéis aqueles meninos tinham oito, dez camas vazias todo mês... Quem dormia nelas já estava na geladeira... No necrotério... E nos quartéis só as cartas em diagonal em cima das camas... Da mãe, da namorada: "Vá com um alô, volte com uma resposta".

O principal era sobreviver àquela guerra. Não se explodir na mina, não queimar no veículo blindado, não virar alvo de um franco-atirador. E, para alguns, sobreviver e trazer algumas coisas: uma televisão, um casaco de pele de ovelha... Um aparelho de som mais legal... Havia uma piada de que se sabia da guerra na União Soviética pelas lojas de segunda mão. Pelas mercadorias novas. No inverno você passeia pela nossa Smolensk e vê meninas com casacos de pele afegãos. É a moda!

Cada soldado levava um amuletinho pendurado no pescoço.

— O que você tem? — a gente pergunta.

— Uma oraçãozinha que minha mãe me deu.

Quando voltei, minha mãe me revelou:

— Tólia, você não sabe, fiz um feitiço, por isso você ficou vivo e inteiro.

Quando saíamos para o ataque, você punha um bilhetinho na parte superior da roupa, outro na parte de baixo. Se explodisse, alguma parte ficava: a de cima ou a de baixo. Ou usava uma pulseira com algo gravado: sobrenome, grupo sanguíneo, fator RH e número pessoal de oficial. Nunca dizia: "eu vou", mas "me mandaram". Não pronunciava a palavra "último".

— Vamos uma última vez...

— Você ficou louco? Essa palavra não existe... Outra vez... ou quarta, quinta vez... Isso aqui não se usa.

A guerra tem leis canalhas: tirou foto antes de sair para um ataque, morreu, fez a barba, morreu. Os primeiros que morriam eram os que chegavam com brilho nos olhos, determinados a ser heróis. Você o encontrava, e ele: "Quero ser um herói!". Morria logo em seguida. Nas operações — ali mesmo deitávamos, ali mesmo, desculpe, fazíamos as necessidades. Um provérbio de soldado: é melhor ficar na própria merda que virar merda nas minas. Entre nós nasceram nossas próprias gírias: "bordo", avião; "blindadinho", colete à prova de balas; "verdinha", moitas e juncais; "hélice", helicóptero; "lombra", o que você vê depois de usar drogas; "pulou na mina", se explodiu; "substituto", quem vai para casa. Criaram tanto que dá para compor um "dicionário do Afeganistão". E morria-se principalmente nos primeiros e nos últimos meses. Nos primeiros, havia muita curiosidade, nos últimos, os centros de atenção se desligam, você entra num embotamento, à noite não consegue entender: onde estou, quem sou eu, para quê? É comigo que está acontecendo isso? Os substitutos não dormem por um mês e meio, dois. Eles têm seus cálculos: 43 de março ou

56 de fevereiro, isso significa que deveria ter sido substituído no fim de março ou no fim de fevereiro. Você espera com muita ansiedade. O cardápio no refeitório — peixe vermelho, anchova com tomate; peixe branco, anchova no azeite — irrita, os canteiros de flores no centro da guarnição irritam, as piadas que há pouco faziam você morrer de rir não agradam. É estranho, ainda ontem e anteontem era engraçado. O que tem de engraçado nisso?

Um oficial foi à União Soviética para uma viagem a trabalho. Entrou no cabeleireiro. A moça o fez sentar na cadeira:

— Como está a situação no Afeganistão?

— Está se normalizando...

Alguns minutos depois:

— Como está a situação no Afeganistão?

— Está se normalizando...

Passa algum tempo:

— Como está a situação no Afeganistão?

— Está se normalizando...

Termina de cortar o cabelo, vai embora. As pessoas no cabeleireiro não entendem:

— Para que ficou atormentando o homem?

— Quando eu pergunto sobre o Afeganistão ele fica de cabelo em pé: é mais fácil de cortar.

Eu amo piadas. Tudo quanto é bobagem. Dá medo ficar pensando coisa séria.

Derrubaram um piloto soviético no Vietnã, mas você podia substituir por "no Afeganistão". Os funcionários americanos da cia mostravam a ele uma peça do avião abatido: diga, que peça é essa? Essa... E essa... Ele ficava calado. Bateram nele, ele calado... Depois há uma troca de prisioneiros, e ele volta para sua unidade de origem. E perguntam: "Como foi lá na prisão? Difícil?". Ele responde: "Não, nem um pouco difícil, mas é preciso aprender a parte dos equipamentos. Batem forte por isso".

153

O que puxa de volta não é a guerra, mas essas pessoas. Você espera, espera, mas no último dia dá pena de ir embora, parece que você quer pegar o endereço de todos. De todos!

O Liutik... Assim chamavam Valerka Chirókov, franzino, elegante. Vira e mexe alguém cantarolava: "Mãos como se fossem *liutiki...*".* Mas tinha um caráter de ferro, nunca dizia uma palavra que não precisasse. A gente tinha um unha de fome, ficava economizando tudo, comprava, trocava. Um dia Valerka parou na frente dele, tirou da carteira duzentos cheques, mostrou e ali mesmo, diante dos olhos do outro, abobado... rasgou em pedacinhos. Saiu em silêncio.

Sacha Rudnik... Eu e ele passamos o Ano-Novo num ataque. Para fazer uma árvore de Natal, pusemos as metralhadoras em pirâmide, e como enfeites penduramos granadas. E escrevemos com pasta de dente no Grad: "Feliz Ano-Novo!!!". Com três pontos de exclamação, não sei por quê. Sacha desenhava bem. Eu trouxe para casa um lençol com uma paisagem feita por ele: um cachorro, uma menina e uns bordos. Ele não desenhava montanhas, lá perdemos o amor por montanhas. Pergunte a qualquer um: "Do que sente saudade?". "Queria entrar na floresta... Nadar no rio... Beber uma caneca grande de leite..." Em Tachkent, uma vez uma garçonete se aproximou:

— Queridos, querem leite?

— Dois copos de água comum para cada um. Amanhã bebemos leite. Acabamos de chegar...

Todos traziam uma mala de geleia e uns galhos de bétula da União Soviética. Lá se vendiam galhos de eucalipto — um sonho! Mas não, levávamos os nossos, de bétula...

Sachika Laschuk... Um rapaz puro. Sempre escrevia cartas para casa. "Meus pais são velhinhos. Eles não sabem que estou

---

* *Liutiki*: tipo de flor.

aqui. Escrevo para eles que estou na Mongólia." Chegou com o violão e foi embora com o violão. Lá havia diferentes tipos de gente. Não imagine que éramos todos iguais. No começo não se dizia nada a nosso respeito, depois começaram a imaginar todos como heróis, agora nos desprezam para depois esquecer. Lá mesmo um podia deitar numa mina rapidamente e salvar até rapazes que não conhecia, e outro ia até você e pedia: "Se quiser lavo a sua roupa, só não me mande para a missão".

Havia alguns KamAz, e neles estava escrito em letras grandes: Kostromá, Dubna, Leningrado, Náberejnie Tchelni... Ou "Quero ir para Almaty!". Quem era leningradense achava outro leningradense, quem vinha de Kostromá achava um conterrâneo... Nós nos abraçávamos como se fôssemos irmãos. Mesmo na União Soviética somos como irmãos. Bom, qual outro jovem anda na rua de muletas e condecorações novinhas? Só os nossos. Os meus... Os nossos... A gente se abraça, às vezes só se senta num banco e fuma um cigarro, mas é como se tivesse falado o dia inteiro. Todos temos distrofia... Lá havia uma disparidade entre altura e peso... Aqui há uma disparidade entre os sentimentos e a possibilidade de extravasar, desabafar em palavras, em atos... Nós somos distróficos nessa vida.

Já estávamos a caminho do aeroporto para o alojamento. As primeiras horas em casa. Estávamos calados, em silêncio. Num instante, os nervos de todos não aguentaram, e soltamos para o motorista, de uma vez:

— O trilho! O trilho! Fique no trilho!

Depois, uma gargalhada. Depois, felicidade: estamos na União Soviética! Podemos andar na beira da estrada... No trilho... Por toda a terra... Esse pensamento já me deixava bêbado...

Alguns dias depois, descobrimos:

— Pessoal! Estamos todos corcundas.

Não conseguíamos andar aprumados, tínhamos desaprendido. Passei seis meses me amarrando na cama à noite para me endireitar.

Teve um encontro na casa dos oficiais. Perguntas: "Falem da parte romântica do serviço no Afeganistão", "Vocês matavam pessoalmente?". As meninas em especial gostavam de perguntas sanguinárias. Animam os nervos. Perguntavam: "Você podia não ter ido ao Afeganistão?". Eu? Eu... Dos nossos, só um se recusou: o comandante da bateria, major Bondarenko:

— Defender a pátria eu vou. Para o Afeganistão, não vou.

Imediatamente foi à corte marcial oficial — rebaixado por covardia! O que isso faz com o amor-próprio de um homem? É uma corda no pescoço, uma pistola na cabeça. Ali mesmo ele foi rebaixado da patente, como dizemos, perdeu uma estrela: de major virou capitão. E foi para o batalhão de construção. Você imagina passar por isso? Foi expulso do Partido. E por isso? Foi expulso do Exército. E por isso? É ainda pior do que ir para a guerra. Tinha 45 anos... Deles, 35 no Exército: fez Escola Militar Suvórov, academia militar... O que ele vai fazer na vida civil? Começar do zero?

— O que você sabe fazer? — perguntam para um oficial.

— Sei comandar uma companhia. Sei comandar um pelotão e uma bateria.

— O que mais sabe fazer?

— Sei cavar.

— O que mais?

— Sei não cavar...

Na alfândega, desmagnetizaram minhas fitas cassete com shows de Rozenbaum...*

— Gente, são músicas ótimas!

---

* Aleksandr Rozenbaum (1951), cantor e compositor russo.

— Pois nós — me mostraram — temos uma lista de quais músicas pode levar e quais não.

Cheguei em Smolensk: das janelinhas de todos os alojamentos estudantis se ouvia Rozenbaum…

Agora, quando é preciso assustar os bandidos, vem a polícia:

— Venham aqui, pessoal, deem uma ajuda.

Quando querem expulsar uns informais:

— Vamos chamar os "afegãos".

Dizem que o "afegão" está acostumado: nada o abala. Punhos firmes, cabeça fraca. Todos têm medo. Ninguém gosta de nós.

Quando sua mão está doendo, você não corta a mão. Você cuida dela para curá-la. Você faz um tratamento.

Por que nós nos reunimos? Estamos nos salvando juntos… Mas você volta sozinho para casa…

Major, propagandista de um regimento de artilharia

— Toda noite… Tenho o mesmo sonho, tudo se repete de novo. Todos atiram, eu também atiro. Todos correm, eu também corro. Caio e acordo.

Estou num leito de hospital… Acordo… Quero pular da cama de uma vez para ir fumar no corredor. E aí me lembro: não tenho pernas… Aí volto para a realidade…

Não quero ouvir falar de erro político! Não quero saber! Se foi um erro, então me devolvam minhas pernas… (*Atira as muletas para longe, desesperado.*)

— Desculpe… Desculpe…

(*Fica em silêncio e se acalma.*)

E você? Alguma vez tirou do bolso de um morto cartas não enviadas: "Querida…", "Queridos…", "Meu amor…"? Viu um soldado levar ao mesmo tempo um tiro de um canhão de silício e de uma metralhadora chinesa?

Fomos enviados para lá cumprindo ordens. No Exército você primeiro precisa cumprir a ordem, depois pode fazer uma reclamação. Se te disseram: em frente!, quer dizer que tem que ir em frente. Se não, devolva a carteirinha do Partido. Devolva a patente. Prestou o juramento?! Prestou. Não adianta beber águas curativas quando os rins já falharam. "Não enviamos vocês para lá." "Então quem enviou?"

Eu tinha um amigo lá. Quando eu saía para o combate, ele se despedia de mim. Eu voltava, ele me abraçava — você está vivo! Nunca vou ter um amigo desses aqui...

Raramente saio para a rua. Ainda tenho vergonha...

Alguma vez você afivelou ou viu nossas próteses de perto? A gente anda com elas e tem medo de quebrar o pescoço. Dizem que em outros países as pessoas com prótese andam de esqui na montanha, jogam tênis, dançam. Podiam nos comprar essas próteses com moeda estrangeira, em vez de cosméticos franceses... Em vez de açúcar cubano... Laranjas marroquinas e móveis italianos...

Tenho 22 anos, a vida inteira pela frente. Tenho que procurar uma esposa. Eu tinha uma namorada. Disse a ela: "Odeio você" — para ela ir embora. Tinha pena de mim. Eu queria que me amasse.

À noite sonho com minha casa querida
E a orla do bosque com sorveiras
Trinta, noventa, cem...
Você foi generoso, cuco... *

---

* Canção "Kukuchka", da banda Kaskad, que se tornou um hino dos soldados que lutaram no Afeganistão. A letra se refere a uma lenda de que uma pessoa deve contar quantas vezes o pássaro diz cuco para saber quantos anos ainda viverá.

Das nossas músicas… é minha preferida… Às vezes não dá vontade de viver nem um dia…

Mas até agora sonho em, ao menos de canto de olho, rever aquele pedacinho de terra. Um deserto bíblico… Todos nós somos atraídos para lá… Atraídos, que nem quando você está na borda de um precipício ou num lugar alto sobre a água. Atrai tanto que a cabeça começa a girar…

A guerra acabou… Agora vão se esforçar para nos esquecer, nos esconder em algum lugar mais distante. Encerrar. Isso já aconteceu com a guerra da Finlândia… Quantos livros foram escritos sobre a Grande Guerra Patriótica — e nada sobre a guerra da Finlândia… Ninguém gosta de lembrar uma guerra perdida. Daqui a dez anos vou estar acostumado, não vou dar a mínima.

Se eu matava lá? Matava! E você quer o quê, que ficássemos feito anjos? Vocês estavam esperando que voltassem anjos…

Primeiro-tenente, comandante
de um pelotão de atiradores de morteiros

— Eu servia no Extremo Oriente…

Fui chamado pelo comandante da unidade. A telefonista de plantão trouxe um telegrama: "Encaminhar o primeiro-tenente Ivanóv ao estado-maior do Exército para análise da questão da transferência para a circunscrição militar do Turquestão para prosseguimento do serviço". Data e hora. Eu esperava que me mandassem para Cuba, porque quando passei pela comissão médica estavam falando de um país com clima quente.

Perguntaram:

— Alguma objeção se mandamos você para uma missão no estrangeiro?

— Não, nenhuma objeção.

— Você vai para o Afeganistão.

— Sim, senhor.

— Sabe que lá se atira, mata.

— Sim, senhor...

Na União Soviética, qual é a vida dos sapadores? Cavar com a pá, bater a picareta. Queria usar o que havia estudado no colégio. Sempre há necessidade de sapadores na guerra. Eu estava indo para aprender a combater.

De todos os que foram chamados, só um se recusou. Ele foi chamado três vezes:

— Alguma objeção se mandamos você para uma missão no estrangeiro?

— Sim, tenho objeções.

Não tenho inveja dele. Recebeu uma sentença ali mesmo, o nome de oficial agora está manchado, e ele não vai mais receber nenhuma promoção no serviço. Ele recusava por motivos de saúde, uma hora tinha gastrite, uma hora, úlcera. Mas não olhavam para isso, se o clima era quente ou não, só diziam: tem que ir. Já estamos publicando as listas.

Viajei seis dias de trem de Khabárovsk até Moscou. Cruzei toda a Rússia, cruzei os rios siberianos, fui pela margem do Baikal. No primeiro dia o chá concentrado das zeladoras do vagão acabou, no segundo dia a caldeira quebrou. Meus parentes foram me buscar. Choraram bastante. Mas dever é dever.

... A escotilha se abriu — o céu azul, azul; aqui só perto do rio o céu fica tão azul quanto lá. Barulho, gritos, mas todos nossos. Um vinha buscar um substituto, outro, os amigos, outro estava esperando uma encomenda de parentes na União Soviética. Todos bronzeados, felizes. Já não dá para acreditar que em algum lugar faz 35 graus negativos, que a blindagem congela. O primeiro afegão que vi foi no transporte, atrás da cerca de arame farpado. Além de interesse, não tive nenhum outro sentimento. Era uma pessoa comum.

Recebi papéis para ir a Bagram no cargo de comandante do pelotão de engenharias de estradas no batalhão de sapadores...

Levantávamos de manhã cedo e íamos como se fosse para o trabalho: tanque com rede, um grupo de franco-atiradores, cachorros para buscar minas, e dois BMPzinhos para cobertura em combate. Os primeiros quilômetros íamos em cima da blindagem. Dali, os vestígios eram bem visíveis: a estrada empoeirada, a poeira parece um pó, parece neve. Pousa um pássaro e fica a marca. Se no dia anterior passou um tanque, você fica atento: podiam enterrar uma mina nas marcas da lagarta do tanque. Eles faziam uma imitação da lagarta com os dedos, e cobriam as próprias pegadas com um saco ou um turbante. A estrada dava a volta diante de dois *kichlaks* mortos, não havia gente ali, só argila queimada. Um ótimo esconderijo! Você tem que estar sempre alerta. Os *kichlaks* ficavam para trás, descíamos da blindagem. A partir daí era assim: adiante corria um cachorro, se agitava para lá e para cá, e atrás dele iam os sapadores com a sonda. Andando e perfurando a terra. Ali você está com Deus, sua intuição, sua experiência e seu faro. De um lado vê um galho quebrado, do outro um pedaço de ferro jogado que ontem não estava ali, para lá há uma pedra. Eles deixavam essas marcas para si próprios, para não se explodirem.

Um pedaço de ferro, outro... Algum parafuso... Como se estivesse jogado na poeira... E debaixo da terra, as baterias... Um fio até a bomba ou até uma caixinha com trotil... Uma mina antitanque não sente uma pessoa... Ela é acionada por uma carga de 250 a trezentos quilos. Na primeira explosão... Fui o único que sobrou no tanque, meu lugar era perto do cano, a torreta me protegeu, o resto foi levado pela onda. Na hora eu me revistei, conferi: a cabeça estava no lugar? Braços, pernas no lugar? Tudo no lugar, vamos em frente.

Adiante mais uma explosão... Um rebocador blindado leve se dilacerou na explosão potente... O rebocador rachou ao meio, formou uma cratera de três metros de comprimento, e a profundidade era da altura de uma pessoa. O rebocador carregava minas, quase duzentas minas para o morteiro... Tinha minas nos

arbustos, na beira da estrada... Dispostas em forma de leque...
Viajavam cinco soldados e um primeiro-tenente; eu tinha me
sentado à noite, fumado, conversado com eles várias vezes. Não
sobrou ninguém vivo.

Os cachorros ajudavam muito, eles são como as pessoas. Ta-
lentosos ou sem talento, com intuição e sem intuição. Mas um
guarda adormece, um cachorro não. Eu amava o Ars. Ele fazia
festa para os nossos soldados, para os afegãos latia. O uniforme
deles era mais verde do que o nosso, amarelado. Mas como ele via
a diferença? Farejava minas a vários passos... Para firme na terra,
a cauda parecendo um cano: não se aproxime! Há várias armadi-
lhas de mina... As mais perigosas são as minas artesanais, elas não
se repetem, é impossível descobrir a lógica dessas. Nem a técnica!
Você vê uma chaleira enferrujada, dentro dela há um explosivo...
Num gravador, num relógio... Dentro de uma lata de conserva...
Os que andavam sem sapadores eram chamados de condenados à
morte. Havia minas nas estradas, minas nas trilhas das montanhas, minas nas casas... Os sapadores iam primeiro, como batedores...

Estávamos todos amontoados em uma trincheira... Já tínhamos explodido um artefato ali quando passamos as grades
para limpar o terreno das minas. Fazia dois dias que estávamos
todos ali... Mas eu dei um salto por cima e aconteceu uma explosão! Não perdi a consciência... Olhei para o céu... O céu estava
brilhando... Numa explosão, a primeira reação dos sapadores
sempre é olhar para o céu. Os olhos estão inteiros? Eu carregava
um torniquete na coronha da metralhadora, amarraram-no em
mim. Acima do joelho... Eu já sabia: onde amarram o torniquete
é uns três, cinco centímetros abaixo de onde vão cortar.

— Onde você está pondo o torniquete? — gritei para o soldado.

— Foi até o joelho, camarada primeiro-tenente.

Ainda me transportaram por quinze quilômetros até a unidade médica. Levou uma hora e meia. Lá limparam, fizeram um bloqueio de novocaína. No primeiro dia cortaram a perna; quando a serra começou a zumbir — parecia uma serra circular — perdi a consciência. No segundo dia operaram meus olhos. Na explosão, a chama atingiu meu rosto. Os olhos, digamos assim, foram remendados, deram 22 pontos. Tiravam dois, três por dia para que o globo ocular não se desmanchasse. Se aproximavam, acendiam a lanterna à esquerda, à direita: havia sensibilidade à luz no lugar da retina?

A cor da lanterna era vermelha... Tem que ser a cor mais forte...

Poderia escrever um conto sobre um oficial que se transforma em alguém que trabalha em casa. Monto soquetes, tomadas elétricas... Cem peças por dia. Rebito fios. Quais? Vermelhos, pretos, brancos — não sei... Não vejo... Sou quase cego. Não totalmente, só que mais adivinho e imagino do que vejo. Teço redes. Colo caixinhas. Antes eu achava que só gente louca se dedicava a isso... Trinta redes por dia... Já estou cumprindo minha cota...

Os sapadores tinham poucas chances de voltar inteiros ou de voltar, simplesmente, sobretudo de companhias de neutralização de minas. Ou feridos, ou mortos. Saíamos para uma operação e não nos despedíamos com um aperto de mão. No dia da explosão, o novo comandante da companhia apertou minha mão. Fez de coração, ainda não havia sido avisado por ninguém. E eu voei... Acredite se quiser. Existia uma crendice: se você mesmo insistiu para ir ao Afeganistão, isso não termina bem; se te enviaram pelo serviço, talvez dê certo. Você vai voltar.

Com o que sonho agora? Com um enorme campo minado... Redijo um relatório: quantidade de minas, desenho técnico das fileiras e pontos de referência de como encontrá-las. E perdi esse relatório, eles com frequência se perdiam... Ou você pega o relatório e nele há um ponto de referência: uma árvore, mas ela

foi queimada... Ou um monte de pedras, mas elas foram explo-
didas... Ninguém andou, ninguém conferiu. Ficamos com medo.
Nós mesmos podíamos explodir nas nossas minas. No sonho vejo
que ao lado do campo minado há crianças correndo... Elas não
sabem que ali há minas... Preciso dar um grito: "Tem minas aí!
Não andem!...". Preciso me adiantar a elas. Corro. Tenho as duas
pernas de novo... E consigo ver...
      Mas isso é só à noite, só no sonho...

Primeiro-tenente, sapador

— Para mim não dá certo como para todo mundo... Para
mim, essa vida não dá certo...
      Talvez tenha sido um absurdo... Essa guerra... Mas sou uma
pessoa romântica, acho que não vivi e não vivo de verdade, estou
sempre sonhando a vida. Imagino, devaneio. No primeiro dia em
que cheguei lá, o chefe do hospital me chamou: "O que fez você
vir aqui?". Ele não entendia... É homem...
      Precisei contar toda minha vida para ele. Para um homem
estranho, desconhecido... um militar... Como se estivesse numa
praça... Isso para mim foi o mais torturante, o mais humilhante
lá. Nada secreto, íntimo, tudo era arrancado para fora. Você viu o
filme *Zapredel*?* Sobre a vida de presos numa colônia penal. Vivíamos sob as mesmas leis. O mesmo arame farpado, o mesmo
palmo de terra.
      Ao meu redor havia garçonetes e cozinheiras. As conversas
eram sobre rublos, cheques, carne com osso ou sem osso, linguiça
defumada, biscoitos búlgaros. Mas na minha concepção aquilo
era um autossacrifício, o dever feminino de defender nossos rapazes, de salvá-los! Eu imaginava tudo de um jeito sublime. As
pessoas estavam se esvaindo em sangue, e eu estava dando meu

---

* Filme do diretor ucraniano Semion Slutchévski.

sangue. Já na transferência em Tachkent entendi: estava indo para o lugar errado. Subi no avião, chorei, não conseguia parar. Lá é igual a aqui, igual a tudo de que eu fugia, de que queria me afastar. Na transferência corria um rio de vodca. "A gente sonha com a grama do cosmódromo... Uma grama verdinha, verdinha..."* Era como se tivesse ido para o espaço... Aqui, na União Soviética, cada um tem sua casa, sua fortaleza. Já lá... Éramos quatro pessoas num quarto. A moça que trabalhava de cozinheira trazia carne do refeitório e enfiava debaixo da cama...

— Lave o chão — ela disse uma vez.

— Lavei ontem, hoje é sua vez.

— Lave, e eu lhe dou cem rublos...

Fiquei calada.

— Dou carne para você.

Calada. Ela pegou o balde de água e jogou na minha cama.

— Ha-ha-ha-ha... — Todos riram.

Outra moça. Uma garçonete. Falava palavrões e amava Tsvetáieva.** Depois do turno se sentava e jogava:

— Bem me quer, mal me quer... Bem me quer, mal me quer...

— O que é esse "bem me quer, mal me quer"?

— Amor, o que mais seria?

Aconteciam casamentos lá... Casamentos de verdade! Amor também. Mas raramente. O amor ia até Tachkent: de lá em diante era ele para a esquerda, ela para a direita. Como na canção: "Ela foi pra outro lado".***

---

* Trecho da canção "Trava u doma" [A grama de casa], gravada pelo grupo soviético Zemliane, muito popular nos anos 1980 e que narra a saudade que os astronautas sentem da Terra.
** Marina Tsvetáieva (1892-1941), importante poeta russa.
*** Verso da canção soviética "Proschalnaia komsomolskaia" [O adeus do Komsomol] (1937), sobre um casal jovem separado pela guerra civil, com letra de Mikhail Issakóvski e música dos irmãos Daniil e Dmítri Pokrass.

Tânia vвтр (alta, grande) adorava ficar conversando até tarde. Só bebia álcool puro.

— Como você consegue?

— O que que tem? Vodca é fraca, vodca não me faz nada.

Levou para casa quinhentos ou seiscentos cartões com fotos de atores de cinema. Eles são caros nos *dukans*, ela se gabava: "Não lamento gastar dinheiro com arte".

Viérotchka Khárkova ficou na minha memória sentada na frente do espelho com a boca aberta e a língua de fora. Tinha medo de contrair tifo. Alguém tinha dito a ela que era preciso olhar no espelho toda manhã: o tifo deixava marcas dos incisivos na língua.

Elas não me aceitavam. Diziam, que boba, fica trazendo tubos com micróbios. Eu trabalhava como médica bacteriologista no hospital de doenças infecciosas. Sempre falava sobre a mesma coisa: tifo, hepatite, febre paratifoide. Os feridos não iam para o hospital imediatamente, levavam cinco, seis horas, ou senão passavam até um dia ou dois nas montanhas, na areia. As feridas se infestavam de micróbios, aquilo que se chama ferida infecciosa. Um ferido estava na uti, e eu descobria que ele estava com tifo.

Morriam em silêncio. Só uma vez vi um oficial se acabar de chorar. Era da Moldávia. Um cirurgião se aproximou dele, também era moldavo, perguntou a ele em moldavo:

— Mestre, qual é a queixa? Onde dói?

E o outro caiu no choro:

— Me salve. Preciso viver. Tenho uma esposa que amo e uma filha que amo. Preciso voltar...

Ele teria morrido em silêncio, mas começou a chorar porque escutou sua língua natal.

Não conseguia entrar no necrotério... Lá havia carne humana misturada com terra. As meninas também tinham carne debaixo da cama... Botavam a frigideira em cima da mesa: "*Ruba!*

Ruba!" — em afegão, significa "adiante". Um calor... O suor pingava na frigideira... Eu só via feridos e só me ocupava de micróbios... Não ia vender micróbios... No *voentorg* se podiam comprar caramelos com os cheques. Meu sonho! "Afeganistão, que encanto!" — lá cantavam uma música assim. Eu tinha medo de tudo, pra ser honesta... Não sou corajosa... Cheguei lá sem saber diferenciar nem as estrelinhas nas dragonas, as patentes. Chamava todos de "senhor". Já não lembro quem, mas alguém na cozinha do hospital me deu dois ovos crus. Porque nós, médicos, estávamos sempre meio famintos. "Nos segurávamos" à base de goma de farinha e carne congelada, guardada desde tempos imemoriais nos depósitos militares. De reservas antigas... Era madeira... Sem cheiro nem cor... Peguei aqueles dois ovos e enrolei com um guardanapo; bem, vou comer em casa com cebola. Passei o dia inteiro imaginando como iria jantar. Então trouxeram um rapaz num carrinho; seria transferido para Tachkent. Não dava para ver o que havia debaixo do lençol, só uma cabeça bonita se mexendo no travesseiro. Ele levantou os olhos para mim:

— Quero comer.

Justo antes do almoço, ainda não tinham trazido os recipientes de comida. Mas iam levá-lo embora. E iam dar de comer a ele só quando chegasse em Tachkent.

— Tome — dei a ele aqueles dois ovos. Virei e saí, não perguntei se ele tinha braços ou pernas. Pus no travesseiro dele. Não abri, não dei de comer. Talvez ele não tivesse braços?

Outra vez, andei duas horas de carro com cadáveres ao meu lado... Quatro cadáveres... Estavam vestindo roupas esportivas...

Voltei para casa... Não conseguia escutar música, conversar na rua, no trólebus. Queria fechar a porta do quarto para ficar só eu e a TV. Um dia antes da minha partida para a União Soviética, o médico-chefe do nosso hospital, Iúri Iefrímovitch Jibkov, se matou com um tiro... Por quê? O que estava acontecendo na alma dele? É incompreensível para os outros... Mas para mim... Eu entendo, até sei. Lá isso está sempre próximo... Essa escuridão... No Afeganistão, copiei de um dos oficiais: "Um estrangeiro que for parar no Afeganistão terá uma proteção especial dos céus se sair de lá saudável, ileso e com a cabeça em cima dos ombros...". De um francês, Fourier. Era preciso ficar inteiro não apenas no sentido físico... O humano é um ser com um recheio complexo... Uma torta folhada, como diziam minhas meninas. Aos poucos, fomos começando a filosofar no fim da guerra. Antes de ir para casa...

Encontro um jovem na rua... Parece familiar: "Talvez seja 'afegão'?". Mas não o chamo, para não ficar ridículo... Não sou corajosa... Minha natureza é mole... Eu me assustava quando me pegava pensando que podia me transformar num ser agressivo, cruel. O ser humano é de fato dependente... Ele nem sabe até o fim como depende de seus atos, do que lhe aconteceu. Tem medo... Preparávamos os meninos para ter alta... Eles se escondiam nos sótãos, nos porões do hospital para não serem liberados para a unidade. Nós os capturávamos, puxávamos... Na transferência, moças jovens me ensinaram a quem era preciso dar uma garrafa de vodca para cair num lugar bom... Elas me ensinaram... Tinham dezoito, vinte anos, e eu, 45.

Na alfândega, quando estava voltando, me obrigaram a tirar tudo, até o sutiã.

— O que você faz?

— Sou médica bacteriologista.

— Mostre os documentos. — Pegaram os documentos. — Abra as malas. Vamos revistar.

Eu tinha trazido de volta comigo um velho sobretudo, um cobertor, uma colcha, grampos, garfos... Tudo o que tinha trazido de casa. Puseram sobre a mesa:

— O que foi, ficou louca? Por acaso escreve poemas?

Aqui eu não dou conta. Aqui é mais terrível do que lá. Lá, alguém voltava da União Soviética, trazia algo — nos sentávamos à mesma mesa. O terceiro brinde. Calados. Por aqueles que morreram. Estávamos à mesa, e os ratos ficavam passeando, se enfiavam nos sapatos. Às quatro horas se escutava um uivo... Da primeira vez dei um salto: "Meninas, lobos". As meninas riram: "O mulá está fazendo as preces". Em casa passei muito tempo acordando às quatro.

Queria uma continuação... Solicitei ir à Nicarágua... A algum lugar onde há uma guerra acontecendo. Aqui... Já não consigo viver aqui...

Médica bacteriologista

— Eu o escolhi primeiro...

Havia um rapaz alto, bonito. "Meninas", falei, "esse é meu." Cheguei perto e convidei para a valsa das damas, é quando as moças convidam os cavalheiros. E eu encontrei meu destino...

Queria muito ter um filho. Combinamos: se nascer menina, eu dou o nome. Será Ólenka. Se nascer menino, ele que dá o nome. Será Artiom ou Denis. Nasceu Ólenka.

— Mas teremos um filhinho?

— Sim. Só deixe Ólenka crescer um pouco.

Eu teria tido um filho dele.

— Liúbotchka, não se assuste. Vai perder o leite... — Estava amamentando o bebê. — Vão me mandar para o Afeganistão...

— Por que você? Você tem uma filha pequena.

— Se não for eu, vai caber a algum outro. O Partido mandou, e o Komsomol respondeu: sim.

Ele era um homem fiel ao Exército. "Ordem não se discute", repetia. Na família deles, a mãe tinha um gênio muito forte, e ele estava acostumado a obedecer, a se submeter. O Exército era fácil para ele.

Como nos despedimos? Os homens fumavam. A mãe estava calada. Eu chorava: quem precisa dessa guerra? Minha filha dormia no berço.

Encontrei na rua uma senhora bobinha, uma doidinha, ela sempre aparecia na nossa vila militar, na feira ou nas lojas. As pessoas diziam que quando era jovem havia sido estuprada, e desde então não reconhecia nem a mãe. Parou ao meu lado:

— Vão trazer seu marido numa caixa — começou a rir e saiu correndo.

Eu não sabia o que ia acontecer, mas sabia: algo iria acontecer.

Eu esperava por ele, como no poema de Símonov:* espere por mim, e eu voltarei... Num dia eu podia escrever três, quatro cartas e enviar. Tinha a impressão de que quando pensava nele, sentia saudade dele, eu o protegia. E ele escrevia que ali, na guerra, cada um faz seu trabalho. Cumpre ordens. E cada um tem seu destino. Não se preocupe e espere.

Quando eu ia à casa dos pais dele, ninguém se lembrava do Afeganistão. Nenhuma palavra. Nem a mãe, nem o pai. Não houve um acordo a respeito, mas todos tinham medo dessa palavra.

... Vesti a menina para levar ao jardim de infância. Dei um beijo. Abri a porta: vi militares parados, e um deles tinha nas mãos a mala do meu marido, grande, marrom, eu que tinha feito. Algo aconteceu comigo... Se eu os deixar entrar, eles vão trazer algo terrível para minha casa... Se eu não deixar entrar, tudo vai ficar no seu lugar... Eles puxavam a porta — queriam entrar, e eu puxava para mim — não vou deixar.

— Está ferido? — Eu ainda tinha esperança de que estivesse ferido.

O comissário militar entrou primeiro:

---

* Konstantin Símonov (1915-79), poeta soviético, autor do poema "Jdi meniá" [Espere por mim], muito popular na Segunda Guerra.

— Liudmila Iossífovna, com profundo pesar devo comunicar que seu marido…

Não houve lágrimas. Eu gritei. Vi o amigo dele e corri para ele:

— Tólik, se você disser eu acredito. Por que está calado?

Ele aproximou de mim o alferes que acompanhava o caixão:

— Diga para ela…

Mas ele estava tremendo, também ficou calado.

Algumas mulheres se aproximaram de mim, me beijaram.

— Acalme-se. Diga o telefone dos seus parentes.

Eu me sentei e ali mesmo soltei todos os endereços e telefones, dezenas de endereços e telefones de que eu me lembrava. Depois conferiram na lista telefônica: tudo certo.

Nosso apartamento é pequeno, de um quarto. Puseram o caixão no clube da unidade. Eu abraçava o caixão e gritava:

— Por quê? O que você fez de mal?

Quando me voltava a consciência, eu olhava para aquela caixa: "Vão trazer seu marido numa caixa…". E gritava de novo:

— Não acredito que meu marido esteja aqui. Provem para mim que ele está aqui. Não tem nem uma janelinha. O que vocês trouxeram? Quem vocês trouxeram para mim?

Chamaram o amigo dele.

— Tólik — falei —, jure que meu marido está aqui.

— Juro pela minha filha que seu marido está aí. Ele morreu na hora, não sofreu. Não vou lhe dizer mais nada.

As palavras dele se cumpriram: "Se eu tiver que morrer, então que não sofra". E nós ficamos aqui…

Tenho pendurado na parede um grande retrato dele:

— Tire o papai para mim — pede minha filha. — Vou brincar com o papai.

Ela rodeia o retrato com brinquedos, conversa com ele. À noite eu a ponho para dormir:

— Onde atiraram no papai? Por que eles escolheram justo meu papai?

Eu a levo para o jardim de infância. À tarde, na hora de ir para casa, o choro.

— Não saio daqui enquanto o papai não vier me buscar. Cadê meu papai?

Não sei o que responder para ela. Como explicar? Eu mesma tenho só 21 anos... Esse verão eu a levei para a casa da minha mãe no campo. Talvez lá ela se esqueça dele... Não tenho forças para chorar todo dia... Todo minuto. Se vejo andando juntos um marido, a mulher e o filho — eu choro. Minha alma grita, meu corpo grita. Antes eu amava dormir nua no verão, agora nunca durmo nua. Eu me lembro de tudo... Lembro do amor... Desculpe pela sinceridade. Só posso me abrir com você. Alguém desconhecido. Para os meus é difícil. "Queria que se levantasse ao menos por um minuto... Que visse como a filha cresceu! Para você essa guerra incompreensível acabou", digo a ele de noite. "Para mim, não. E para nossa filha? Nossos filhos são os mais infelizes, eles vão responder por tudo. Você está me escutando...?"

Para quem eu grito? Quem vai me escutar?

Esposa

— Antigamente eu sonhava que ia ter um filho... Eu mesma daria à luz um homem que eu amaria e que me amaria...

Eu e meu marido tínhamos nos divorciado. Ele foi embora, foi ficar com uma jovem, ela engravidou logo depois da escola. Eu o amava, talvez por isso não tenha tido outro. Não procurei.

Criei meu filho com minha mãe, duas mulheres e ele — um menino. Eu me levantava quietinha e descia na portaria: com quem ele estava, com que companhias?

— Mãe, volte para casa. Já sou adulto, e você fica cuidando de mim.

Ele era pequeno como uma menina. Branquinho, franzino,

nasceu de oito meses, não mamou. Nossa geração não conseguiu ter filhos saudáveis, crescemos na guerra — bombardeios, tiros, fome... Medo... Ele brincava o tempo todo com as meninas, elas o aceitavam, ele não brigava. Amava os gatos, amarrava laços neles.

— Mamãe, compre um hamster, ele tem o pelo quentinho, parece molhadinho.

Compramos um hamster. E um aquário. E peixinhos. Íamos à feira: "Compre uma galinha para mim... Malhada...". E aí eu penso: será que ele atirava lá? Meu menino caseiro... Ele não era da guerra. Nós o amávamos muito, fazíamos carinho nele...

Fui vê-lo em Achkhabad, na companhia preparatória:

— Andriucha, quero ir falar com o seu chefe. Você é meu único filho... Aqui a fronteira está próxima...

— Não se atreva, mãe. Vão rir de mim, dizer que sou filhinho da mamãe. Já falam assim: "Fino, sonoro e transparente".

— Como você está?

— Nosso tenente é bom, ele nos trata com igualdade. Mas o capitão pode dar uns tapas no rosto.

— Como?! Eu e sua avó nunca batemos em você, nem quando era pequeno.

— Aqui é a vida de homem, mãe. Melhor você não contar nada à vovó...

Só pequeno ele foi meu. Dava banho na banheira — ele saía parecendo um diabinho —, enrolava na toalha, abraçava. Achava que ninguém nunca ia tirá-lo de mim. Não o entregaria a ninguém. Depois o tiraram de mim...

Eu mesma o convenci a ir para a escola de construção depois do oitavo ano. Achava que com essa especialização o Exército seria mais fácil para ele. Que ia cumprir o serviço militar e entrar para uma faculdade. Ele queria ser guarda-florestal. Ele sempre ficava feliz na floresta. Reconhecia os pássaros pelo canto, mos-

173

trava onde ficava cada flor. Nisso ele lembrava o pai. Esse, siberiano, amava tanto a natureza que não deixava cortar a grama do pátio. Deixe que tudo cresça! Andriucha gostava do uniforme de guarda-florestal, do quepe: "Mãe, parece de militar...".

E então eu penso: será que ele atirava?

Ele sempre escrevia de Achkhabad para mim e para a avó. Uma carta sei de cor, segurei em minhas mãos mil vezes:

"Olá, minhas queridas mãe e vó! Já estou servindo no Exército há mais de três meses. Meu serviço está indo bem. Até agora dei conta de todas as tarefas de que me encarregaram e não tive nenhuma repreensão da parte dos comandantes. Recentemente nossa companhia foi para o campo de treinamento, a oitenta quilômetros de Achkhabad, nas montanhas. Lá, por duas semanas, todos treinaram preparação para as montanhas, táticas e tiroteio com armas de infantaria ligeira. Eu e mais três pessoas não fomos para o acampamento, ficamos na posição da unidade. Eles nos deixaram aqui porque já há três semanas que trabalhamos na fábrica de móveis, estamos construindo uma oficina. Em troca, a fábrica vai fazer mesas para nossa companhia. Estamos fazendo a alvenaria de tijolos e o estuque.

"Mamãe, você pergunta pela sua carta, eu recebi. Recebi também a encomenda e os dez rublos que vocês incluíram. Com esse dinheiro eu e um amigo comemos várias vezes no bufê e compramos bombons..."

Eu me consolava com uma esperança: se ele está fazendo trabalhos de estuque e alvenaria, quer dizer que é necessário como construtor. Está bem que construa casas de campo e garagens particulares, desde que não o mandem para nenhum lugar mais distante. Depois ele escreveu que estava trabalhando fora da cidade para um general...

Era 1981... Corriam boatos... Mas que o Afeganistão era um moedor de carne, uma carnificina, muito pouca gente sabia. Pela televisão víamos a confraternização entre soldados soviéticos e afegãos, flores em nossos blindados, camponeses que beijavam a terra recebida... Só uma coisa fez com que eu me assustasse... Quando fui vê-lo em Achkhabad, encontrei uma mulher... No começo, disseram no hotel:

— Não tem lugar.

— Vou passar a noite no chão. Vim de longe ver meu filho, ele é soldado. Não vou sair daqui.

— Tudo bem, vamos deixá-la ficar num quarto de quatro lugares. Já tem uma mãe lá, também está visitando o filho.

Foi dessa mulher que ouvi pela primeira vez que estavam preparando uma nova guarnição para mandar para o Afeganistão, e ela havia levado um bom dinheiro para salvar o filho. Foi embora contente e compartilhou comigo na despedida: "Não seja uma idiota, ingênua...". Quando contei isso para minha mãe, ela começou a chorar:

— Por que você não caiu aos pés deles? Por que não pediu? Podia ter tirado seus brincos e entregado.

Era a coisa mais cara da nossa casa, meus brincos de bijuteria. Não tinham nem diamantes! Para minha mãe, que teve uma vida mais do que humilde, eles pareciam uma riqueza. Meu Deus! O que fizeram com a gente? Se não fosse ele, outro teria ido. Alguém que também teria mãe...

O mais inesperado para ele foi ter ido para o batalhão de assalto aerotransportado e ter sido mandado para o Afeganistão. Ele inchou com um orgulho de menino. Não escondia.

Sou mulher, uma pessoa completamente civil. Talvez eu não entenda algo. Mas me expliquem por que meu filho estava fazendo trabalho de alvenaria e estuque na época em que devia estar se preparando para combater? Eles sabiam para onde estavam mandando. Os jornais publicavam fotos dos *modjkhedi*... Homens de trinta, quarenta anos... Em sua terra... Ao lado da família, dos filhos... E como, diga, uma semana antes de embarcar, ele passou de uma unidade geral para o batalhão de assalto aerotransportado? Até eu sei que essas tropas paraquedistas precisam de rapazes fortes. É preciso dar a eles um treinamento especial. Depois o comandante da escola preparatória me respondeu dizendo que "seu filho teve excelentes resultados em combate e preparação política". Quando ele fez isso? Onde? Na fábrica de móveis? Na casa de campo do general? Para quem entreguei meu filho? Em quem confiei? Nem chegaram a fazer dele um soldado...

Do Afeganistão só teve uma carta: "Não se preocupe, aqui é bonito e tranquilo. Muitas flores que não temos, as árvores estão florescendo, os pássaros cantam. Muitos peixes". Uma casa no paraíso, não uma guerra. Estava nos tranquilizando, para que, Deus me livre, a gente não começasse a agir para tirá-lo de lá. Meninos inexperientes. Quase crianças. Foram jogados no fogo e encararam isso como uma honra. Nós os criamos assim.

Ele morreu já no primeiro mês... Meu menino... Sangue do meu sangue... Como ele estava no caixão? Nunca vou saber.

Foi trazido depois de dez dias. Durante todos esses dias eu sonhei que perdia algo e não conseguia encontrar. Durante todos esses dias a chaleira ficou apitando na cozinha. Eu botava água no fogo para o chá, e ela cantava com várias vozes. Amo flores, tenho várias nos peitoris, no armário, nas prateleiras de livros. Toda manhã, quando eu regava, caía um pote. Eles me escapavam das mãos e se partiam. A casa ficava com cheiro de terra molhada...

... Uns carros pararam perto de casa: dois Gaziks* militares e uma ambulância. Na hora eu adivinhei — é para nós, é para minha casa. Ainda fui eu mesma até a porta, abri:

— Não falem! Não me digam nada! Odeio vocês! Só me entreguem o corpo do meu filho... Vou enterrá-lo do meu jeito. Sozinha. Não preciso de nenhuma honraria militar...

---

* Apelido do carro GAZ-A, primeiro automóvel de passageiros fabricado na União Soviética.

Escreva! Publique a verdade! Já não tenho medo de nada...
Chega, passei a vida toda com medo...

Mãe

— A verdade? Só um desesperado vai lhe contar toda a verdade. Um absoluto desesperado vai lhe contar absolutamente tudo. Ninguém sabe a verdade. Exceto nós... A verdade é terrível demais, a verdade não vai existir. Ninguém quer ser o primeiro, ninguém vai arriscar. Quem vai contar que transportavam drogas nos caixões? Casacos de pele... Em vez de mortos... Quem vai lhe mostrar um colar de orelhas humanas secas? Já escutou sobre isso ou é uma informação nova? Eram troféus de guerra... Guardávamos em caixinhas de fósforo... Elas eram dobradas como pequenas folhas... Não pode ser? É incômodo escutar isso sobre os gloriosos rapazes soviéticos? Sim, pode ser. Aconteceu! E isso também é uma verdade da qual não há como fugir, não dá pra passar uma tinta prateada barata. E você pensava: vamos erguer monumentos e pronto? Vamos distribuir medalhas...

Não fui para matar, eu era uma pessoa normal. Meteram na nossa cabeça que eram bandidos que estavam combatendo, e que nós seríamos heróis, todos nos diriam obrigado. Lembro bem de uma placa: "Guerreiros, vamos fortalecer as fronteiras do sul de nossa pátria". "Não envergonhem a honra da unidade", "Floresça, pátria de Lênin!", "Glória ao pcss!". Voltei de lá... Lá o tempo todo eu tive um espelho pequeno, e aqui tenho um grande. Olhei e não me reconheci. Até minha aparência mudou...

Estava servindo na Tchecoslováquia. Corria o boato: me mandariam para o Afeganistão.

— Por que eu?

— Porque você é solteiro.

Eu me preparei como quem vai para uma viagem de trabalho. O que levar? Ninguém sabia. Não tínhamos "afegãos" entre nós. Alguém me aconselhou a levar botas de borracha, em dois anos elas não me foram úteis nenhuma vez. Deixei em Cabul. De Tachkent voamos sentados em caixas de munição. Pousamos em Chindand. A Tsarandoi, a polícia deles, tinha metralhadoras nossas da época da Grande Guerra Patriótica, e os nossos soldados e os deles estavam sujos, descorados, como se tivessem saído das trincheiras. Um contraste marcante com quem estava acostumado à Tchecoslováquia. Estavam embarcando os feridos, um deles tinha um fragmento na barriga. "Esse não vive, vai morrer na viagem" — escutei dos helicópteros que os trouxeram dos postos. Fiquei pasmo com a tranquilidade com que falavam da morte.

Isso talvez seja o mais inconcebível lá — a relação com a morte. De novo, se for para falar toda a verdade... É impossível... O que aqui é impensável, lá é cotidiano. Matar é terrível e desagradável. Mas logo você começa a pensar que matar é terrível e desagradável à queima-roupa, mas juntos, em massa, acontece sem pensar, e às vezes — eu vi — é até divertido. Em tempos de paz as armas ficam numa pirâmide, cada pirâmide com uma fechadura separada, a sala de armas tem um sistema de alarme. E aqui a arma está sempre com você, a gente se acostuma. À noite, da cama, a gente atirava na lâmpada com uma pistola; dava preguiça de levantar e apagar a luz. Ficávamos bobos pelo calor, descarregávamos a metralhadora no ar, só para atirar em algum lugar... A gente cercava uma caravana, a caravana resistia, a gente batia com as metralhadoras. A ordem era: eliminar a caravana... Passávamos para a eliminação... Foi por isso que nos deram condecorações de gratidão do povo afegão?!

Guerra é guerra, é preciso matar. Ou por acaso nos deram armas de guerra para brincar de *zarnitsa** com os colegas da esco-

---

* Jogos que imitavam ações militares e eram promovidos pela Organização dos Pioneiros.

la? Para consertar tratores, semeadeiras? Éramos mortos e matávamos. Matávamos onde podíamos. Matávamos onde queríamos. Mas não era aquela guerra que conhecemos dos livros e filmes: linha do front, faixa neutra, linha de frente... Era guerra de *kiriz*... *Kiriz* é a passagem subterrânea, eram feitas antigamente para irrigação... Surgia gente delas dia e noite, como fantasmas... Com uma metralhadora, com uma pedra na mão. Não era impossível que você tivesse negociado recentemente com aquele fantasma no *dukan*, mas isso já estava além dos limites da sua compaixão. Ele havia acabado de matar seu amigo... Em lugar do amigo... Havia algo jogado... Já não era um homem... Era meio homem... Suas últimas palavras: "Não escreva sobre isso para minha mãe, eu suplico, que ela não saiba de nada...". E você, *churavi*,[*] você, soviético, está além dos limites da compaixão dele, um *dukh*. Sua artilharia destruiu o *kichlak* dele, e ele não achou quase nada — nem da mãe, nem da esposa, nem dos filhos. Se vocês se encontrarem, ele vai fazer de você uma almôndega. Carne moída. As armas modernas aumentam nossos crimes. Com uma faca eu podia matar uma pessoa, duas... Com uma bomba, dezenas... Mas sou militar, minha profissão é matar. Como era a história? Sou um escravo da lâmpada de Aladim... É o que sou, um escravo do Ministério da Defesa. Para onde ordenarem eu atiro. Minha profissão é atirar.

Mas eu não fui lá para matar, não queria. Como isso aconteceu? Por que o povo afegão nos confundiu com quem não éramos de fato? Os *batcha* ficavam parados, usando galochas diretamente sobre o pé, no frio, e nossos rapazes davam a eles sua própria ração seca. Isso eu vi com meus próprios olhos. Um menino esfarrapado correu até o carro, ao contrário dos outros ele não pedia nada, só olhava. Eu tinha vinte afeganes no bolso e dei para

---

[*] Nome pelo qual os soviéticos eram chamados no Afeganistão.

ele. Ele ficou como que de joelhos na areia, não se levantou enquanto não subimos no VBTP e fomos embora. E ao lado havia um outro... Nossas patrulhas pegavam o dinheiro dos meninos que carregavam água. Que dinheiro era? Uns centavos. Não, para lá não quero ir nem como turista. Nunca mais vou. Eu lhe disse: a verdade é terrível demais, não vai haver verdade. Ninguém precisa dela. Nem vocês, que ficaram aqui. Nem nós, que estivemos lá. Reparem, há mais de vocês. Nossos filhos vão crescer e esconder que os pais lutaram lá.

Encontrei uns impostores: diziam, vim do Afeganistão, nós estávamos lá, eu estava lá...

— Onde serviu?

— Em Cabul...

— Em que unidade?

— É que eu era das forças especiais...

Em Kolimá, nos barracões onde prendiam os loucos, gritava-se: "Sou Stálin! Sou Stálin!". Agora, rapazes normais declaram: "Vim do Afeganistão". São loucos... têm que ir pro hospício!

Lembro sozinho... Bebo. Fico sentado. Amo escutar músicas "afegãs". Mas sozinho. Eram... essas páginas... apesar de estarem manchadas, não há como escapar delas... Os jovens se juntam... Estão com raiva, foram enganados. Têm dificuldade de se achar, recuperar algum valor moral. Uma vez, um deles admitiu para mim: "Se soubesse que não daria em nada, poderia matar uma pessoa. Sem mais nem menos. Por nada. Não tenho pena". Teve o Afeganistão, agora não tem mais. Você não vai passar a vida toda rezando e se arrependendo... Quero me casar... Quero ter um filho... Quanto mais rápido a gente parar de falar, melhor para todos. Quem precisa dessa verdade? Os burgueses! Para cuspir na nossa alma: "Ah, canalhas, lá matavam, roubavam, e aqui recebem regalias?". E só nós ficamos como culpados. Tudo o que passamos jogado no ralo. Se ao menos fosse para se defender.

Para que aconteceu tudo isso? Para quê?

Em Moscou, na estação de trem, fui ao banheiro. Olhei, e era um banheiro cooperativo. Havia um rapaz sentado, pegando o dinheiro. Acima da cabeça dele, uma tabuleta: "Para crianças de até sete anos, deficientes, participantes da Grande Guerra Patriótica e combatentes internacionalistas: entrada gratuita".

Fiquei pasmo:

— Foi você que fez essa placa?

E ele, com orgulho:

— Sim, eu mesmo. Mostre o documento e passe.

— Meu pai passou por toda a guerra, eu passei dois anos engolindo areia dos outros para urinar de graça no seu banheiro?

O ódio que senti por esse rapaz não tive por ninguém no Afeganistão. Resolveu nos pagar...

Primeiro-tenente, chefe de guarnição

— Voltei à União Soviética de férias... Fui a uma casa de banhos... Havia gente gemendo de prazer na sauna, achei que eram feridos gemendo...

Em casa eu tinha saudades dos meus amigos do Afeganistão. Em Cabul, já alguns dias depois de chegar, eu sonhava em voltar para casa. Nasci em Simferópol. Me formei na Escola de Música. Não vínhamos felizes para cá. Aqui todas as mulheres são solitárias, reprimidas. Tente viver com 120 rublos por mês — meu salário — quando você quer se vestir e ir a algum lugar interessante nas férias. Dizem: vocês vieram atrás de noivos? E daí?... Sim, é verdade. Tenho 32 anos, estou solteira...

Aqui fiquei sabendo que a mina mais terrível é a "italiana". Depois dela, recolhem as pessoas com um balde. Um rapaz veio até mim e ficou contando, contando... Eu pensava: ele não vai parar nunca. Me assustei. Aí ele disse: "Desculpe, vou indo". Um rapaz desconhecido... Isso é normal. Viu uma mulher, queria compartilhar. Diante dos olhos dele, o que tinha sobrado dos rapazes... era apenas metade de uma bota... Da guarnição de metralhadoras... Rapazes que ele conhecia... Eu pensava: ele não vai parar nunca. Para quem ele foi falar depois?

Aqui temos dois alojamentos femininos: um foi apelidado de "Casa do Gato", ali moram as que já estão há dois, três anos no Afeganistão; o outro, "Camomila", lá são as novatas, ainda puras: bem me quer, mal me quer, se não quer, vai pro inferno. No sábado é o banho dos soldados, no domingo, o das mulheres. Não deixam as mulheres entrar no banheiro dos oficiais, porque as mulheres são sujas... E esses mesmos oficiais vêm nos procurar... Para uma coisa só... Para isso mesmo... Batem à porta de noite com uma garrafa de vinho. Na carteira têm fotos dos filhos, da esposa, eles nos mostram. É normal...

Começa o bombardeio... Voa o projétil, aquele assovio... Dentro da gente algo se remexe... Dói por dentro... Uma vez dois soldados e um cachorro saíram para uma missão. O cachorro voltou, os soldados não... (*Fica em silêncio.*) Começa o bombardeio... Corremos para nos esconder na trincheira. E as crianças afegãs dançam de felicidade nos telhados. Pegam um morto nosso... As crianças riem, batem palmas. E nós levamos para elas presentes nos *kichlaks*: farinha, colchões, bichos de pelúcia... Ursinhos, coelhinhos... E elas dançam... (*Fica calada.*) Começa o bombardeio... Elas ficam felizes....

A primeira pergunta na União Soviética: casou? Que regalias você vai receber? Nossa única regalia (para funcionários civis): se te matam, sua família recebe mil rublos. Trazem as mercadorias para o *voentorg*, e os homens vão na frente: "Quem é você? Nós temos que comprar presente para nossas esposas". À noite batem à nossa porta... É normal... Aqui é assim... Estão cumprindo o "dever internacional" e ganhando dinheiro. Existe uma lista de preços: uma lata de leite em pó, cinquenta *afochkas*; quepe militar, quatrocentas *afochkas*... Espelho de carro, mil; roda de KamAz, 18 mil; pistola Makárov, 30 mil; metralhadora Kaláchnikov, 100 mil; caminhão de lixo da vila militar (dependendo de que lixo, se tem latas de metal, quantas são), de setecentas a 2 mil *afochkas*... É normal... Das mulheres, as que vivem melhor são as que dormem com os alferes. Quem é superior ao alferes? Só o alferes superior. Nos postos o pessoal sofre de escorbuto... Come repolho podre...

As enfermeiras contam que na enfermaria quem não tem pernas fala de tudo, menos do futuro. Aqui ninguém gosta de falar sobre o futuro. Também não se fala de amor. Talvez morrer feliz seja terrível. Mais terrível. Tenho pena da minha mãe.

O gato anda furtivamente entre os mortos... Procura algo para comer, sente medo. O pessoal está ali deitado... Como se estivessem vivos... Talvez o gato não saiba se estão vivos ou mortos.

Diga você quando devo parar... Senão vou ficar contando, contando. Mas nunca matei ninguém...

Funcionária

— Às vezes fico pensando... E se eu não tivesse ido parar nessa guerra?

Eu teria sido feliz... Nunca me decepcionaria comigo e não saberia nada sobre aquilo que é melhor não saber. Como falou Zaratustra: não é só você que olha para o abismo, ele também olha para a sua alma...

Eu estava no segundo ano do Instituto Radiotécnico, mas me interessava por música, por livros sobre arte. Esse mundo me era mais próximo. Comecei a me distrair e justo nessa pausa recebi a notificação para ir ao centro de recrutamento. E eu sou uma pessoa sem força de vontade, tento não interferir no meu destino. Se você interfere, perde do mesmo jeito, e se não, não importa o que aconteça não é sua culpa. Claro, eu não estava pronto para o Exército. Foi inesperado... Ele me pegou de surpresa...

Não falavam diretamente, mas estava claro: íamos para o Afeganistão. Eu não interferia no meu destino... Entramos em formação na praça de armas, fizeram a leitura da ordem, disseram que éramos combatentes internacionalistas... Tudo era encarado com muita tranquilidade, você não ia dizer: "Estou com medo! Não quero!". Íamos cumprir nosso dever internacional, tudo estava explicado nos regimentos. Mas na transferência em Gardez começou... Os servidores mais antigos tomaram tudo o que havia de valioso — botas, camisas listradas, quepes. Tudo isso custava dinheiro: um quepe, dez cheques; um conjunto de insígnias — um paraquedista deve ter cinco: de guarda, da "Ordem do Mérito Aeronáutico", insígnia de paraquedista, insígnia de classe e — essa nós chamávamos de "corredorzinho" — insígnia de combatente-esportista —, esse conjunto valia 25 cheques. Tomavam nossas camisas de gala, trocavam por drogas com os afegãos. Uns "avôs" se aproximam: "Cadê sua sacola?". Remexiam, pegavam o que gostavam — e pronto. Na companhia tiraram os novos uniformes de todos, e em troca deram uns velhos. Chamavam para ir ao depósito: "Para que você vai querer algo novo aqui? O pessoal está voltando para a União Soviética". Eu escrevia para casa: como é lindo o céu da Mongólia — estão me alimentando bem, o sol brilha. E já estava na guerra...

Saí para um *kichlak* pela primeira vez. O comandante do batalhão ensinava como se comportar com a população local:

— Todos os afegãos, independente de idade, são *batcha*. Entenderam? O resto eu vou mostrar.

Encontramos um velho na estrada. Deram o comando:

— Parem o veículo. Revistem tudo!

O comandante do batalhão chegou perto do velho, tirou o turbante, mexeu na barba:

— Certo, ande, ande, *batcha*.

Isso foi inesperado.

No *kichlak*, jogamos blocos de cereais para as crianças. Elas fugiam, achavam que estávamos jogando granadas.

A primeira saída em missão foi acompanhando uma coluna... Por dentro eu sentia animação, interesse: a guerra está próxima! Nas mãos, no cinto, levava armas, granadas que antes eu só via em cartazes. Ao nos aproximarmos da zona verde... Eu, como operador-apontador, olhava com muita atenção para o alvo... Apareceu uma espécie de turbante...

— Serioga... — gritei para quem estava no canhão —, estou vendo um turbante. O que faço?

— Atire.

— Assim, só atirar?

— O que você acha? — E deu um tiro.

— Estou vendo outro turbante... Um turbante branco... O que faço?

— Atire!!!

Descarregamos metade do total da máquina. Atirávamos com o canhão, com a metralhadora.

— Onde você viu um turbante branco? É um monte de neve.

— Serioga, seu "monte de neve" está correndo... Seu boneco de neve tem uma metralhadora...

Saltamos do carro e abrimos fogo com as metralhadoras.

Matar ou não matar uma pessoa — essa questão não existia. O tempo todo tinha vontade de comer e dormir, o tempo todo eu só tinha um desejo — que aquilo tudo acabasse logo. Parar de atirar, de andar... E ter que andar numa blindagem incandescente? Respirar areia seca e corrosiva... As balas assobiavam acima da cabeça, e nós dormindo... Matar ou não matar são questões de pós-guerra, a psicologia da própria guerra é mais simples. Lá você não pode ver o inimigo como uma pessoa. Não conseguiria matar. Estávamos fazendo um cerco ao *kichlak* dos *duchman*... Passamos um dia, dois... Estávamos virando animais pelo calor, pelo cansaço... E ficamos mais cruéis do que os "verdes"... Eles de toda forma estavam entre os seus, tinham crescido naqueles *kichlaks*. E nós não ficávamos pensando a respeito. Era a vida de outros... Para a gente era mais fácil jogar a granada...

Uma vez estávamos voltando — sete rapazes feridos, dois lesionados. Os *kichlaks* ao longo da estrada estavam desertos: uns tinham ido para as montanhas, outros estavam escondidos no *duval*. De repente salta uma velha afegã, chora, grita, se joga para cima do blindado batendo com os punhos. A gente tinha matado o filho dela. Estava nos amaldiçoando... Ela despertou o mesmo sentimento em todos: que importa o que ela está gritando, ameaçando? — tirem essa mulher da estrada! Nós não a matamos, mas podíamos ter matado. Empurramos na terra e seguimos em frente. Estávamos levando sete feridos nossos...

Sabíamos pouco... Éramos soldados, estávamos combatendo... Nossa vida de soldado era separada dos afegãos, eles eram proibidos de entrar no território da unidade. Nós só sabíamos que eles nos matavam. E todos queríamos viver. Eu supunha que podiam me ferir, até queria ser levemente ferido para poder ficar um tempo deitado, dormir à vontade. Mas ninguém queria morrer. Uma vez três dos nossos soldados entraram num *dukan* e fuzilaram a família do *dukanschik*, saquearam; começaram uma investigação. No começo negaram na unidade: não fomos nós, não foram os nossos, diziam. Trouxeram as nossas balas, que haviam extraído dos mortos. Começaram a dizer: quem foi? Encontraram três: um oficial, um alferes e um soldado. Mas lembro que quando fizeram uma busca na companhia, procurando dinheiro roubado, objetos, nos sentimos humilhados: como é que por causa deles, por causa de uns afegãos mortos, estão nos revistando? Houve um julgamento. Condenaram dois ao fuzilamento — o alferes e o soldado. Todos tiveram pena deles. Morreram por uma bobagem. Chamávamos aquilo de bobagem, não de crime. Era como se a família assassinada não existisse. Tudo era dividido entre nós e eles. Amigo e inimigo. Só agora, que desfiz o estereótipo, comecei a pensar... E eu que nunca consegui ler "Mumu", de Turguêniev, sem chorar!

Na guerra acontece alguma coisa com a pessoa, lá a pessoa é a mesma e já não é. Por acaso nos ensinaram: não mate? Na escola, na faculdade vinham participantes da guerra e contavam como eles matavam. Todos prendiam plaquinhas de condecorações às roupas de festa. Não escutei nenhuma vez que não se deve matar na guerra. Só julgam quem mata em tempos de paz, esses são assassinos, mas na guerra isso recebe um nome diferente: "dever filial diante da pátria", "santa tarefa masculina", "defesa da terra natal". Nos explicavam que estávamos repetindo as façanhas dos soldados da Grande Guerra Patriótica. Como eu ia poder duvidar? Sempre repetiram para nós: somos os melhores. Se somos os melhores, para que eu vou pensar por mim mesmo, se entre nós está tudo certo? Depois refleti muito... Procurei um interlocutor... Meus amigos diziam: "Você ou enlouqueceu ou quer enlouquecer". E eu... fui criado pela minha mãe, uma pessoa forte, mandona... Nunca quis interferir no destino...

No "preparatório" os batedores das forças especiais nos contavam histórias arrebatadoras. Cruéis e bonitas. Dava vontade de ser forte como eles. Não ter medo de nada. Talvez eu viva com complexo de inferioridade: amo música, livros, e também queria invadir um *kichlak*, cortar a garganta de todos e me vangloriar levianamente depois. Mas me lembro de outra coisa... Que senti pânico... Estávamos no carro... Começou um bombardeio. Os veículos pararam. Deram o comando: "Ocupar a defesa!". Começamos a descer. Eu me levantei... E outra pessoa estava vindo na minha direção... A granada foi direto para ele... Senti que estava voando da chapa do carro... Lentamente fui descendo, como num desenho animado. E os pedaços do corpo do outro homem caíam mais rápido do que eu... Não sei por que eu voava mais lentamente... A consciência grava tudo, isso que é estranho. Assim, talvez, seja possível lembrar da própria morte, observá-la. É divertido. Eu caí... Desabei no *arik** feito um caranguejo... Estava deitado e levantei a mão ferida, depois ficou claro que estava levemente ferido. Mas segurei a mão e não me movi...

Não, eu não virei uma pessoa forte... Das que invadem um *kichlak* e cortam a garganta de alguém... Um ano depois fui parar no hospital. Por distrofia. No pelotão eu era o único "jovem", havia dez "avôs", e eu era o único "jovem". Dormia três horas por dia. Lavava a louça de todos, preparava a lenha, limpava o território. Carregava água. Eram uns vinte metros até o rio... Uma vez estava andando de manhã, senti: melhor não ir, ali tem uma mina! Mas tinha medo de que me espancassem de novo. Iam acordar, e não tinha água, não havia com o que tomar banho... E fui andando, e a mina explodiu. Mas o que explodiu, graças a Deus, foi uma mina sinalizadora. Um foguete subiu, se iluminou... Caí sentado... Continuei me arrastando... Queria pegar ao menos um balde de água. Não tinha nem com o que escovar os dentes... Não iam entender, eu ia apanhar. Em um ano, de um rapaz normal eu fiquei distrófico, não conseguia andar pela enfermaria sem uma enfermeira, ficava encharcado de suor. Voltei para a unidade, de novo começaram a bater em mim. Batiam tanto que lesionaram minha perna, tive que fazer uma cirurgia. No hospital o comandante da bateria veio me visitar:

— Quem bateu em você?

Tinha sido à noite, mas mesmo assim eu sabia quem batia. Mas não podia admitir, ia virar um delator. Era uma lei que não podia ser violada.

— Por que está calado? Diga quem foi, levo esse canalha para o tribunal.

---

* Nome de um tipo de canal de irrigação usado na Ásia central.

Fiquei calado. A autoridade externa era impotente diante da autoridade interna da vida de soldado, e eram justamente essas leis internas que decidiam meu destino. Quem tentava se opor a elas sempre sofria uma derrota. Eu tinha visto isso. Eu não interferia no meu destino... No fim do serviço eu mesmo tentei bater em alguém. Não deu certo... Ser "avô" não depende da pessoa, quem dita isso é o sentimento de manada. No começo batem em você, depois você tem que bater. Eu escondia dos desmobilizados que não conseguia bater. Eles me desprezariam — os que apanhavam e os que batiam. Cheguei em casa, fui para o centro de recrutamento e estavam tirando de lá um caixão de zinco... Era nosso primeiro-tenente... Na certidão de óbito estava escrito: "Falecido durante o cumprimento do dever internacional". Naquele minuto eu me lembrei de como ele bebia demais, ficava andando pelo corredor e quebrava o maxilar dos faxineiros. Uma vez por semana ele se divertia assim... Se você não se escondesse ia terminar cuspindo os dentes... O ser humano só tem um grama e uma gota de humanidade — foi isso o que eu entendi na guerra. Se não tem o que comer ele é cruel, se está mal é cruel. Então, o quanto existe de humano nele? Só uma vez fui ao cemitério... Nas lápides havia: "Morte heroica", "Mostrou coragem e bravura", "Cumpriu seu dever militar". Claro, havia heróis, se for tomar a palavra "herói" no sentido estrito, por exemplo, alguém que numa batalha protegeu um amigo com o próprio corpo, carregou um comandante ferido para um lugar seguro... Mas eu sei que um dos nossos se intoxicou com drogas, outro tomou um tiro de um guarda quando entrou sorrateiramente no depósito de comida... Todos nós entrávamos no depósito... Nosso sonho era leite condensado com biscoito. Mas você não vai escrever sobre isso... Ninguém vai dizer o que está lá, debaixo da terra, qual verdade. Se vivemos, ganhamos condecorações, se morremos, viramos lendas — e assim está bom para todos.

A guerra é igual à vida daqui... É tudo a mesma coisa, só há mais mortes... Graças a Deus, agora tenho outro mundo, e ele cobriu aquele. É o mundo dos livros, da música, ele me salvou. Não foi lá, mas aqui que comecei a tentar entender: onde estive, o que aconteceu comigo e dentro de mim? Mas penso sozinho sobre isso, não vou aos clubes "afegãos". Não me imagino indo a uma escola e contando sobre a guerra, sobre como moldaram em mim, uma pessoa ainda não formada, um assassino e alguma outra coisa, que só queria comer e dormir. Eu odeio os "afegãos". Os clubes deles parecem o Exército. As mesmas brincadeiras do Exército: não gostamos de metaleiros — vamos lá, pessoal, vamos quebrar a cara deles! Vamos encher os veados de porrada! É desse pedaço da minha vida que quero me separar, e não me irritar com ele. Temos uma sociedade cruel... Ela vive segundo leis cruéis... Antes eu não reparava nisso.

Uma vez no hospital roubamos fenazepam... Era usado no tratamento dos doentes mentais... A dose era de um, dois comprimidos.... Uns tomaram dez, outros, vinte... Às três da madrugada uns foram para a cozinha lavar a louça. E já estava limpa. Outros ficaram sentados jogando cartas, sombrios... Um terceiro fez as necessidades no travesseiro... Um absurdo completo! Uma enfermeira fugiu horrorizada. Chamou o guarda.

Essa guerra ficou assim na minha memória. Por um lado, um absurdo completo... (*Fica calado.*) Do outro, fazíamos coisas lá que quem faz não vai para o céu...

Soldado, operador-apontador

— Tive gêmeos, dois meninos... Mas só ele sobreviveu...

Até os dezoito anos, até a maioridade, antes de chegar a convocação para o Exército, eu e ele estávamos no Instituto de Proteção da Maternidade. Por acaso é preciso mandar soldados assim para o Afeganistão? Minha vizinha me deu uma bronca, e com razão: "Não podia ter juntado uns 2 mil para dar de suborno?". Quem deu salvou o filho. E o meu foi mandado no lugar desse. Mas eu não entendia que precisava salvar meu filho com dinheiro, eu tentava salvá-lo com minha alma.

Fui ver o juramento dele. Vi que não estava pronto para a guerra, estava desnorteado. Eu e ele sempre fomos sinceros:

— Você não está pronto, Kólia. Vou fazer uma solicitação por você.

— Mamãe, não tente cuidar disso e não se humilhe. Você acha que alguém vai se comover porque eu não estou pronto? Quem aqui presta atenção a essas coisas?

Mesmo assim tentei conseguir uma audiência com o comandante do batalhão. Comecei a pedir:

— É meu único filho... Se acontecer algo com ele, não vou poder viver. Ele não está pronto. Estou vendo: não está pronto.

Ele reagiu com simpatia:

— Dirija-se ao seu centro de recrutamento. Se me mandarem um papel oficial, eu o direciono para dentro da União Soviética.

O avião de volta pousou à noite, e às nove da manhã eu já corri para o centro de recrutamento. O chefe do nosso centro era o camarada Goriatchev. Estava sentado falando ao telefone. Fiquei ali parada.

— O que foi?

Contei. Tocou o telefone. Ele pegou o gancho e disse para mim:

— Não vou escrever papel nenhum.

Implorei, fiquei de joelhos. Estava disposta a beijar as mãos dele.

— É o meu único filho...

Nem se levantou da mesa.

Eu estava saindo e pedia mesmo assim:

— Anote meu sobrenome...

De toda forma, eu tinha uma esperança: talvez ele pense nisso, talvez veja o processo do meu filho, não é feito de pedra, afinal. Passaram quatro meses. Lá eles fazem uns cursos acelerados de três meses, e meu filho já estava escrevendo do Afeganistão. Uns quatro meses... Só um verão...

Uma manhã, eu estava saindo para o trabalho... Estava descendo a escada, e eles vinham ao meu encontro... Três militares e uma mulher. Os militares iam na frente, e cada um trazia na mão o quepe meio dobrado. Não sei de onde eu sabia que isso era luto. Sinal de luto... Na hora não corri para baixo, mas para cima. E eles, pelo visto, entenderam que eu era a mãe. Também subiram... E então eu peguei o elevador para baixo... Eu precisava ir para a rua, escapulir! Me salvar! Não escutar nada! Nada! Até eu chegar no primeiro andar, o elevador parava, entravam outras pessoas — já estariam ali me esperando. Apertei o botão e fui para cima... Para o meu andar. Escutei que estavam entrando... Me escondi no quarto. E eles atrás de mim... Com o quepe nas mãos...

E um deles era Goriatchev, o chefe do centro de recrutamento... Enquanto tive forças, fui para cima dele feito um gato e gritei:

— Você está coberto de sangue do meu filho! Você está coberto de sangue do meu filho!

Ele, é verdade, ficou calado, eu queria até bater nele. Ficou calado. Depois já não lembro de mais nada...

Um ano depois senti vontade de encontrar outras pessoas. Antes disso fiquei totalmente só, como uma leprosa. Não estava certa: as pessoas não têm culpa. Mas na época eu achava que todos eles eram culpados pela morte do meu filho: a vendedora conhecida da padaria, o taxista desconhecido, Goriatchev, o chefe do centro de recrutamento — todos eram culpados. Eu não era atraída para essas pessoas, mas para quem era como eu. Nós nos conhecíamos no cemitério, perto dos túmulos. À tarde, depois do trabalho, uma mãe descia apressada do ônibus, outra já estava sentada ao lado da sua lápide, chorando, uma terceira enfeitava a cerca. Nossas conversas eram sobre a mesma coisa... Sobre os filhos... Só falávamos deles, como se estivessem vivos. Sei de cor todas essas conversas...

— Saí para a varanda: vi dois oficiais e um médico. Entraram na portaria. Olhei pelo olho mágico — para onde estavam se dirigindo? Pararam no nosso hall de entrada. Viraram à direita... Iam para os vizinhos?! Eles também tinham um filho no Exército... Ouvi a minha campainha... Abri a porta: "O que foi, meu filho morreu?". "Seja forte, mãe..."

— Para mim falaram diretamente: "Mãe, o caixão está na portaria. Onde botamos?". Eu e meu marido estávamos nos aprontando para ir ao trabalho... Estava no fogão fritando ovos. A chaleira apitava...

— Levaram, cortaram o cabelo. E depois de cinco meses trouxeram o caixão.

— O meu também foi em cinco meses...

— O meu foi nove...

— Perguntei a quem estava acompanhando o caixão: "Tem alguém aí dentro?". "Eu vi quando o puseram no caixão. Ele está aí." Olhei para ele, olhei, ele baixou a cabeça: "Tem algo aí".

— E cheiro, tinha? O nosso tinha...

— O nosso também. Até caíam no chão uns vermes branquinhos...

— O meu não tinha nenhum cheiro. Só de madeira fresca. Tábuas úmidas...

— Se o helicóptero queimou, então o recolheram em pedaços. Acharam um braço, uma perna... Reconheceram pelo relógio... Pelas meias...

— Com a gente, o caixão passou uma hora no pátio. Meu filho tinha dois metros de altura, era paraquedista. Trouxeram o sarcófago — um caixão de madeira e um segundo, de zinco... Não conseguiam dar a volta com ele na nossa portaria... Sete homens mal conseguiam levantá-lo...

— O meu, passaram dezoito dias para trazer... Encheram um avião inteiro deles... "Tulipa negra"... Primeiro levaram para os Urais, depois para Leningrado... Depois disso trouxeram para Minsk...

— Não me devolveram nem uma coisinha dele. Alguma lembrança que fosse... Ele fumava, deve ter deixado ao menos um isqueiro.

— Foi bom que não tenham aberto o caixão... Não vimos o que fizeram com nossos filhos. Tenho ele sempre vivo diante dos meus olhos. Inteirinho.

Assim ficávamos até o sol se pôr. Nos sentíamos bem ali porque ficávamos recordando nossos filhos.

Quanto vamos viver? Com uma dor dessas na alma não se vive muito. E com ressentimentos desses.

Me prometeram no Comitê Executivo Distrital:

— Vamos dar um novo apartamento para você. Escolha qualquer edifício na nossa região.

Achei um: de tijolos, e não concreto, planejamento novo e confortável para ir até o cemitério. Sem baldeação. Disse o endereço:

— O quê, ficou louca? Esse prédio é dos funcionários do Comitê Central, é para a elite do Partido.

— Quer dizer que o sangue do meu filho é assim tão barato?

O secretário do Comitê do Partido no nosso instituto era um homem bom, honesto. Não sei como ele foi parar no Comitê Central, mas ele foi lá pedir por mim. Depois ele só me disse:

— Se você soubesse o que me disseram. Falaram: "Ela está abatida pela dor, mas e você?". Por pouco não me expulsam do Partido.

Eu mesma tinha que ter ido. O que eles me responderiam? Hoje vou visitar meu filhinho... Encontrar as amigas... Os homens lutam na guerra, e as mulheres depois... Nós lutamos depois da guerra...

Mãe

— Eu era bobo... Dezoito anos... O que eu entendia? (*Cantarola.*)

De Tambov a Viena...
De Bordeaux a Kostromá —
Toda mulher ama um militar...

É uma canção dos hussardos... Eu gostava de mim mesmo com o uniforme militar, fico bem. As mulheres sempre gostam de um homem com uniforme militar. Era assim há cem anos, há duzentos. É assim hoje também.

Quando mostravam a guerra na televisão, eu não saía dali. Ficava animado com tiros, ficava animado com a morte, ficava animado, sim. Ficava animado e pronto. Fui para a guerra, e nos primeiros meses queria que diante dos meus olhos acontecesse um assassinato, eu poderia escrever sobre isso para um amigo. Eu era um bobo... Dezoito anos...

Do juramento militar:

Estarei sempre pronto para, por ordem do governo soviético, sair em defesa da minha pátria — a União das Repúblicas Socialistas Soviéticas —, e, como combatente das Forças Armadas da União Soviética, juro defendê-la com coragem, ousadia, mérito e honra, sem poupar meu sangue e minha própria vida para alcançar a completa vitória sobre os inimigos...

Para mim, o Afeganistão pareceu o paraíso... Antes eu só tinha visto algo parecido no *Klub kinoputechestvi* [Clube das cineviagens]*... pela televisão... Casas de argila batida, aves estranhas. Guirlandas de montanhas. Nunca tinha visto uma montanha. E camelos... Vi como crescem as laranjas... Que penduram minas nas árvores como se fossem laranjas (se uma antena engancha no galho, explode), isso eu soube depois. Levanta um vento "afegão", é um breu, na distância de um braço estendido você fica cego. Trazem o mingau, metade da panela é areia... Algumas horas depois — sai um solzinho e aparecem os picos das montanhas. Uma rajada de metralhadora ou tiro do lança-granadas, um disparo de um franco-atirador. Dois se vão. Parávamos, atirávamos. Seguíamos em frente. E de novo — sai um solzinho, as montanhas. O brilho de uma cobra que some nas areias. Um brilho de peixe... (*Fica pensando.*) Normalmente eu falo mal. Tenho dificuldade em falar... Hoje estou tentando... Na escola eu não tinha notas boas, e na guerra eu não era herói. Sou um menino simples da cidade. Cresci na rua, meus pais não tinham tempo para se dedicar à nossa educação. Fomos criados na escola e na rua. Não sei como responder às suas perguntas. Não consigo... Sou um homem mediano, nunca parei para pensar em grandes questões. Só me lembro de uma coisa... Mesmo se as balas estão assobiando ao seu lado, você ainda não imagina o que é a morte... Uma pessoa está deitada na areia, e você a chama... Você ainda não entendeu o que é a morte... É assim que ela é... Fui ferido na perna, não foi tão grave... Pensei: "Acho que estou ferido". Pensei com surpresa. Com um afastamento. A perna doía, mas eu ainda não acreditava que isso tinha acontecido justamente comigo. Ainda estava novinho em folha, ainda queria atirar. Os rapazes pegaram uma faca, cortaram o cano da bota — a bala tinha pegado uma veia. Puseram

* Programa de televisão soviético dedicado a divulgar o turismo.

um torniquete. Estava doendo, mas eu não podia mostrar que estava doendo, não me respeitaria como homem. Aguentei. Corria de tanque em tanque, uns cem metros — era alvo fácil. Estávamos sob fogo, as pedras se partindo, mas eu não podia falar que não ia correr ou que não ia me arrastar. Perderia o respeito por mim mesmo... Fiz o sinal da cruz... e corri... Fui mancando... Havia sangue nas botas, sangue em tudo. O combate ainda durou mais de uma hora. Saímos às quatro da manhã, e o combate terminou às quatro da tarde, nesse tempo todo não comemos nada. Minhas mãos estavam cobertas do meu próprio sangue, isso não me impediu de comer pão branco com essas mãos. Depois me informaram que um amigo meu havia falecido no hospital, foi atingido na cabeça por uma bala. Imaginei que, se ele tinha morrido, então dali a alguns dias na vistoria da noite alguém talvez respondesse por ele: "Igor Dachkó morreu no cumprimento de seu dever internacional". Ele era quieto, como eu, não era um herói, não ia na frente, mas mesmo assim ele não devia ter sido esquecido imediatamente, cortado das listas. Já não havia ninguém que se lembrasse dele além de mim... Decidi me despedir dele... Estava no caixão... Passei muito tempo olhando, observando, para depois me lembrar...

Em Tachkent... Não havia passagens no guichê. À noite, no trem, fizemos um acordo com os zeladores do vagão: demos cinquenta rublos cada, embarcamos e viajamos. Éramos quatro pessoas e dois zeladores, cada um recebeu cem rublos. O pessoal fazia seus negócios. A gente não dava a mínima! Estávamos rindo à toa, fervendo por dentro: "Estamos vivos! Estamos vivos!".

Em casa, abri a porta... Peguei um balde e cruzei meu pátio para buscar água. Cruzei meu pátio!

Recebi uma condecoração de guerra — uma medalha — na faculdade. Depois apareceu um artigo no jornal: "A medalha encontrou o herói". Achei engraçado, como se rastreadores vermelhos estivessem procurando por mim e já tivessem se passado quarenta anos desde a guerra. E eu não disse que fomos para lá para que nas terras afegãs despontasse a aurora da Revolução de Abril. Mas escreveram isso...

Antes do Exército eu amava caçar. Tinha um sonho: terminar o serviço, ir para a Sibéria e lá virar caçador, profissionalmente. Eu era um bobo... Dezoito anos... E agora? Fui caçar com um amigo, ele atirou num ganso, depois vimos a ave ferida. Fui correndo atrás do ganso... Meu amigo atirava... E eu corria para pegá-lo vivo. Não queria matar...

Eu era... um menino... O que entendia? Lia muitos livros de guerra, lá escrevem bonito. Mas não tenho nada para contar...

(*Estou me preparando para ir embora. Inesperadamente, ele abre a geladeira, pega uma garrafa de vodca, enche meio copo e bebe de um trago.*)

Para a puta que pariu essa vida! Essa guerra! Minha mulher me disse: "Você é um fascista!", e foi embora. Levou nossa filha. Tudo o que eu inventei aqui para você é besteira! Historinha! Não sou conhecedor de mulheres e de como se organiza o mundo... Na guerra eu pensava: "Quando eu voltar me caso". Voltei e me casei. (*Serve-se de mais vodca.*) Vodca... Livros e vodca... Aí está escondido o segredo da alma russa, pode procurar aí a base do patriotismo russo. Acreditamos em palavras, esses rabiscos no papel... "Você é um fascista!", e foi embora. Malditas sejam as múmias do Krémlin! Eles precisavam da revolução mundial... Mas eu só tenho uma vida... Uma vida! Eu me lembro dos olhos de um cachorro ao lado de um soldado morto. E-e-e... Múmias dos infernos! Ontem tive um sonho... As pessoas se comportavam como se fossem munição leve e agiam como se fossem munição. Caíam bombas... Não sei que bombas eram essas — todo mundo morto, e os ônibus e as coisas inteiros... Absolutamente! E-e-e... Eu amo! Eu a amo... Não conheci outras mulheres... Estou me lixando para a guerra! Heróis? Heróis são gente feito o resto: uns mentirosos, sovinas e bêbados. Não invente heróis. Não crie... É melhor escrever sobre amor... Qual é o cheiro da guerra? E-e-e... É o cheiro de assassinato, e não de morte. A morte tem outro cheiro... (*Serve mais vodca.*) Para a dama não vou oferecer vodca e sim vinho, droga, não tenho, não tomo vinho. Pelo amor! Os próprios afegãos não tinham medo da morte... Se não têm medo da morte, para que matá-los? Qual é o sentido? Os rapazes de Riazan, das vilas perdidas da Sibéria... Decidimos que, se eles não tinham banheiro e papel higiênico em casa (eles se limpam com pedrinhas), então são inferiores a nós. Nós inventamos tudo isso para que fosse mais fácil matá-los...

Eu contava tudo isso a ela. Será que foi para nada? Claro que foi para nada... Devia ter feito o papel de herói... Mas eu contava que matar uma pessoa é tão simples quanto matar um pato numa caçada. Você aponta, mira e aperta o gatilho. Da primeira vez atirando eu fechei os olhos, depois olhei. Já estou bêbado... Posso... E-e-e... Vou dizer... Que queria uma mulher o tempo todo... Era imprevisível, droga... A pessoa se comporta na guerra de um jeito imprevisível... Se eu tivesse voltado como herói, minha esposa não teria me abandonado. Perdemos a guerra. O país desmoronou. Por que as mulheres vão respeitar os homens? Droga! Fiquei bêbado... *Pardon*, madame escritora. Queria a verdade? Aí está a verdade... Morrer é fácil, viver é que é difícil. Ah, quer dizer... Bem, como... O morto está ali, e do bolso cai um monte de cheques. Estava juntando para a vida, para ter uma bela vida. Eu era um bobo... Um bobo... Mas a guerra... Lá há muita coisa bonita... O fogo é bonito... Um *kichlak* estava em chamas — queimava, as pessoas fugiam e desamarravam, soltavam seus animais. Quando voltaram... Não havia casas... Os animais saíam correndo das ruínas de argila, e as pessoas os abraçavam, choravam, chamavam pelo nome: "Você está viva! Você está vivo!". (*Tenta pôr o copo na mesa, mas ele cai.*) Pare! Fique de pé! Filho da puta, fique de pé! *Pardon*, madame… Eu bebo, você mesma está vendo — eu bebo. Vou beber enquanto não esquecer… Não esquecer a guerra… A minha esposa… Sou dos que bebe pouco… Bebo, mas é pouco… Aí ela foi embora… Aguentou cinco anos… Eu trouxe flores para ela, em cada bolso havia um buquê de campainhas--brancas. As primeiras! Estou bêbado… E-e-e… Os caixões eram cheios de aberturas, feito caixas de frutas… No quartel… Na parede havia um cartaz sobre a inquebrantável amizade soviético--afegã… Isso! Será que minha esposa vai voltar? Vou largar a bebida… (*Pega a garrafa nas mãos.*) Livros e vodca… Os dois mistérios russos… Agora leio muito. Quando você vive sem amor, surge muito tempo. E não vejo televisão… Bobagem! Escreva, madame… Escreva… E por que as mulheres estão escrevendo sobre guerra, cadê os homens? Cacete! Precisa conhecer a guerra… Esse conhecimento não vem dos livros, não vem do que eu vi, ele já estava comigo antes. Veio de algum lugar…

De amor não entendo nada, para mim as mulheres são mais difíceis de entender do que a guerra. Não tem nada mais terrível do que o amor…

Soldado, tanquista

— Quem lhe disse que as pessoas não amam a guerra? Quem lhe disse isso…?

Não fui sozinho para o Afeganistão… Fui com minha cadela Tchara… Você grita: "Morta!", e ela cai. "Feche os olhos", e ela cobre o focinho e os olhos com as patas. Se eu não estava bem, se estava muito aflito, ela se sentava ao meu lado e chorava. Nos primeiros dias fiquei mudo de empolgação por estar lá. Desde a infância era muito doente, não me aceitavam no Exército. Mas como assim? Sou um rapaz e não servi no Exército? Uma vergonha. Iam rir de mim. O Exército é a escola da vida, ali a gente vira homem. Entrei no Exército. Comecei a escrever solicitações para que me mandassem para o Afeganistão.

— Lá você vai bater as botas no segundo dia — me assustavam.

— Não, tenho que ir para lá. — Eu queria provar que era igual a todos.

Escondi dos meus pais onde estava servindo. Desde os doze anos tenho uma inflamação dos nódulos linfáticos, e eles, claro, chamariam todos os médicos. Escrevi que estavam me mandando para a RDA.* Só informei o número do correio de campanha, disse que era uma unidade secreta, não podia dizer o nome da cidade.

Trouxe minha cadela e meu violão. Na seção especial perguntaram:

— Como veio parar aqui?

— Foi assim… — e contei quantas solicitações mandei.

— Não pode ser que você mesmo tenha pedido. O quê, está louco?

Nunca tinha fumado. Tive vontade de começar a fumar.

Vi os primeiros mortos: pernas cortadas bem na altura da virilha, um buraco na cabeça…. Me afastei e caí… Pois é… Que herói! À minha volta havia areia e mais areia. Não cresce nada além de espinheiro. Num primeiro momento eu me lembrava de casa e da minha mãe, depois só pensava em água. Um calor de cinquenta graus, a pele se fundia com a metralhadora. Vivia com as mãos vermelhas, queimadas. Minha lembrança preferida… Uma alucinação… De que estávamos de licença na União Soviética e saboreando um sorvete cremoso até a garganta ficar dormente. Depois do combate havia um cheiro de fritura… Dizem: "A alma! A alma!". Mas na guerra a alma é algo abstrato, lá a pes-

---

* República Democrática Alemã, a Alemanha Oriental.

soa se transporta para outra situação. Os sonhos eram pesados... Eu acordava o tempo todo com uma gargalhada selvagem. Às vezes alguém até chamava pelo meu nome... Abria os olhos e lembrava: guerra! Estou na guerra! De manhã... As pessoas tomam banho, fazem a barba... Brincadeiras, zoações, piadas: jogar água nas calças de alguém... Quando estamos em campanha, o sono é curto — duas, três horas, o melhor é cair na patrulha no começo da noite, já que de manhã é o sono mais profundo. O turno da manhã ainda precisa fazer o chá. Em campanha preparávamos a comida na fogueira. A ração de campanha: duas latas de duzentos gramas de mingau com carne, uma latinha de patê, torradas ou biscoitos, dois pacotes de açúcar (como no trem) e um pacotinho de chá. Raramente davam carne em lata, e era uma lata para várias pessoas. Você fazia amizade com alguém, e na panela dele esquentavam a carne com mingau, na sua ferviam o chá.

Uma noite, alguém pegou a metralhadora de um morto... Encontraram quem tinha sido. Um soldado nosso. Tinha vendido no *dukan* por 80 mil afeganes. Mostrou as compras: dois aparelhos de som, uns jeans. Nós mesmos queríamos matá-lo, estraçalhá-lo, mas ele estava sob guarda. Foi a julgamento, ficou calado. Chorou. Nos jornais escreviam sobre as nossas "façanhas". Ficávamos indignados. Mas é um mistério: voltei para casa, passaram-se dois anos, leio o jornal, encontro algo sobre as "façanhas" — e acredito.

Lá, parecia que eu voltaria para casa e ia refazer tudo na minha vida. Mudar. Muitos voltam, se separam, casam de novo, vão embora para outro lugar. Um vai para a Sibéria construir oleodutos, outro entra para os bombeiros. Vão para onde tem risco. Já não conseguem se satisfazer com existir em vez de viver. Lá eu vi pessoas queimadas... No começo ficam amarelas, só os olhos brilham, e quando a pele se solta, ficam cor-de-rosa. E a subida nas montanhas? É assim: a metralhadora — claro; equipamento de combate duplicado — uns dez quilos de munição, uns tantos quilos de granada, mais uma mina para cada pessoa — isso já dá mais uns dez quilos; colete à prova de balas, ração seca — no total, de todos os lados tem uns quarenta quilos pendurados em você, se não mais. Vi com meus próprios olhos um homem ensopado de suor como se tivesse ficado embaixo de um toró. Vi uma casca alaranjada no rosto petrificado de um morto... Por algum motivo estava laranja... Vi amizade, covardia... Baixeza... Mas, por favor, não fale mal... Tenha cuidado... Agora há muita... Muita calúnia. Mas por que ninguém devolveu a carteirinha do Partido? Ninguém deu um tiro na testa quando estávamos lá? E você? O que você fez, escritora famosa, quando nós estávamos lá? (*Quer terminar a conversa, mas depois muda de ideia.*) Estava escrevendo um livro... É? E vendo TV...

Voltei... Minha mãe, como se eu fosse pequeno, tirou minha roupa, apalpou tudo: "Está inteirinho, querido". Por fora estava inteirinho, por dentro queimava. Para mim, tudo era ruim: sol forte era ruim, música alegre era ruim, a risada de alguém era ruim. Tinha medo de ficar sozinho em casa, dormia com os olhos entreabertos. No meu quarto havia os mesmos livros, fotos, aparelho de som, violão. Só eu que... Não estava... Não conseguia passar pelo parque — ficava olhando para trás. No café, o garçom parava atrás de mim: "Qual é o pedido?". E eu ficava a ponto de dar um pulo e sair correndo, não podia ter ninguém parado atrás de mim. Se via um pobre coitado, só tinha um pensamento: "Fuzilar!". Lá eu podia me aproximar de qualquer pessoa e esfaquear feito uma galinha... E a guerra anula tudo. Lá eu tinha que fazer coisas diretamente opostas ao que é exigido na vida de paz. E aqui precisei me esquecer de todos os hábitos adquiridos na guerra. Atiro muito bem, lanço granadas no alvo. Quem precisa disso aqui? Lá tínhamos a sensação de que havia algo a ser defendido. Estávamos defendendo nossa pátria, nossa vida. Já aqui — um amigo não pode emprestar três rublos: a esposa não permite. Que amigo é esse?

Entendi que não somos necessários em casa. Não precisam do que vivemos. É supérfluo, incômodo. E nós também somos supérfluos, incômodos. Logo depois do Afeganistão trabalhei como serralheiro no conserto de automóveis, como instrutor no Comitê Regional do Komsomol. Fui embora. O mesmo atoleiro em todo lugar. As pessoas estão preocupadas com salários, datchas, carros, linguiças. Da gente ninguém quer saber. Se nós mesmos não defendêssemos nossos direitos, essa guerra seria desconhecida. Se não fôssemos tantos, centenas de milhares, seríamos calados, como na sua época calaram o Vietnã, o Egito... Lá todos odiávamos os *dukhi* em conjunto. Agora quem vou odiar para ter amigos?

Eu fui ao centro de recrutamento, pedi para ser mandado para alguma "zona quente"... E lá está cheio de outros como eu — gente com o cérebro revirado pela guerra.

De manhã você acorda e fica contente se não se lembra dos sonhos. Não conto meus sonhos para ninguém, mas eles voltam... Os mesmos sonhos...

É como se eu estivesse dormindo e visse um grande mar de gente... Todos ao lado da nossa casa... Olho em volta, está apertado, mas por algum motivo não consigo me levantar. Então entendo que estou deitado num caixão... Um caixão de madeira, sem o invólucro de zinco. Lembro bem disso... Mas estou vivo, lembro que estou vivo, mas estou num caixão. O portão se abre, todos saem para a rua e me levam para fora. Uma multidão, todos com cara de dor e também algum êxtase misterioso... Não entendo... O que aconteceu? Por que estou no caixão? De repente a procissão para, e escuto alguém falando: "Me dê o martelo". Então me vem um pensamento: estou sonhando... De novo alguém repete: "Me dê o martelo"... É como se fosse realidade e sonho ao mesmo tempo… E pela terceira vez alguém diz: "Me dê o martelo". Escuto algo como que batendo na tampa, o martelo bate, um prego cai no meu dedo. Começo a bater na tampa com a cabeça, os pés. De novo, e a tampa se quebra, cai. As pessoas olham — eu me levanto, estou levantado até a cintura. Quero gritar: estou com dor, por que estão pregando tábuas com pregos?, não consigo respirar. Eles choram, mas não me dizem nada. Estão todos como que mudos… Nos rostos há êxtase, um êxtase misterioso… Invisível… E eu o vejo… Eu o adivinho… E não sei como começar a falar com eles para que me escutem. Parece que estou gritando, mas meus lábios estão comprimidos, não consigo abri-los. Então me deito de volta no caixão. Fico deitado pensando: eles querem que eu morra, talvez eu tenha de fato morrido e precise ficar calado. Alguém diz de novo: "Me dê o martelo"…

Soldado, comunicações

TERCEIRO DIA

"NÃO VOS VOLTAREIS PARA OS NECROMANTES NEM CONSULTAREIS OS ADIVINHOS"

No princípio, Deus criou o céu e a terra [...]
Deus chamou à luz "dia", e às trevas "noite". Houve uma tarde e uma manhã: primeiro dia.
Deus disse: "Haja um firmamento no meio das águas e que ele separe as águas das águas", e assim se fez [...]
E Deus chamou ao firmamento "céu". Houve uma tarde e uma manhã: segundo dia.
Deus disse: "Que as águas que estão sob o céu se reúnam num só lugar, e que apareça o continente", e assim se fez [...]
A terra produziu verdura: ervas que dão semente segundo sua espécie, e árvores que dão, segundo sua espécie, frutos contendo sua semente [...]. Houve uma tarde e uma manhã: terceiro dia.

O que estou procurando nas Sagradas Escrituras? Perguntas ou respostas? Que perguntas e que respostas? Quanto há de humano no ser humano? Uns pensam que muito, outros afirmam que pouco. Sob a fina camada de cultura logo se revela o animal. Então, quanto?

Ele podia ter me ajudado, meu personagem principal... Mas está há muito tempo calado...

Inesperadamente, à noite, uma ligação:

— Foi tudo uma idiotice? Sim? É assim que fica? Entende o que isso significa para mim? Para nós? Quando fui para lá, eu era um rapaz soviético normal. A pátria não ia nos trair! A pátria não ia nos enganar! Não se pode proibir a loucura de um louco... Uns dizem: saímos do purgatório; outros: de uma fossa de lixo. Que a peste recaia sobre suas duas casas!** Quero viver! Quero amar! Logo vai nascer meu filho... Vou dar a ele o nome de Alióchka — é o nome de um amigo falecido. Depois vou ter uma filha, também quero uma filha, será Alionka... Não fomos covardes! Não enganamos vocês! Chega, basta! Não vou ligar mais... Para mim essa história acabou. Vou sair dela... Não vou me matar com um tiro nem me jogar da varanda de cabeça. Quero viver! Amar! Sobrevivi pela segunda vez... Da primeira vez lá, na guerra, da segunda vez aqui. Chega! Adeus!*

Desligou.

Mas eu ainda passo muito tempo conversando com ele... Escuto...

A autora

— Pendure uma tábua nas lápides, entalhe nas pedras que foi tudo em vão! Entalhe nas pedras, para que dure séculos...

Ainda estávamos morrendo lá e já estavam nos julgando aqui. Levavam os feridos para a União Soviética e desembarcavam nos fundos do aeroporto, para que as pessoas não notassem. Não soubessem... Será que nenhum de vocês imaginou: por que de-

---

* Referência a *A súplica ou Plegaria*, de Daniil Zatóchnik, texto do século XIII.
** Referência a *Romeu e Julieta*.

pois do serviço militar, em tempos de paz, jovens voltam com a condecoração da Estrela Vermelha e medalhas por bravura e pelos serviços em guerra? Por que traziam caixões e inválidos? Ninguém fazia essas perguntas... Eu não escutava... Escutava outras... Em 1986 vim de férias, me perguntavam: estão se bronzeando, pescando, ganhando muito dinheiro? Os jornais ficavam calados ou mentiam. A televisão também. Somos invasores, escrevem agora. Se éramos invasores, por que dávamos comida a eles, distribuíamos remédios? Quando entramos no *kichlak* eles ficam alegres... Quando saímos, eles também ficam alegres... Eu não entendia isso, por que estavam sempre alegres?

Um ônibus passando... Mulheres e crianças sentadas até no teto. Paramos: revista! Um tiro seco de pistola — um combatente meu cai de cara na areia... Viramos de barriga para cima: a bala tinha acertado o coração... Eu estava a ponto de jogar uma granada em todos eles... Revistamos: não encontramos a pistola e nenhuma outra arma. Cestas de frutas, chaleiras de cobre para vender. Só mulheres e *batcha* no ônibus, como ciganinhos. Mas meu combatente caiu de cara na areia...

Pendure uma tábua nas lápides, entalhe nas pedras que foi tudo em vão!

Estávamos andando como sempre... De repente, perdi a capacidade de falar por alguns minutos... Foi um certo pressentimento... Queria gritar: "Parem!", mas não conseguia. Continuei andando... Uma explosão! Por algum tempo... Por um instante... Perdi a consciência, depois vi que estava no fundo de uma cratera. Me arrastei. Não sentia dor... Só não tinha forças para me arrastar, todos me ultrapassavam... Tinha que me arrastar uns quatrocentos metros, todos me ultrapassavam... Depois alguém disse primeiro: "Vamos sentar. Já estamos seguros". Queria sentar como todos, e... então vi que não tinha pernas... Puxei a metralhadora, queria me matar com um tiro! Tiraram a metralhadora de mim... Alguém disse: "O major está sem pernas... Que pena do major...". Quando escutei a palavra "pena", senti uma dor por todo o corpo... Uma dor tão terrível que comecei a uivar...

Até hoje tenho o hábito de andar sempre pela estrada. Pelo asfalto. Não ando numa trilha na floresta... Tenho medo de andar pela grama... A grama de primavera perto da nossa casa é macia, e mesmo assim tenho medo.

No hospital militar, os que não tinham as duas pernas pediam para ir para a mesma enfermaria. Reuniram quatro pessoas... Ao lado de cada leito havia duas pernas de madeira, ao todo oito pernas de madeira... Em 23 de fevereiro, Dia do Exército Soviético,* uma professora trouxe suas alunas pequenas para nos ver, traziam flores. Queriam nos parabenizar. Elas ficaram paradas, chorando. Por dois dias ninguém na enfermaria tocou na comida. Ficamos calados.

Um recebeu a visita de um parente, trouxe uma torta para nós:

— Foi tudo em vão, pessoal! Em vão! Mas não tem problema: vocês vão receber uma pensão, vão assistir televisão o dia inteiro.

— Se manda! — Voaram quatro muletas para cima dele.

Depois tirei um outro da forca no banheiro... Enrolou o pescoço com um lençol, quis se pendurar na alça da janelinha... Tinha recebido uma carta da namorada: "Sabe, os 'afegãos' saíram de moda...". E ele não tinha as duas pernas...

Pendure uma tábua nas lápides, entalhe nas pedras que foi tudo em vão! Diga isso aos mortos...

Major, comandante de uma companhia
de artilharia de montanha

---

* Nesse dia, comemoram-se as Forças Armadas com paradas militares. Com o fim da União Soviética, o feriado foi transformado em Dia do Defensor da Pátria, mas continua sendo celebrado.

* * *

— Voltei de lá com o sentimento de que queria passar muito tempo sentada na frente do espelho... E escovando o cabelo... Queria ter um filho. Lavar fraldas, escutar choro de criança. Mas os médicos não permitiam: "Seu coração não aguenta esse peso". Eu não obedeci... Foi difícil dar à luz minha filha... Fizeram cesariana porque tive um princípio de infarto. "Mas ninguém vai entender", recebi uma carta de uma amiga no hospital, "que nós voltamos doentes. Vão dizer: você não tem nenhuma ferida..."

E certamente ninguém vai acreditar em como tudo começou para mim... Foi na primavera de 1982... Convocaram a mim, uma estudante por correspondência da universidade (estava no terceiro ano da faculdade de letras), no centro de recrutamento:

— Precisamos de enfermeiras no Afeganistão. O que você acha? Vai receber um soldo e meio. Mais os cheques.

— Mas estou estudando.

Depois de terminar o ensino técnico de medicina eu tinha trabalhado como enfermeira, mas sonhava com outra profissão: queria ser professora escolar. Uns encontram a vocação imediatamente; eu me enganei da primeira vez.

— Você é do Komsomol?

— Sim.

— Pense.

— Quero estudar.

— Aconselhamos que pense. Senão, vamos ligar para a universidade e dizer que *komsomolka* você é. A pátria está solicitando...

No avião de Tachkent para Cabul, ao meu lado estava sentada uma moça que voltava das férias:

— Trouxe um ferro de passar? Não? E um fogãozinho elétrico?

— Estou indo para a guerra.

— Ah, entendi, mais uma boba romântica. Leu livros de guerra demais...

— Não gosto de livros de guerra.

— Então por que está indo?

Esse maldito "por que" iria me perseguir lá pelos dois anos inteiros.

E é verdade — por quê?

O que se chamava de zona de transferência se revelou uma longa série de tendas. Na tenda "Refeitório" alimentavam as pessoas com o escasso trigo-sarraceno e vitaminas Undevit.

— Você é uma moça bonita. Por que está aqui? — perguntou um oficial mais velho.

Comecei a chorar.

— Alguém a ofendeu?

— O senhor me ofendeu.

— Eu?

— Hoje o senhor é o quinto que me pergunta por que estou aqui.

De Cabul para Kunduz fui de avião, de Kunduz para Faizabad de helicóptero. Com quem quer que falasse sobre Faizabad, diziam: está louca? Lá atiram, matam, enfim: adeus! Vi o Afeganistão do alto, é um país grande e bonito: montanhas como as nossas, rios montanheses como os nossos (eu havia estado no Cáucaso), vastidões como as nossas. Me apaixonei!

Em Faizabad me tornei enfermeira cirúrgica. Era responsável pela barraca "Sala de Cirurgia". Todo o batalhão médico se dividia em barracas. Brincávamos: "Pus a perna para fora da cama, já estou no trabalho". A primeira cirurgia foi numa ferida na artéria subclavicular de uma velha afegã. Onde estavam as pinças vasculares? Faltavam pinças. Segurei com os dedos. Precisava de material de sutura... Você pegava uma bobina com linha, depois outra, e todas elas se desfaziam em pó. Pelo visto estavam nos depósitos desde a outra guerra, desde 1941.

Mas salvamos a afegã. À noite, eu e o cirurgião demos uma olhada no hospital. Queríamos saber como ela estava se sentindo. Estava deitada de olhos abertos, nos viu... Começou a mexer os lábios... Pensei: quer dizer algo. Agradecer. Mas ela queria cuspir em nós... Na época eu não entendia que eles tinham direito ao ódio. Por algum motivo, esperava amor da parte deles. Parei petrificada: nós a salvamos, e ela...

Traziam os feridos de helicóptero. Quando você escutava o barulho de helicóptero, saía correndo.

A coluna do termômetro parava na marca de quarenta graus... Quarenta graus acima de zero! Chegava a cinquenta... Não dava para respirar na cirurgia. Eu mal conseguia limpar o suor dos cirurgiões com um lencinho de papel, eles ficavam em cima das feridas abertas. Por um tubinho de conta-gotas enfiado por debaixo da máscara, alguém da equipe médica "não estéril" dava algo para eles beberem. Faltava sangue para a transfusão. Chamavam um soldado. Ele se deitava na mesa e doava sangue... Dois cirurgiões. Duas mesas... E só eu de enfermeira cirúrgica... Os clínicos serviam de assistentes. Eles não entendiam o conceito de esterilidade. Eu corria de uma mesa para outra. De repente, sobre uma das mesas uma lâmpada se apagou. Alguém foi e rosqueou com a luva estéril.

— Fora daqui!

— O que foi?

— Fora!

Na mesa de cirurgia havia um homem... Estava com a caixa torácica aberta...

— Fora!

Ficávamos um dia inteiro na mesa de operação, acontecia de ficar até dois. Às vezes levavam feridos, às vezes inesperadamente eles começavam a atirar em si mesmos — atiravam no próprio joelho ou lesionavam os dedos. Um mar de sangue... Faltava algodão...

Os que decidiam atirar em si mesmos eram desprezados. Até nós, da equipe médica, dávamos bronca neles. Eu dava bronca:

— O pessoal está morrendo e você quer a mamãe? Machucou o joelhinho... Prendeu o dedinho... Estava com esperança de ser mandado para a União Soviética? Por que não deu um tiro na cabeça? Eu, no seu lugar, teria dado um tiro na cabeça.

Juro, eu falava assim! Na época achava que eles eram covardes desprezíveis, só agora fui entender que isso talvez fosse um protesto, o desejo de não matar. Mas só agora estou começando a entender isso.

Em 1984... Voltei para casa... Um conhecido me perguntou, indeciso:

— O que você acha: devíamos estar lá?

Fiquei indignada:

— Se não estivéssemos lá, os americanos estariam. Somos internacionalistas.

Como se eu pudesse provar algo com isso.

É surpreendente como refletíamos pouco lá. Víamos nosso pessoal ferido, mutilado, queimado. Víamos e aprendíamos a odiar. Não aprendíamos a pensar. Subia no helicóptero... Perdia o ar com aquela beleza! O deserto tem sua beleza, a areia não está morta, ela se move, está viva. As montanhas eram extensas, cobertas por papoulas ou por alguma outra flor que eu não conhecia... Mas eu já não conseguia admirar aquela beleza. Já não conseguia admirar de todo o coração. Eu gostava mais de maio, que queimava com o calor, e então eu olhava para a terra vazia, seca, com um sentimento de satisfação rancorosa: é isso que vocês merecem. Por causa de vocês estamos aqui morrendo, sofrendo. Eu sentia ódio!

Não me lembro dos dias... Lembro das feridas... Feridas de arma de fogo, de explosão de minas... Os helicópteros pousavam um atrás do outro. Traziam as pessoas em macas... Deitadas, cobertas com lençóis, e no branco se espalhava uma mancha vermelha...

Estou pensando... Fico me perguntando... Por que só me lembro da parte terrível? Havia amizade, ajuda mútua. Havia heroísmo também. Será que aquela velha afegã me impede? Me deixa abatida... Nós a salvamos, mas ela queria cuspir no nosso rosto. Depois entendi... Ela havia sido trazida de um *kichlak* pelo qual haviam passado nossas forças especiais... Não havia sobrado ninguém vivo, só ela. De todo o *kichlak*. E se for pegar desde o começo, daquele *kichlak* haviam atirado e abatido dois dos nossos helicópteros. Depois apunhalaram os tripulantes do helicóptero... E se formos mais longe, bem mais longe... Não refletíamos: quem foi o primeiro, quem vai ser o último? Só lamentávamos pelos nossos...

Mandaram um dos nossos médicos para as missões. Ele voltou da primeira vez, chorou:

— Por toda a vida me ensinaram a curar. Mas hoje eu matei... Por que os matei?

Um mês depois, estava analisando os próprios sentimentos tranquilamente:

— Você atira e se empolga: vai, toma!

À noite vinham ratos para cima da gente... Cobríamos as camas com uma cortina de gaze. As moscas tinham o tamanho de uma colher de chá. Nos acostumamos com as moscas. Não existe animal menos exigente do que o ser humano. Não existe!

As meninas secavam escorpiões como lembrança. Uns bichos gordos, grandes, ficavam "pousados" sobre alfinetes, como broches, ou pendurados num fiozinho. E eu me dedicava à "tecelagem". Pegava cabos de paraquedas com os pilotos e tirava os fios, depois esterilizava. Com esses fios nós costurávamos as feridas, suturávamos. Quando voltei das férias, levei uma mala de agulhas, pinças, material de sutura. Uma louca! Levei um ferro de passar, para no inverno não ter que secar o avental úmido no corpo. E um fogãozinho elétrico.

À noite, enrolávamos bolas de algodão de toda a enfermaria, lavávamos e secávamos curativos de gaze. Vivíamos como uma só família. Já tínhamos o pressentimento de que, quando voltássemos, seríamos uma geração perdida. Pessoas inúteis. Quando começaram a vir faxineiras, bibliotecárias, diretoras para os alojamentos, no começo ficamos perplexos: para que uma faxineira para dois, três módulos, ou uma bibliotecária para duas dezenas de livros puídos? Por que estavam mandando milhares de mulheres para aquela guerra? Para quê? Bom, você entende... Não vou explicar de forma sofisticada... Numa linguagem culta... Mas, falando com simplicidade, era só para uma coisa... Para acalmar os homens... Nós mesmas nos afastávamos dessas mulheres, mesmo que elas não tivessem culpa de nada.

Eu amei alguém lá... Tive um amor ali... Ainda está vivo... Mas enganei meu marido quando me casei, disse que o homem que amei havia sido morto. Não foi... Nós é que matamos nosso amor...

— E você viu um *dukh* ao vivo? — me perguntaram em casa.

— Tinha cara de bandido e um punhal entre os dentes, não é?

— Vi. Era um moço bonito. Formado no Instituto Politécnico de Moscou.

Pois meu irmão mais novo imaginava algo saído de *Khadji-Murát*, de Tolstói.

— Por que vocês trabalhavam dois, três dias seguidos? Podiam trabalhar oito horas e ir descansar.

— Como assim? Não está entendendo?

Não entendem... Mas eu sei que em lugar nenhum vou ser tão necessária como ali. Vou para o trabalho, leio livros, lavo roupa. Escuto música. Aqui tudo é pela metade... A meia-voz...

Enfermeira

— Tive dois filhos, dois meninos queridos...

Foram crescendo: um grande, outro pequeno. O mais velho, Sacha, entrou para o Exército, e o mais novo, Iura, estava no sexto ano.

— Sacha, para onde vão mandar você?

— Para onde a pátria mandar, eu vou.

Falei para o mais novo:

— Iura, veja só o irmão que você tem!

Chegou uma carta. Iura correu até mim com ela:

— Vão mandar nosso Sacha para a guerra?

— Na guerra as pessoas matam, filhinho.

— Mãe, você não entende. Ele vai voltar com uma medalha por bravura.

Uma noite, ele e os amigos estavam brincando no pátio; guerreavam contra os *dukhi*:

— Ta-ta... Ta-ta... Ta-ta...

Quando voltou para casa:

— O que acha, mãe, a guerra vai terminar antes de eu completar dezoito anos?

— Queria que fosse antes.

— Nosso Sacha teve sorte: vai ser um herói. Queria que eu tivesse nascido antes, e ele depois.

... Trouxeram a malinha de Sacha, nela havia calções azuis, uma escova de dentes, um pedaço de sabão usado e a saboneteira. Um atestado de identificação.

— Seu filho morreu no hospital.

Parece um disco dentro da minha cabeça... As palavras dele: "Para onde a pátria mandar, eu vou...".

Trouxeram e levaram o caixão, como se não tivesse nada dentro.

Quando eles eram pequenos, eu chamava: "Sacha!", os dois corriam; eu chamava: "Iura", um e outro respondiam.

Passei a noite chamando:

— Sacha! — o caixão em silêncio, pesado, de zinco. De manhã, levantei os olhos e vi o mais novo. — Iúrotchka, onde você estava?

— Mãe, quando você grita eu tenho vontade de fugir para o fim do mundo.

Tinha se escondido na casa dos vizinhos. Fugiu do cemitério, por pouco não o encontramos.

Trouxeram as condecorações de Sacha: duas ordens e uma medalha por bravura.

— Iura, veja que medalha!

— Estou vendo, mãe, mas nosso Sacha não...

Faz três anos que meu filho se foi, e não sonhei com ele nenhuma vez. Ponho as calças dele debaixo do travesseiro, a camiseta:

— Apareça no meu sonho, filhinho. Venha fazer uma visita.

Não vem. Que erro cometi com ele?

Da janela de nossa casa veem-se uma escola e o pátio. As crianças brincam ali — guerreiam contra os *dukhi*. Eu só escuto:

— Ta-ta... Ta-ta... Ta-ta...

À noite, eu me deito e peço:

— Apareça no meu sonho, filhinho. Venha fazer uma visita.

E uma vez sonhei com o caixão... A janelinha estava no lugar da cabeça, grande... Eu me inclinava para dar um beijo... Mas quem estava ali? Não era meu filho... Era alguém moreninho... Um menino afegão, mas parecido com Sacha... Primeiro eu pensava: foi ele que matou meu filho... Depois me vinha uma ideia: mas ele também está morto. E alguém o matou. Eu me inclinava e beijava pela janelinha... Acordei com medo: onde estou? O que está acontecendo comigo?

Quem veio?... Que mensagem trouxe?...

Mãe

— Dois anos... Cheio até o pescoço... Esquecer... Que pesadelo! Não estive lá! Não estive!

Mas mesmo assim eu estive lá...

Terminei o instituto militar... E, depois de passear durante as férias, no verão de 1986 fui a Moscou e, como indicado na ordem escrita, compareci ao estado-maior de um importante estabelecimento militar. Não foi tão simples encontrá-lo. Entrei no escritório de autorizações, disquei um número de três dígitos:

— Alô. Coronel Sazonov — responderam do outro lado da linha.

— Saudações, camarada coronel! Estou às suas ordens! Encontro-me no escritório de autorizações.

— Ah, sei, sei... Já sabe para onde vai ser mandado?

— Para a República Democrática do Afeganistão. Segundo informações prévias, para a cidade de Cabul.

— Achou inesperado?

— De jeito nenhum, camarada coronel.

Haviam passado cinco anos botando isso na nossa cabeça: todos vocês vão para lá. Assim, eu podia responder honestamente para o coronel, de alma limpa: "Estou há cinco anos inteiros esperando por esse dia". Se alguém imagina a partida de um oficial para o Afeganistão como preparativos rápidos ao primeiro chamado, um adeus masculino comedido à esposa e aos filhos e embarque num avião roncando nas brumas do amanhecer, está enganado. O caminho para a guerra requer vários preparativos burocráticos:

além da ordem, a metralhadora e a ração seca, também é necessário um certificado comprovando que "entende corretamente a política do partido e do governo", passaporte de serviço, vistos, atestados e prescrições, certificado de vacina, declaração da alfândega, cartões de embarque. E só depois disso você sobe no avião e, ao se afastar da terra, escuta o grito do capitão bêbado: "Adiante! Vamos para as minas!".

Os jornais informavam: "A situação político-militar na República Democrática do Afeganistão continua complexa e contraditória". Os militares afirmavam que a retirada dos seis primeiros regimentos devia ser avaliada apenas como um passo de propaganda. Sobre a retirada completa das tropas soviéticas não havia nem discussão. "Não antes que acabe o nosso prazo" — disso ninguém que havia voado comigo duvidava. "Adiante! Vamos para as minas!" — gritava já no meio do sono o capitão bêbado.

Pois então, sou paraquedista. Ali mesmo me esclareceram que o Exército se dividia em duas partes: paraquedistas e diesel. Não consegui estabelecer a etimologia da palavra "diesel".* Muitos soldados, alferes e unidades de oficiais fazem tatuagens nas mãos. Elas não têm muita diferença umas das outras, em geral são um IL-76 e a cúpula do paraquedas embaixo. Também há variações. Por exemplo, encontrei um tema lírico: nuvens, pássaros, o paraquedista sob a cúpula do paraquedas e uma legenda comovente: "Ame o céu". Do código de regras tácito dos paraquedistas: "O paraquedista só fica de joelhos em dois casos: diante do cadáver de um amigo e para beber água de um riacho".

Minha guerra começou...

— Em fila! Sentido! A ordem é marchar pelo trajeto: do ponto de localização permanente — o Comitê Local do Partido de Bagram — até o *kichlak* de Chevani. Velocidade ao longo do traje-

---

* Na gíria dos soldados, tropas terrestres de veículo.

to: dada pelo veículo de vanguarda. Distância a depender da velocidade. Senhas: eu sou "Frese", o restante será o número de bordo do veículo de cada um. Não soltem as metralhadoras. Descansar! — era o ritual habitual antes da saída de nosso destacamento.

Pulei no meu BRDM, um pequeno blindado ligeiro. Ouvi de nossos conselheiros que seu apelido é "Bali-Bali". "Bali", traduzido do afegão, é "sim". Quando os afegãos conferem o microfone, como o nosso tradicional "um, dois, um, dois", dizem "bali, bali". Como tradutor, me interesso por tudo o que está relacionado com a língua.

— Salto! Salto! Sou "Frese". Chegamos!

Atrás de um muro de pedra baixa havia uma casinha térrea de tijolos, coberta de jornais. Uma tabuleta vermelha: Comitê Local do Partido. No terraço, o camarada Galman nos esperava. Estava vestido com um uniforme militar soviético.

— *Salam aleikum, rafik* Lagman.

— *Salam aleikum. Tchetour asti. Djor asti. Khair khairiat asti?* — ele soltou de uma vez todo o palavreado da saudação afegã, que significa que seu interlocutor se interessa por sua saúde. Não é necessário responder a essas perguntas, pode-se apenas responder a mesma coisa.

O comandante não perdeu a oportunidade de mandar sua frase preferida.

— *Tchetour asti? Khub asti?* No Afeganistão você é bobo-asti.

Ao escutar essas frases incompreensíveis, o camarada Lagman ficou olhando para mim perplexo.

— Um ditado popular russo — esclareci.

Nos chamaram para o gabinete. Numa bandeja, serviram chá em chaleiras metálicas. O chá para os afegãos é parte obrigatória da hospitalidade. Sem chá, o trabalho não começa, a conversa de negócios não acontece: recusar o chá é como não estender a mão ao encontrar alguém.

No *kichlak* fomos recebidos pelos mais velhos e pelos *batcha*, sempre sem banho (eles não dão banho nos pequenos, segundo a Xaria uma camada de sujeira protege dos ataques do mal), vestidos com o que havia. Como eu falava parse, cada um considerou necessário se convencer dos meus conhecimentos. Sempre vinha a pergunta: que horas são? Respondi, e isso despertou uma tempestade de êxtase (se respondeu, quer dizer que realmente sabe parse e não está fingindo).

— Você é muçulmano?

— Sou muçulmano — brinquei.

Eles precisavam de provas.

— Sabe o *kalima*?

Kalima é uma fórmula especial que, quando você a pronuncia, se converte ao islamismo.

— *La ilaha illallah Muhammad-ur rasul Allah* — declamei.

— Não há Deus além de Alá, e Maomé é seu profeta.

— *Dost! Dost* (amigo)! — os *batcha* murmuravam, estendendo as mãozinhas magricelas em sinal de reconhecimento.

Mais de uma vez me pediram para repetir essas palavras, me levavam até os amigos e murmuravam encantados: "Ele sabe o *kalima*".

Dos aparelhos de transmissão de som, que os próprios afegãos chamavam de "Alla Pugatchova",* já saíam melodias populares afegãs. Os soldados penduravam nos automóveis a propaganda visual: bandeiras, cartazes, lemas, desenrolavam uma tela — agora vamos passar um filme. Os médicos montavam mesinhas, punham nelas caixinhas de remédio.

A assembleia se abriu. Adiante saiu o mulá com uma longa capa branca e turbante branco. Leu uma sura do Corão. Depois

---

* Alla Pugatchova (1949-), cantora russa de música pop, muito famosa nos anos 1980-90.

de terminar a sura, ele se dirigiu a Alá com o pedido de proteger todos os fiéis do mal universal. Dobrando os cotovelos, ergueu as palmas das mãos para o céu. Todos, e nós também, repetimos esses movimentos com ele. Depois do mulá, o camarada Lagman discursou. Um discurso muito longo. É uma das particularidades dos afegãos. Todos sabem e amam falar. Há um termo na linguística — coloração emocional. Pois o discurso afegão não é apenas colorido, mas é tonalizado com metáforas, epítetos, comparações. Os oficiais afegãos mais de uma vez me contaram seu espanto ao ver que nossos funcionários políticos conduzem a aula segundo o que está nos papéis. Nas assembleias do Partido, reuniões, atos, eu escutava nossos professores com aqueles mesmos papéis, o mesmo léxico: "na vanguarda do amplo movimento comunista", "ser um constante exemplo", "transformar a vida incansavelmente", "juntamente com os sucessos ocorrem algumas falhas" e até "alguns camaradas não entendem". Quando cheguei ao Afeganistão, os comícios eram iguais aos nossos, havia muito tempo tinham se tornado obrigatórios, as pessoas iam para fazer o exame médico ou receber um saquinho de farinha. Haviam sumido as ovações e gritos amigáveis de *zaido bod* — "viva!" — com os punhos levantados, que invariavelmente acompanhavam todas as falas naqueles tempos, quando o povo ainda acreditava naquilo de que tentávamos convencê-los — o radiante auge da Revolução de Abril. No brilhante futuro comunista.

Os *batcha* não escutavam os discursos, eles queriam saber que filme ia passar. Nós, como sempre, passávamos dois desenhos animados em inglês e dois documentários em parse e pachto. Ali amavam filmes indianos ou filmes nos quais há muita briga e tiros.

Depois do cinema veio a distribuição de presentes. Tínhamos levado sacos de farinha e brinquedos para as crianças. Demos ao presidente do *kichlak* para que ele distribuísse entre os mais pobres e as famílias dos mortos. Depois de jurar publicamente que tudo seria como manda o figurino, ele e o filho começaram a arrastar os sacos para casa.

— O que acha, ele vai distribuir? — o comandante do destacamento se preocupou.

— Acho que não. Os locais se aproximaram e avisaram que é corrupto. Amanhã vai estar tudo nos *dukans*.

Comando:

— Tudo nos conformes. Preparar para a partida.

— O 112º está pronto para a partida... O 305º está pronto... O 307º...

Os *batcha* se despediram de nós com uma chuva de pedras. Uma me acertou. "Do povo afegão agradecido", falei.

Estávamos voltando para a unidade por Cabul. Alguns *dukans* estavam pintados com inscrições em russo: "A vodca mais barata", "Qualquer mercadoria por qualquer preço", "Loja Irmãozinho para os amigos russos". Os comerciantes insistiam em russo para que entrássemos: "camisas", "doce de leite", "tênis com velcro", "lurex listrado branco e azul". Nas prateleiras havia nosso leite condensado, ervilhas, nossas garrafas térmicas, chaleiras elétricas, colchões, cobertores...

Faz tempo que voltei para casa... Sonho com Cabul... Nas encostas das montanhas pendem casas de argila. Escurece. Acendem-se as luzes dentro delas. De longe, parece que você tem um arranha-céu enorme à sua frente. Se eu não tivesse estado lá, não adivinharia imediatamente que é só uma ilusão de óptica...

Voltei, e um ano depois saí do Exército. Nunca viu como brilha uma baioneta à luz da lua? Não? Eu não conseguia mais ver isso...

Saí do Exército e entrei na faculdade de jornalismo. Quero escrever... Leio o que outros escrevem...

— Sabe o *kalima*?

— *La ilaha illallah Muhammad.*

— *Dost! Dost!*

Soldados com fome... Distróficos... Todo o corpo coberto de furúnculos. Avitaminose. E os *dukans* abarrotados de comida russa. As pupilas de alguém morrendo por estilhaços perdidos que giram furiosamente...

Nosso oficial ao lado de um afegão enforcado. Sorrindo.

O que faço com isso? Estive lá... Vi isso, mas ninguém escreve a respeito... É como uma ilusão de óptica... Se não estiver escrito, é como se não tivesse acontecido. Aconteceu ou não aconteceu?

Primeiro-tenente, tradutor militar

— Me lembro de algumas poucas coisas soltas. Individuais. Minhas.

Voamos umas duzentas pessoas no avião. Duzentos homens. Alguém dentro da massa, em grupo, no rebanho, e um indivíduo sozinho são pessoas diferentes. Eu voava e pensava no que iria ver lá... no que saberia... A guerra é um mundo novo...

A recomendação do comandante:

— Subindo a montanha. Se você despencar, não grite. Caia em silêncio, como uma pedra "viva". Só assim é possível salvar os colegas.

Quando você olha de um rochedo alto, o sol está tão perto que parece que se pode pegá-lo com as mãos. Tocar.

Antes do Exército li o livro *Vospominanie o kamne* [Recordações da pedra], de Aleksandr Fersman. Lembro que me impressionaram as palavras: a vida da pedra, a memória da pedra, a voz da pedra... O corpo da pedra... O nome da pedra... Não entendia que era possível falar sobre a pedra como um objeto animado. E então se revelou para mim que é possível passar muito tempo olhando para uma pedra, como para a água ou para o fogo.

Das lições do sargento:

— Deve-se atirar um pouco à frente do animal, senão ele escapa da sua bala. E numa pessoa correndo também...

— Fica vivo quem atira primeiro. Primeiro, p...ra! Entenderam? Se entenderam, vão voltar, e toda a mulherada vai ser de vocês!

Se havia medo? Havia. Os sapadores têm medo nos primeiros cinco minutos. Os pilotos de helicóptero, enquanto correm para o veículo. Nós, da infantaria, enquanto ninguém atira primeiro...

Uma vez, estávamos andando para as montanhas... Tínhamos andado desde a manhã até tarde da noite. O cansaço era tamanho que dava enjoo, fazia vomitar. No começo as pernas pareciam de chumbo, depois os braços. Os braços começavam a tremer nas articulações.

Um caiu:

— Não consigo. Não vou me levantar!

Em três, levantamos o rapaz e o arrastamos.

— Me soltem, pessoal. Atirem em mim!

— Seu puto, a gente até atiraria... Mas você tem mãe esperando em casa...

— Atirem!

Beber! Beber! A sede atormentava. Já na metade do caminho todos estavam com os cantis vazios. A língua saía, ficava pendurada, você não conseguia pôr para dentro. De alguma forma a gente ainda dava um jeito de fumar. Subíamos a montanha até chegar à neve, procurávamos onde havia neve derretida — e bebíamos das poças, roíamos o gelo. Todo mundo se esquecia dos comprimidos de cloro. Que ampola de permanganato o quê? Você rastejava e lambia a neve... Uma metralhadora disparando atrás, e você bebendo da poça... Você engasgava, ou então te matavam e não teria bebido o suficiente. Um morto jogado com o rosto na água parecia estar bebendo.

Agora sou como um observador externo... Olho para aquela época... Como eu era? Não respondi à sua questão principal: como fui parar no Afeganistão? Eu mesmo pedi para que me enviassem para apoiar a vontade revolucionária do povo afegão. Na época passavam na televisão, falavam no rádio, escreviam nos jornais sobre a revolução... A estrela vermelha começava a brilhar no Oriente! Devíamos ajudar, oferecer um ombro fraterno... Comecei a me preparar para a guerra de antemão. Pratiquei esportes. Aprendi caratê... Bater no rosto pela primeira vez não é simples. Até estalar. É preciso passar na frente do diabo — e zás!

O primeiro morto... Um menino afegão, de uns sete anos... Estava caído com os braços abertos, como se estivesse dormindo. Ao lado dele, a barriga aberta de um cavalo imóvel... De alguma forma sobrevivi, talvez porque eu lesse muitos livros de guerra.

Nossas músicas "afegãs" me vêm à memória. Você está apressado para ir ao trabalho e de repente começa a balbuciar:

Diga, para que e para quem eles deram a vida?
Por que o pelotão saiu ao ataque sob uma chuva de balas?

Você olha em volta — tomara que ninguém tenha escutado! Vão pensar que você está pancada, ou que voltou de lá sequelado. (*Canta.*)

O Afeganistão, uma região bela, selvagem, montanhosa.
A ordem é simples: levante-se, vá e morra...

Voltei e passei dois anos enterrando a mim mesmo nos sonhos... Ou senão acordava horrorizado: não tenho com o que atirar!

Meus amigos perguntavam: recebeu condecorações? Teve ferimentos? Atirou? Quando eu tentava compartilhar o que tinha sentido, não havia nenhum interesse. Passei a beber... Bebia sozinho... O terceiro brinde era por aqueles que morreram... Por Iurka... Mas eu podia ter salvado Iurka... Ter segurado... Estávamos internados juntos no hospital militar... Eu tinha um arranhão no ombro e uma lesão, mas ele tinha perdido uma perna... Havia muita gente internada sem pernas, sem braços. Fumavam, soltavam piadinhas. Lá eles estavam bem. Mas não queriam vir para a União Soviética, pediam para ficar por último, para que os deixassem. Na União Soviética começaria outra vida. Iurka, no dia de ser enviado para o aeroporto, cortou os pulsos no banheiro...

Eu tentava convencê-lo (jogávamos xadrez à noite):

— Iurka, não perca o ânimo. E Aleksei Meréssiev? Leu *Um homem de verdade*?*

— Tenho uma namorada muito bonita me esperando...

Às vezes odeio todos os que encontro na rua... Ainda bem que na alfândega tomam as armas, as granadas... Fizemos nossa obrigação, agora podem nos deixar para lá? E esquecer Iurka?

À noite, acordo e não consigo compreender: estou aqui ou lá? Aqui vivo como um observador externo... Tenho esposa, um filho. Abraço os dois e não sinto nada, beijo os dois e não sinto nada. Antes eu gostava das pombas. Gostava da manhã. Dou o que quiser, mas devolvam minha alegria...

Soldado, atirador

— Minha filha chegou da escola e disse:

— Mãe, ninguém acredita que você esteve no Afeganistão.

---

* Romance do escritor soviético Boris Polevói (1908-81), baseado na história real do piloto Aleksei Meréssiev, que perdeu as duas pernas durante a Segunda Guerra.

— Por quê?

Perguntam:

— Quem mandou sua mãe para lá?

Ainda não me acostumei com a vida de paz... Eu aproveito... Mas não me acostumei que não se atire, não se abra fogo, que seja possível abrir uma torneira e beber um copo de água que não cheire a cloro. Lá o pão tem cloro, os bolinhos têm cloro, o macarrão, o mingau, a carne e a compota vêm com cloro. Já estou há dois anos em casa: lembro quando reencontrei minha filha, o resto não me ficou na memória, é tão pequeno, insignificante em comparação com o que vivi por lá. Ah, compramos uma mesa nova para a cozinha, uma televisão... E o que mais aconteceu aqui? Nada. Minha filhinha está crescendo... Ela escreveu para a unidade de comando do Afeganistão: "Devolvam minha mãe mais rápido, estou com muita saudade...". Tirando minha filha, depois do Afeganistão nada me interessa.

Lá os rios são tão azuis, é fantástico... A água é azul! Nunca pensei que a água podia ter aquela cor. Cresciam papoulas vermelhas como aqui crescem margaridas, tufos de papoulas no sopé das montanhas. Camelos altos e orgulhosos olhavam tranquilamente para tudo, como velhos. Um burrinho se explodiu numa "antipedestre" (mina), estava puxando uma carroça de laranjas para a feira. Ficou caído chorando de dor... Nossa enfermeira fez um curativo nele...

Maldito seja, Afeganistão!

Depois dele não consigo viver tranquilamente. Viver como todos. Voltei... No começo as vizinhas e as amigas vinham visitar e sempre pediam:

— Vália, vamos passar na sua casa um minutinho. Conte, como era a louça lá? Como eram os tapetes? É verdade que lá é cheio de objetos e eletrônicos? Gravadores, *walkmen*... O que você trouxe? Está pensando em vender?

Trouxemos mais caixões de lá do que gravadores. Esquece-ram-se deles.

Maldito seja, Afeganistão!

Minha filhinha está crescendo… Meu apartamento tem um quarto, é pequeno. Lá me prometiam: quando você voltar para casa, vão lhe agradecer por tudo. Fui ao Comitê Executivo Local, pegaram meus papéis.

— Você foi ferida?

— Não, voltei inteira. Por fora, inteira, mas o que está por dentro não dá para ver.

— Bem, vá viver como todos. Não fomos nós que a mandamos para lá.

Na fila do açúcar:

— Voltaram de lá carregados de coisas e aqui descolam privilégios…

Puseram seis caixões de uma vez: o major Iachenko, um tenente e soldados… Estavam enrolados em lençóis brancos… Não se viam as cabeças, não havia… Nunca achei que homens podiam gritar, soluçar daquele jeito… Fiquei com as fotografias… No local de morte deixavam obeliscos de grandes estilhaços de bombas, gravavam os sobrenomes nas pedras. Os *dukhi* os jogavam nos abismos. Fuzilavam os monumentos, explodiam para que não ficasse nenhum vestígio nosso…

Maldito seja, Afeganistão!

Minha filha cresceu sem mim. Dois, três anos numa escola--internato. Quando eu voltei, a professora lamentava: ela só tira nota 3. Como eu ia conversar com ela? Já tinha ficado grande.

— Mãe, o que vocês faziam lá?

— Lá, as mulheres ajudavam os homens. Eu conhecia uma mulher que disse a um homem: "Você vai viver". E ele viveu. "Você vai andar", e ele andou. Antes disso ela tirou dele uma carta que tinha escrito para a esposa: "Quem precisa de mim sem pernas?!

Esqueça de mim". Ela disse a ele: "Escreva: 'Oi, querida esposa e queridos Állotchka e Aliochka...'".

Como fui para lá? O comandante me chamou: "É preciso!". Fomos criados com essas palavras, estamos acostumados. No quarto da transferência havia uma moça jovem deitada num colchão descoberto, chorando:

— Em casa tenho tudo: um apartamento de quatro quartos, um noivo, pais que me amam.

— Por que veio?

— Disseram que a vida aqui é difícil. É preciso!

De lá, eu não trouxe nada além de lembranças.

Maldito seja, Afeganistão!

Essa guerra nunca vai acabar para mim... Minha filha ontem voltou da casa de amigos:

— Mãe, quando eu falei que você esteve no Afeganistão, uma menina não sei por que começou a rir...

O que respondo?

Alferes, chefe do serviço secreto

— A morte é terrível, mas há coisas piores... Não diga diante de mim que somos vítimas, que foi um erro. Não pronuncie essas palavras na minha frente. Não permito.

Combatíamos bem, com coragem. Por que nos tratam assim? Eu beijava o estandarte como se fosse uma mulher. Tremendo. Fomos criados assim, quando você beija o estandarte é sagrado. Amávamos a pátria, acreditávamos nela. Pois é, pois é... (*Tamborila os dedos na mesa nervosamente.*) Ainda estou lá... Quando um cano de escape "atira" debaixo da janela sinto um pânico animalesco. O barulho de um vidro quebrado... Na hora a cabeça fica vazia, vazia, tenho um vazio estridente dentro da cabeça. O toque do telefone é como se estivessem atirando em algum lugar... Não quero apagar tudo isso, não consigo passar por cima das minhas noites insones. Dos meus tormentos. Não consigo esquecer o frio na espinha no calor de cinquenta graus...

... Estávamos nos veículos em movimento e berrávamos canções a plenos pulmões. Gritávamos, provocávamos as meninas, do caminhão eram todas bonitas. Estávamos alegres. Apareciam uns covardes:

— Vou recusar... Melhor a prisão do que a guerra.

— Pois tome — batíamos neles. Nós os humilhávamos, eles até fugiam da unidade.

O primeiro morto eu arrastei para fora da escotilha. Ele disse: "Quero viver...", e morreu. Pois é, pois é... Depois do combate é insuportável olhar para algo belo. As montanhas, o desfiladeiro lilás na névoa... Uma ave elegante... Você quer fuzilar tudo! Eu atirava... Atirava para o céu! Ou então fica quietinho, quietinho, fica carinhoso. Um conhecido levou muito tempo para morrer. Estava deitado feito uma criança que acabou de aprender a falar, nomeava e repetia tudo que os olhos encontravam: "Montanhas... Árvore... Pássaro... Céu...". Foi assim até o fim...

Um jovem *sarandoi*, o policial deles:

— Vou morrer, Alá vai me levar para o céu. E você, para onde vai?

Para onde vou?!

Fui para o hospital. Meu pai veio me ver em Tachkent:

— Depois da ferida você pode ficar na União Soviética.

— Como vou ficar aqui se meus amigos estão lá?

Ele era comunista, mas ia à igreja, acendeu uma vela.

— Por que está fazendo isso, pai?

— Preciso pôr minha fé em algo. A quem me resta pedir que você volte?

Ao meu lado ficava um rapaz. A mãe dele veio de Duchban para vê-lo, trouxe frutas, conhaque:

— Quero que meu filho fique em casa. A quem peço?

— Venha, mãe, vamos beber esse conhaque à nossa saúde, é melhor.

— Quero deixar meu filho em casa...

Bebemos todo o conhaque dela. Uma caixa inteira. No último dia escutamos que tinham descoberto uma úlcera de estômago em um dos que estavam na nossa enfermaria, ele seria internado no batalhão médico. Vendido! Apagamos a cara dele da nossa memória.

Para mim é preto ou branco. Não tem cinza. Nada de meio--tom.

Não acreditávamos que em algum lugar chovesse o dia inteiro, aquela chuva de fazer brotar cogumelo. Que os mosquitos ainda zumbiam sobre a água. Só havia montanhas queimadas e ásperas... Areia que queimava, ardia... Pois é, pois é... E sobre ela, como sobre um grande lençol, estavam jogados nossos soldados ensanguentados... Todas as partes masculinas deles cortadas fora... Um bilhete: suas mulheres nunca vão ter filhos deles...

E você me diz para esquecer?!

Estávamos voltando: um trazendo um gravador japonês, outro riscando um isqueiro musical, e algum outro com um tecido de algodão e uma maleta vazia.

Combatíamos bem, com coragem. Fomos recompensados com condecorações... Dizem que reconhecem a nós, os "afegãos", mesmo sem as medalhas, pelos olhos:

— Rapaz, você é do Afeganistão?

E eu vestindo um casaco soviético, botas soviéticas...

Soldado, comunicações

— E se ela estiver viva?

Talvez ela esteja viva, minha menina, mas em algum lugar distante... Mesmo assim eu fico feliz, esteja onde estiver, o importante é que esteja viva. É o que acho, é o que eu queria, queria muito! Aí uma vez tive um sonho... Que ela voltava para casa... Pegava uma cadeira e se sentava no meio do quarto... Tinha os cabelos longos, muito bonitos, se espalhavam sobre os ombros. Ela os afastava com a mão e dizia: "Mamãe, por que você fica me chamando o tempo todo? Sabe que eu não posso vir te ver. Aqui eu tenho marido, dois filhos... Tenho uma família...".

E no sonho eu me lembrei na hora: quando ela foi enterrada, passou, talvez, um mês, e eu pensei — e se ela não tiver sido morta, mas capturada? Isso me confortou. Às vezes eu andava com ela pela rua, e as pessoas se voltavam para olhá-la. Ela é alta, e aqueles cabelos escorriam... Essa era a confirmação de que minha hipótese estava correta. Ela está viva em algum lugar...

Sou médica, por toda a vida considerei que essa é uma profissão sagrada. Eu a amava muito, por isso influenciei minha filha. Agora eu me amaldiçoo. Se ela não tivesse essa profissão, teria ficado em casa e vivido. Agora eu e meu marido somos só nós dois, não temos mais ninguém. É vazio, terrivelmente vazio. À noite ficamos vendo televisão. Calados, às vezes não soltamos uma palavra por toda a noite. Só quando começam a cantar: eu choro, e meu marido solta um gemido — e aí vai. Você não imagina o que acontece aqui, dentro do peito... De manhã a gente tem que ir para o trabalho e não consegue se levantar. Tamanha é a dor! Às vezes penso que não vou levantar e sair. Vou ficar deitada... Vou ficar deitada para que me levem para ela. Que me chamem...

Tenho uma inclinação para a imaginação e estou o tempo todo com ela, nos meus sonhos nada se repete. Eu até leio junto com ela... Só que agora leio livros sobre plantas, animais, estrelas. Sobre gente não gosto, sobre coisas de humanos... Quando chegou a primavera... Pensei que a natureza ia me ajudar. Fomos para os arredores da cidade... As violetas floresciam, nas árvores as folhinhas estavam nascendo. Comecei a gritar... Tanta beleza natural e alegria de viver tiveram um efeito sobre mim... Comecei a ter medo da passagem do tempo, ele tira de mim a lembrança dela. Os detalhes somem. As palavras... O que ela dizia, como sorria... Peguei os fios de cabelo dela de um casaco, pus numa caixinha. Meu marido perguntou:

— O que está fazendo?

— Me deixe. Ela se foi.

Às vezes estou em casa, pensando, e de repente escuto claramente: "Mamãe, não chore". Olho em volta: não há ninguém. Continuo a recordar. E ela jaz ali... A cova já está cavada, a terra já está pronta para recebê-la. Estou de joelhos diante dela: "Minha filhinha querida! Minha filhinha amada! Como é que isso foi acontecer? Onde você está? Para onde foi?". Mas ela ainda está comigo, mesmo que esteja no caixão. Logo vai estar na terra.

Eu me lembro daquele dia... Ela voltou do trabalho e me disse:

— Hoje, o chefe da equipe médica me chamou. — E ficou calada.

— E aí? — Eu ainda não tinha escutado a resposta à minha pergunta, mas já estava incomodada.

— Chegou ao nosso hospital uma ordem de enviar uma pessoa para o Afeganistão.

— E aí?

— Precisam justamente de uma enfermeira cirúrgica. — Ela trabalhava como enfermeira cirúrgica na cardiologia.

— E aí? — Eu tinha esquecido de todas as outras palavras, repetia a mesma coisa.

— Eu concordei.

— E aí?

— Alguém tem que ir de qualquer jeito. E eu quero ir aonde as coisas estão difíceis.

Todos já sabiam, e eu também, que havia uma guerra, corria

sangue. Comecei a chorar, mas não podia dizer "não". Ela teria olhado para mim com severidade:

— Mamãe, como é mesmo o juramento de Hipócrates?

Ela passou alguns meses preparando os documentos. Trouxe e mostrou as referências. Ali havia as palavras: "Entende bem a política do Partido e do governo". E eu ainda não acreditava em nada daquilo.

Eu falo sobre ela... E me sinto mais leve. Como se ela estivesse aqui... Amanhã vou enterrá-la... Ela ainda está comigo... Será que ela está viva em algum lugar? Eu só queria saber: como está agora? Os cabelos dela estão longos? Até mesmo: que casaco está usando? Tudo isso me interessa...

Minha alma se fechou de vez... Não quero ver as pessoas. Amo ficar sozinha... Fico com ela, com minha Svétotchka, e então converso. Basta alguém entrar, e tudo se destrói. Não quero deixar ninguém entrar nesse mundo. Minha mãe vem do campo me ver, mas nem com ela quero compartilhar. Só uma vez uma mulher veio me ver... Do meu trabalho... Eu não a deixava sair, ficamos aqui até a madrugada... O marido dela já estava preocupado que o metrô ia fechar... O filho dela tinha voltado do Afeganistão... Tinha ficado que nem uma criança pequena: "Mãe, vou assar uma torta com você... Mãe, vou com você na lavanderia...". Ele tinha medo de homens, só fazia amizade com meninas. Ela correu para o médico. O médico disse: "Aguente, vai passar". Agora essas pessoas me são as mais próximas, as mais queridas. Eu poderia ficar amiga dela, dessa mulher. Mas ela não veio mais me ver, ela olhava para o retrato de Svétotchka e chorava o tempo todo...

Mas eu queria me lembrar de outra coisa... Do que é que eu queria lembrar? Ah! De quando ela veio de férias pela primeira vez... Não, também de quando nos despedimos dela, quando ela foi embora... Os amigos de escola e os colegas de trabalho foram à estação de trem. E um cirurgião mais velho se inclinou e beijou as mãos dela: "Nunca mais vou ver mãos como estas".

Voltou de férias. Magrinha, pequena. Dormiu por três dias. Acordava, comia e dormia. De novo se levantava, comia e dormia.

— Svétotchka, como você está por lá?

— Tudo bem, mãe. Tudo bem.

Ficava sentada em silêncio e sorria quietinha para si mesma.

— Svétotchka, o que aconteceu com suas mãos? — Eu não reconhecia as mãos dela, parecia que ela tinha cinquenta anos.

— Há muito trabalho por lá, mãe. E eu lá posso pensar nas minhas mãos? Imagine: estávamos nos preparando para a operação, lavamos as mãos com ácido fórmico. Um médico se aproximou e me disse: "O que está fazendo? Não tem pena dos seus rins?". Ele estava pensando nos meus rins... E as pessoas morrendo ali perto... Mas não se preocupe. Estou satisfeita, lá precisam de mim.

Ela foi embora três dias mais cedo:

— Desculpe, mãe, no nosso batalhão médico ficaram só duas enfermeiras. Há médicos o suficiente, mas poucas enfermeiras. As meninas estão sobrecarregadas. Como posso não ir?

Pediu à avó, que ela amava muito e logo ia completar noventa anos: "Só não morra. Espere por mim". Fomos ver a avó na datcha. Ela estava ao lado de uma grande roseira, e Svétotchka lhe pediu: "Só não morra. Espere por mim". A avó foi e cortou todas as rosas para ela. Foi embora com esse buquê.

Era preciso se levantar às cinco da manhã. Eu a acordei, e ela me disse: "Mãe, dormi tão mal. Acho que agora nunca durmo o suficiente". No táxi ela abriu a mala e lamentou: "Esqueci a chave do nosso apartamento. Não tenho chave. E se eu voltar e você não estiver em casa?". Depois achei a chave, numa saia antiga dela. Queria mandar numa encomenda, para que ela não se preocupasse. Para que ela tivesse as chaves de casa.

E se ela estiver viva? Andando por algum lugar, sorrindo... Alegrando-se com as flores... Ela amava rosas... Vou ver a avó:

ela ainda está viva, porque Sveta pediu: "Só não morra. Espere por mim". Acordo à noite... Há um buquê de rosas sobre a mesa... Ela as cortou à tarde... Duas xícaras de chá...

— Por que não está dormindo?

— Eu e Svetlanka (ela sempre a chamava de "Svetlanka") estamos tomando chá.

No sonho eu a vejo e digo a mim mesma: vou lá dar um beijo nela, se estiver quente é porque está viva. Vou, dou um beijo — e está quente. Isso significa que está viva!

Será que ela está viva em algum lugar? Em outras paragens...

No cemitério, estava sentada diante do túmulo dela. Passaram dois militares. Um parou:

— Ai! É a nossa Sveta. Veja... — Reparou em mim: — A senhora é a mãe dela?

Me joguei em cima dele:

— Você conhecia a Svétotchka?

Ele se voltou para o amigo:

— Ela teve as duas pernas arrancadas num bombardeio. E morreu.

Então dei um grito alto. Ele se assustou:

— A senhora não sabia de nada? Me perdoe! Perdão! — e fugiu.

Não o vi mais. E não procurei.

Outra vez, estava sentada diante do túmulo. Passou uma mãe com os filhos. Escutei:

— Que raio de mãe é essa? Como ela pôde, nos nossos tempos, deixar a única filha ir para a guerra (na lápide está entalhado "única filha")? Entregar a menina?...

Como eles ousam, como podem? Ela fez um juramento, era a enfermeira que tinha as mãos beijadas por cirurgiões. Ela foi salvar as pessoas, o filho deles.

Gente, grito do fundo da alma, não virem as costas para mim! Fiquem comigo perto do túmulo. Não me deixem só...

Mãe

— Afeganistão, filho de uma...! Afeganistão... Um amigo pega um jornal, lê: "Soldados soviéticos libertados... Deram entrevista a jornalistas ocidentais..." — e um palavrão.

— O que foi?

— Eu mandaria todos para o paredão. E fuzilaria pessoalmente.

— Por acaso não cansou de ver sangue? Não acha que chega?

— De traidor eu não sinto pena. Nós explodimos braço, perna, e eles em Nova York olhando os arranha-céus... Falando na "Voz da América"...

E lá ele era meu amigo... A gente cantava: "Uma bisnaga de pão, também pela metade". (*Fica calado.*)

— Odeio! Odeio!

— Quem?

— O que você não entendeu? Perdi meu amigo: aqui, não na guerra... (*Escolhe as palavras.*) Não tenho mais ninguém... Não tenho outros amigos... Agora todos debandaram, foi cada um pra sua toca. Ganhar a vida.

Afeganistão, filho de uma...! Era melhor ter morrido. Na escola que frequentei pendurariam uma plaquinha em minha memória... Fariam de mim um herói... Os meninos sonham em ser heróis. Eu não queria... As tropas já haviam sido enviadas para o Afeganistão, mas eu não sabia de nada. Não me interessava por isso. Naquela época tive meu primeiro amor, fiquei louco... Agora tenho medo de tocar em mulheres, até de manhã quando ando no trólebus cheio... Entende? Para mim, nada dá certo com as mulheres... Minha namorada foi embora... Meu amor... Morei com ela por dois anos... Naquele dia eu tinha queimado a chaleira... Ela estava queimando, e eu fiquei sentado olhando como escurecia, isso acontece comigo. Desligo totalmente, saio da realidade. Ela voltou do trabalho, sentiu o cheiro:

— O que você queimou?

— A chaleira.

— Já é a terceira...

— E você sabe como é o cheiro do sangue? Depois de duas ou três horas tem cheiro de sovaco suado. É desagradável do mesmo jeito... O cheiro do fogo é melhor...

Ela trancou a porta a chave e foi embora. Passou um ano e não voltou. Passei a ter medo delas. Elas... As mulheres são pessoas totalmente diferentes. Totalmente estranhas. Por isso ficam infelizes conosco. Elas te escutam, fazem que sim e não entendem nada.

— Que "bom dia" o quê? Você gritou de novo. Mais uma vez, gritou a noite toda — ela chorava de manhã.

Mas eu não contei tudo para ela... Não contei sobre o êxtase dos pilotos de helicóptero quando soltavam as bombas. O pessoal tirava onda: como é bonito o *kichlak* queimando... Especialmente à noite... Um ferido caído — um soldado nosso. Morrendo. E chamava a mãe ou a namorada. Ao lado, um *dukh* ferido — nós também os pegávamos — e chamava a mãe ou a namorada. Uma hora um nome afegão, outra um nome russo...

— Que "bom dia" o quê! Você gritou de novo. Estou com medo de você.

Não sabe... Ela não sabe como nosso tenente morreu... Vimos água, paramos o carro:

— Parem! Todos parados! — gritou o tenente e mostrou um embrulho sujo que estava ao lado do riacho. — Será uma mina?!

Os sapadores foram na frente: levantaram a "mina" — ela começou a choramingar. Era uma criança. Afeganistão, filho de uma...!

O que fazer com ela — deixar ali, levar conosco? Ninguém obrigava, o próprio tenente se ofereceu:

— Não podemos abandonar. Vai morrer de fome. Vou levar para o *kichlak*. É aqui do lado.

Esperamos por ele durante uma hora, e era uns vinte minutos para ir e voltar de lá.

Estavam caídos na areia... O tenente e o motorista. No meio do *kichlak*... As mulheres haviam matado os dois com enxadadas...

— Que "bom dia" o quê! Você gritou de novo. Depois partiu para cima de mim com os punhos fechados, torceu meus braços.

Às vezes não lembro o meu sobrenome, endereço e nada do que aconteceu comigo. Você recobra a consciência... E parece que começa a viver de novo. Mas sem muita segurança... Saio de casa e na hora penso: fechei a porta com chave ou não fechei, desliguei o gás ou não desliguei? Eu me deito para dormir, aí levanto e vou conferir: pus o despertador ou não? De manhã estou indo trabalhar, encontro os vizinhos: falei "bom dia" ou não falei? De Kipling:

O Oriente é o Oriente, o Ocidente é o Ocidente, e os dois
[nunca se compreenderão.
Apenas no Trono de Deus eles se encontrarão de novo.
Mas não há Oriente e não há Ocidente, se dois homens fortes,
Nascidos em diferentes pontas da terra, se encontram frente a
[frente!

Eu me lembro... Ela me amava. Chorava: "Você saiu do inferno... Eu vou te salvar...". Mas eu tinha saído de um monte de lixo... Quando parti para o Afeganistão, as mulheres usavam vestidos longos, voltei: todas de roupa curta. Eram desconhecidas para mim. Pedi a ela que usasse roupas longas. Ela riu, depois se ofendeu. Começou a me odiar... (*Fecha os olhos e repete o poema.*)

Mas não há Oriente e não há Ocidente, se dois homens fortes,
Nascidos em diferentes pontas da terra, se encontram frente a
[frente!

Do que eu estava falando? Hein? Dos vestidos longos da minha namorada... Estão pendurados no armário, ela não veio pegar. Mas escrevo poemas para ela.

Afeganistão, filho de uma...! Gosto de conversar comigo mesmo.

Sargento, batedor

— Por toda a vida fui militar... De outra vida só conhecia as histórias...

Os militares profissionais têm sua própria psicologia: se a guerra é justa ou injusta não importa. Para onde nos mandarem é justo, necessário. Era o que considerávamos, eu mesmo me postava entre os soldados e falava sobre a defesa das fronteiras do sul, fazia a preparação ideológica. Tínhamos aulas de preparação política duas vezes por semana. Por acaso eu podia dizer: "Tenho minhas dúvidas"? O Exército não tolera liberdade de pensamento. Você foi posto nas fileiras, daí em diante só age sob comando. Da manhã à noite.

Comando:

— Levantar! De pé!

Nós nos levantávamos.

Comando:

— Treinamento físico! Esquerda, volver! Corram!

Fazíamos o treinamento físico.

Comando:

— Espalhem-se pela floresta. Cinco minutos para as necessidades.

Nós nos separávamos.

Comando:

— Eeeeem fila!

Nunca vi num quartel um retrato pendurado de… bom, por exemplo, de quem? De Tsiolkovski ou de Liev Tolstói. Não vi uma só vez. Há retratos de Nikolai Gastello, Aleksandr Matrossov… Dos heróis da Grande Guerra Patriótica… Uma vez, quando ainda era um tenente jovenzinho, pus no quarto um retrato (tinha cortado de alguma revista) de Romain Rolland. Veio o comandante da unidade:

— Quem é esse?

— Romain Rolland, escritor francês, camarada coronel.

— Tire esse francês imediatamente! O que foi, faltam heróis nossos?

— Camarada coronel…

— Meia-volta volver, vá para o depósito e volte com Karl Marx.

— Mas ele mesmo não é alemão?

— Calado! Dois dias de prisão!

O que Karl Marx tem a ver com isso? Eu mesmo ficava no meio dos soldados e falava: de que serve essa máquina? É estrangeira. De que serve esse carro de marca estrangeira? Vai se desmontar nas nossas estradas. O melhor do mundo é tudo nosso: nossas máquinas, nossos carros, nosso pessoal. E só agora eu fico pensando: por que a melhor máquina não pode ser do Japão, as melhores meias de náilon, da França; as melhores mulheres, da Tailândia? E eu tenho cinquenta anos…

… Sonho que matei uma pessoa. Ele fica de joelhos… De quatro. Não levanta a cabeça. Não se vê o rosto, eles têm todos o mesmo rosto… Atiro nele com calma, vejo o sangue tranquilamente. Dou um grito quando acordo e me lembro desse sonho…

Aqui já se escrevia sobre erro político, chamavam essa guerra de "aventura de Brêjnev", "crime", mas nós tínhamos que combater e morrer. E matar. Aqui escreviam, lá morríamos. Não julgueis para que não sejais julgados! O que estávamos defendendo lá? Uma revolução? Não, eu já não achava isso, eu já estava me rasgando internamente. Mas me convencia de que estávamos defendendo nossas vilas militares, nossas pessoas.

Ardiam os campos de arroz... A munição traçante tocava fogo neles... Estalava e pegava fogo rapidamente... O calor ainda ajudava a guerra... Os *dekhkan* (camponeses) corriam, recolhiam as partes queimadas, cozidas. Nunca vi crianças afegãs chorando. Choramingavam. As crianças eram leves, pequenas. Não dava para adivinhar quantos anos tinham. Calças largas, de debaixo delas saíam umas perninhas.

O tempo todo havia um sentimento de que alguém queria matar você. A bala é burra... Até hoje não sei, era possível se acostumar àquilo? E as melancias e melões ali são do tamanho de um banco. Você crava a baioneta e se desfazem. Morrer é tão simples. Matar é mais difícil. Não se falava dos mortos. Essas eram as regras do jogo, por assim dizer... Você se preparava para sair para o ataque, no fundo da mala deixava uma carta para a esposa. De despedida. Eu escrevia: "Desative minha pistola e entregue ao nosso filho".

Um dia a batalha começou, e o gravador gritando. Tínhamos nos esquecido de desligar... A voz de Vladímir Vissótski:

Na África amarela e quente —
Na parte central,
De repente, fora dos planos,
Aconteceu uma desgraça.
Um elefante falou, sem entender:
Pelo visto é um dilúvio!...

No geral é assim: Só a Girafa
Se apaixonou pelo Antílope.

Os *duchman* também tocavam Vissótski. Muitos haviam estudado aqui antes, eram formados em faculdades soviéticas. Tinham diplomas soviéticos. À noite, nas emboscadas, escutávamos deles:

Meu amigo foi embora para Magadan.
Tire o gorro, tire o gorro!
Ele mesmo foi, ele mesmo foi,
Mas em estágios, em estágios.

Eles assistiam aos nossos filmes nas montanhas: sobre Kostóvski, sobre Kovpak.* Aprendiam conosco a guerrear contra nós... A guerra partisan...

Eu tirava cartas dos bolsos de nossos meninos mortos. Fotografias. Tânia de Tchernígov... Máchenka de Pskov... Fotografias feitas em estúdios de província. Todas iguais. Dedicatórias ingênuas nas fotos: "Espero a resposta como a andorinha espera o verão", "Voe com um alô, volte com uma resposta". Ficavam na minha mesa como um baralho. Rostos de moças russas simples...

Não consigo voltar para o mundo de cá. Viver... Simplesmente viver... Aqui me sinto apertado. A adrenalina se revolta no sangue. Sinto falta da sensação de intensidade, do desprezo pela vida. Comecei a adoecer... Os médicos deram um diagnóstico: estreitamento das artérias. Mas tenho meu próprio diagnóstico... O afegão... Preciso de ritmo, aquele ritmo de partir para a luta.

---

* Grigóri Kotóvski (1881-1925), militar e político soviético que participou da Revolução. Sídor Kovpak (1887-1967), líder do movimento partisan da Segunda Guerra Mundial.

Arriscar, defender. Até agora quero ir para lá, mas não sei o que sentiria... Os fantasmas tomariam conta de mim... As imagens... O equipamento destruído, queimando nas estradas. Tanques, VBTPS... Será que foi só isso que sobrou de nós por lá?

Fui ao cemitério... Queria evitar os túmulos "afegãos". A mãe de alguém me encontrou...

— Saia daqui, comandante! Você está grisalho, mas vivo. E meu filhinho está debaixo da terra. Meu filhinho ainda não tinha nem feito a barba.

Recentemente morreu um amigo meu, ele tinha combatido na Etiópia. Acabou com os rins naquele calor. Tudo o que ele sabia se foi com ele. E outro amigo contou como foi parar no Vietnã. Encontrei também gente que foi enviada para Angola, para o Egito, para a Hungria em 1956, para a Tchecoslováquia em 1968... Conversávamos entre nós... Todos agora estão na datcha cultivando rabanete. Pescando. Eu também agora estou aposentado. Por invalidez. No hospital de Cabul me tiraram um pulmão... Agora o segundo começou a falhar... Preciso de ritmo! Preciso de ação! Escutei que perto de Khmelnitski há um hospital, lá estão internados os que foram rejeitados pela família e os que decidiram não voltar para casa. Um rapaz me escreve de lá: "Estou internado sem braços, sem pernas... Acordo de manhã e não sei quem sou: uma pessoa ou um animal? Às vezes dá vontade de miar ou latir. Aperto os dentes". Quero ir visitá-lo. Estou procurando o que fazer.

Preciso de ritmo, de ritmo para brigar. Mas não sei com quem brigar. Já não consigo me postar entre os meus rapazes e fazer agitação: somos os melhores, somos os mais justos. Mas garanto que queríamos ser assim. Só que não conseguimos. Outra pergunta — por quê? Por que não conseguimos de novo...?

Major, comandante de um batalhão

* * *

— Estamos limpos perante a pátria...

Cumpri com honra meu dever de soldado. Não importa o que vocês gritem aqui. Podem revolver e reavaliar... Mas o que fazer com esses sentimentos como o sentimento da pátria, de dever? Pátria, para vocês, é um som vazio? São só palavras? Estamos limpos...

O que tiramos de lá, o que trouxemos de lá? "Carga duzentos" — caixões com nossos camaradas? O que conseguimos? Doenças — de hepatite a cólera. Feridas, invalidez? Não tenho do que me arrepender. Estava ajudando o fraterno povo afegão. Estava convencido! Quem esteve lá conosco também era sincero, honesto. Eles acreditavam que tinham ido àquela terra pelo bem, que não eram uma "frente equivocada". E há quem queira nos ver como bobinhos ingênuos, bucha de canhão. Para quê? Com que objetivo? Estão procurando a verdade? Mas não se esqueçam das palavras da Bíblia. Lembrem que Jesus, no interrogatório de Pilatos, falou:

— Nasci e vim ao mundo para testemunhar a verdade.

Pilatos tornou a perguntar:

— O que é a verdade?

A pergunta ficou sem resposta...

Tenho minha própria verdade... A minha! Em nossa crença, talvez ingênua, estávamos de fato limpos. Achávamos que o novo governo daria a terra, e todos deviam aceitá-la com alegria. E de repente... O camponês não aceita a terra! Dizia: quem é você para poder me dar a terra quando ela pertence a Alá? Alá é quem mede e quem dá. Nós achávamos que iríamos construir MTS (estações de trator e maquinário), daríamos tratores a eles, colheitadeiras, segadeiras e a vida deles ia mudar por completo. As pessoas mudariam. E de repente... eles destruíam os MTS! Explodiam

249

nossos tratores, como se fossem tanques. Achávamos que na era das viagens espaciais era ridículo pensar em Deus. Um absurdo! Mandamos um rapaz afegão para o espaço... Dizíamos, vejam, ele está lá onde fica o Alá de vocês. E de repente... A civilização inabalável da religião islâmica... Era possível combater com a eternidade? E nos parecia pouco! Mas foi assim... Foi... E é uma parte especial da nossa vida... Eu a guardo dentro da alma, não quero destruir. E não vou deixar que seja manchada de tinta preta. Lá cobríamos uns aos outros nos combates. Experimente se colocar na frente da uma bala que ia para outro! Isso não se esquece. E isso? Quando eu voltei... Queria chegar em casa de surpresa, mas fiquei com medo por minha mãe. Telefonei:

— Mãe, estou vivo, estou no aeroporto. — E lá, do outro lado da linha, o gancho do telefone caiu.

Quem lhe disse que perdemos a guerra lá? Nós perdemos aqui, em casa. Na União Soviética. Como podíamos ter tido uma volta bonita... Queimados, chamuscados... Depois de conhecer muita coisa, sobreviver a muita coisa... Mas não nos deixaram. Aqui não nos deram direitos, não nos deram tarefas. Toda manhã alguém pendura no obelisco (no lugar do futuro monumento aos combatentes internacionais mortos) um cartaz: "Coloquem perto do Estado-Maior, e não no centro da cidade...". Meu primo, que tem dezoito anos, não quer entrar no Exército: "Ficar cumprindo umas ordens bobas ou criminosas de sei lá quem? Virar assassino?". Olha torto para minhas condecorações... Já eu, na idade dele, ficava com o coração na boca quando meu avô vestia a jaqueta de gala, com as condecorações e medalhas. Enquanto combatíamos lá, o mundo se inverteu...

O que é a verdade?

Em nosso edifício de cinco andares vive uma velha. Médica. Tem 75 anos. Depois de todas as matérias de hoje em dia, denúncias, discursos... depois de toda essa verdade que desabou sobre nós, ela enlouqueceu… Liga a televisão enquanto Gorbatchóv está falando. Abre a janela no primeiro andar e grita: "Viva Stálin!", "Viva o comunismo — o futuro radiante da humanidade!". Eu a vejo toda manhã… Não mexem com ela, ela não incomoda ninguém… Às vezes acho que me pareço com ela de alguma forma… Pareço, cacete!

Mas estamos limpos perante a pátria…

Soldado, artilharia

— Campainha na porta… Fui abrir correndo: ninguém. Exclamei: não foi meu filho que chegou?

Dois dias depois uns militares bateram na porta.

— O quê, meu filho se foi? — adivinhei na hora.

— Sim, ele se foi.

Ficou tudo quieto, quieto. Caí de joelhos no hall de entrada, diante do espelho:

— Meu Deus! Meu Deus! Meu Deus do céu!

Sobre a mesa havia uma carta que eu não tinha terminado: "Oi, filhinho!

"Li sua carta e fiquei feliz. Nessa carta já não tem nenhum erro gramatical. Dois sintáticos como da última vez. Na oração: 'Faço como disse o meu pai' não é necessário pôr vírgula. E na segunda frase: 'Você, na minha opinião, não vai se envergonhar' é necessário pôr vírgula. Não fique bravo com sua mãe.

"No Afeganistão faz calor, filhinho. Tente não ficar resfriado. Você sempre se resfria…"

No cemitério todos estavam calados, havia muita gente, mas todos calados. Eu estava com uma chave de fenda, não conseguiram tirá-la de mim:

— Me deixem abrir o caixão… Me deixem ver meu filho…

— Queria abrir o caixão de zinco com a chave de fenda.

Meu marido tentou se matar: "Não vou conseguir viver. Desculpe, mãe, não vou mais viver". Consegui convencê-lo do contrário:

— Precisamos erguer um monumento, revestir de ladrilhos. Como os dos outros.

Ele não conseguia dormir. Dizia:

— Quando vou dormir, nosso filho vem. Me beija, me abraça.

Seguindo o costume antigo, guardei um pão por todos os quarenta dias... Depois do enterro... Três semanas depois ele se desfez em pedacinhos. Ou seja, a família vai desaparecer...

Pendurei todas as fotografias do meu filho pela casa. Para mim ficava mais fácil, mas para o meu marido era difícil:

— Tire. Ele está olhando para mim.

Erguemos um mausoléu para ele. Bom, feito de mármore de boa qualidade. Todo o dinheiro que estávamos juntando para o casamento do meu filho foi para o túmulo. Pusemos ladrilhos vermelhos no túmulo e plantamos flores vermelhas. Dálias. Meu marido pintou a cerca:

— Fiz tudo. Nosso filho não vai se ofender.

De manhã ele me levou para o trabalho. Se despediu. Voltei do expediente — estava pendurado por uma corda na cozinha, bem na frente de uma foto do nosso filho, a minha preferida.

— Meu Deus! Meu Deus! Meu Deus do céu!

Você vai me perguntar: são ou não são heróis? Para que passei por tamanha dor? De que vai me servir ter passado por essa dor? Às vezes penso: são heróis! Ele não está lá sozinho... Há dezenas... Há filas inteiras no cemitério da cidade... A cada festa ressoam as saudações militares ali. Discursos solenes... Trazem flores. Fazem inscrições para os pioneiros... Às vezes amaldiçoo o governo, o Partido... Nossas autoridades... Ainda que eu seja comunista. Mas quero saber: para quê? Por que embrulharam meu filho em zinco? Amaldiçoo a mim mesma... Sou professora de literatura russa. Eu mesma o ensinei: "Dever é dever, filhinho. É preciso cumpri-lo". Amaldiçoo a todos, e de manhã corro para o túmulo, peço perdão:

— Filhinho, perdão por ter falado daquele jeito. Perdão.

Mãe

— Recebi uma carta: "Não se preocupe se eu não mandar cartas. Escreva para o endereço antigo". Dois meses de silêncio. Eu não imaginava que ele estava no Afeganistão. Estava fazendo a mala para ir encontrá-lo no novo lugar de serviço...

Ele escrevia que estava se bronzeando, pescando... Mandou uma foto: estava montado num burrinho ajoelhado na areia. Não suspeitei de nada até ele vir de férias pela primeira vez. Aí ele admitiu que estava vindo da guerra... Um amigo tinha morrido... Antes ele brincava pouco com nossa filha, não tinha sentimentos paternais em especial, talvez porque ela ainda era muito pequena. Mas daquela vez veio e passou horas sentado olhando para a menina, e nos olhos dele havia tanta tristeza que me assustava. De manhã se levantava, levava a menina para o jardim de infância. Adora sentá-la nos ombros e levar. Morávamos em Kostromá, uma cidade bonita. À tarde ele mesmo a pegava. Nós íamos ao teatro, ao cinema, mas acima de tudo ele queria ficar em casa. Ver tevê. Conversar.

Ficou carente de amor, eu saía para o trabalho ou estava cozinhando na cozinha e ele lamentava por esse tempo: "Fique comigo. Hoje podemos ficar sem almôndegas. Peça férias enquanto estou aqui". Chegou o dia de ir embora, ele se atrasou para pegar o avião de propósito, para que a gente pudesse passar mais dois dias juntos.

Na última noite... Estava tão bom que eu desatei a chorar. Eu chorava, ele ficava calado, só olhando, olhando. Depois disse:

— Tamarka, se você tiver outro, não se esqueça disso.

Eu:

— Ficou louco? Nunca vão matar você! Te amo tanto que nunca vão matar você.

Ele começou a rir.

Não queria ter mais filhos:

— Quando eu voltar... Aí você engravida... O que vai fazer com eles sozinha?

Aprendi a esperar. Mas se eu visse veículo da funerária, ficava mal, queria gritar, chorar. Corria para casa, pendurava o ícone, ficava de joelhos e rezava: "Salve meu marido para mim. Salve!".

Naquele dia eu tinha ido ao cinema... Olhava para a tela e não via nada. Por dentro, sentia uma preocupação incompreensível: parecia que estavam me esperando em algum lugar, precisava ir para não sei onde, mal consegui ficar até o fim da sessão. Pelo visto era naquela hora que estava acontecendo o combate...

Por uma semana eu ainda não sabia de nada. Até recebi duas cartas dele. Em geral ficava feliz, dava um beijo nelas, mas naquela hora fiquei brava: quanto eu ainda vou ter que esperar por você?

No dia 9, às cinco da manhã, chegou um telegrama, foi simplesmente passado por debaixo da porta. Era um telegrama dos pais dele: "Venha para cá. Piétia morreu". Na hora soltei um grito. Acordei a criança. O que fazer? Para onde ir? Não tinha dinheiro. Justamente naquele dia devia chegar o certificado dele. Lembro que enrolei minha filha num cobertor vermelho, saí para a rua: os ônibus ainda não estavam circulando. Parei um táxi.

— Para o aeroporto — disse para o táxi.

— Estou indo para o parque — e fechou a porta.

— Meu marido morreu no Afeganistão...

Ele saiu do carro em silêncio e me ajudou a entrar. Passamos na casa de uma amiga, peguei dinheiro emprestado. No aeroporto não havia passagem para Moscou, e eu tinha medo de tirar o telegrama da bolsa e mostrar. Se de repente não fosse verdade? E se fosse um erro? De repente… O principal era não proferir em voz alta… Eu estava chorando, todos olhavam para mim. Nos puseram num *kukuruznik** que ia para Moscou. Cheguei em Minsk à noite. Precisava continuar pelas Estradas Velhas. Os taxistas não queriam ir, era longe — 150 quilômetros. Eu pedia. Implorava. Um concordou: "Me dê cinquenta rublos, e eu a levo". Dei a ele tudo o que tinha sobrado.

Duas horas depois cheguei à casa. Estavam todos chorando.

— Será que é mentira?

— É verdade, Tamara. É verdade.

De manhã fomos para o centro de recrutamento. A resposta do militar: "Quando trouxerem nós comunicaremos". Esperamos mais dois dias. Ligamos para Minsk: "Venham aqui e levem vocês mesmos". Fomos e disseram no centro de recrutamento local: "Ele foi levado por engano para Baránovitchi". Eram mais cem quilômetros, nosso ônibus não ia para lá. Em Baránovitchi, no aeroporto, não tinha ninguém da chefia, o expediente terminara. Havia um guarda na cabine:

— Viemos…

— Lá fora — mostrou com a mão — tem uma caixa qualquer. Vejam. Se for de vocês, levem embora.

No campo havia uma caixa suja e nela estava escrito com giz: "Primeiro-tenente Dovnar". Quebrei a tábua no lugar onde devia estar a janelinha do caixão: o rosto estava inteiro, mas sem barbear e sem lavar, o caixão era meio pequeno. Um cheiro. Um cheiro insuportável. Não dava para me inclinar e dar um beijo… Me devolveram meu marido assim…

Fiquei de joelhos diante da pessoa de quem eu mais gostava. Mais amava…

---

* Avião leve de treinamento.

Foi o primeiro caixão na aldeia de Iazil, na região de Stárie Dorógui, na província de Minsk. As pessoas traziam o horror nos olhos. Ninguém entendia o que estava acontecendo. Levei minha filha para se despedir, ela tinha quatro anos e meio. Começou a gritar: "Papai está preto... Estou com medo... Papai está preto...". Desceram o caixão no túmulo. Ainda não tínhamos tido tempo de tirar os panos que se usam para baixar o caixão e de repente — ouviu-se um estrondo terrível e granizo, eu me lembro, começou a chover granizo, feito cascalho branco nos lilases em flor, estalava debaixo dos nossos pés. A própria natureza era contra aquilo. Por muito tempo não consegui sair daquela casa, porque era ali que estava a alma dele... O pai e a mãe dele... As coisas dele: a mesa, a pasta da escola, a bicicleta... Eu me agarrava a tudo o que podia. Pegava as coisas dele... Todos na casa ficavam calados. Eu achava que a mãe dele me odiava: eu estava viva, e ele não; eu iria me casar, e o filho dela havia partido. É uma boa mulher, mas naqueles dias estava louca. Um olhar pesado, pesado... Agora ela diz: "Tamara, case-se". Mas na época eu tinha medo de encontrar os olhos dela. O pai quase ficou doido. "Mataram um rapaz desses. Assassinaram!" Eu e a mãe o convencemos de que haviam concedido uma condecoração a Piétia... De que precisávamos do Afeganistão... A defesa das fronteiras do sul... Ele não escutava: "Canalhas! Canalhas!".

O mais terrível foi depois. O mais terrível... Me acostumar com a ideia de que eu não precisava mais esperar, que não tinha por quem esperar. Mas esperei por muito tempo... Nos mudamos para outro apartamento. De manhã, acordava suando de horror: "Piétia vai vir, e eu e Ólia estamos morando em outro endereço". Não conseguia de jeito nenhum entender que agora estava só e vou ficar só. Olhava a caixa de correio três vezes por dia... Só havia minhas cartas que voltavam, as que ele não teve tempo de receber, com o carimbo "Destinatário falecido". Deixei de gostar de feriados. Parei de fazer visitas. Só me sobraram as lembranças. Eu lembrava das melhores partes... Bem no começo...

No primeiro dia, eu e ele dançamos. No segundo, passeamos no parque. No terceiro dia depois de nos conhecermos ele me pediu em casamento. Eu tinha um noivo. Já tinha feito o requerimento no cartório. Disse isso para ele. Foi embora mas escrevia cartas com letras grandes em toda a página: "A-a-a-a-a! A-a-a-u-u!". Em janeiro, prometeu: vou aí e nos casamos. Mas eu não queria me casar em janeiro. Queria um casamento na primavera! No Palácio de Casamentos. Com música, flores.

O casamento foi no inverno, na minha aldeia. Foi divertido e apressado. Na época da Epifania, quando se fazem predições, eu tive um sonho. De manhã, disse à minha mãe:

— Mãe, ontem sonhei com um rapaz bonito. Ele estava na ponte e me chamava. Estava de uniforme militar. Mas quando me aproximei, ele começou a se afastar, se afastar e desapareceu completamente.

— Não se case com um militar, vai ficar sozinha — previu minha mãe.

Ele veio por dois dias.

— Vamos para o juiz! — disse, da soleira.

No soviete rural olharam para a gente:

— Para quê esperar dois meses? Vão buscar um conhaque.

Uma hora depois éramos marido e mulher. Na rua havia uma nevasca.

— Em que táxi vai levar sua jovem esposa?

— Um minuto! — Levantou a mão e parou um trator Belarus.

Passei anos sonhando que nos encontramos. Que estamos andando de trator. O tratorista buzinava, e a gente se beijava. Faz oito anos que ele se foi... Oito... Sonho sempre. No sonho eu fico implorando para ele o tempo todo: "Case comigo de novo". Ele me empurra: "Não! Não!". Não é só porque ele era meu marido que sinto falta dele. Que homem! Que homem bonito! Um corpo grande, forte. Na rua as pessoas se viravam para olhar para ele, não para mim. Tenho pena de não ter tido um filho dele. E podia ter tido... Eu pedia. Ele tinha medo...

Na segunda vez que veio de férias... Não mandou telegrama. Não avisou. O apartamento estava fechado. Uma amiga estava comemorando o aniversário, e eu estava lá. Ele abriu a porta: música alta, risos... Sentou num banquinho e chorou... Ele ia me encontrar todo dia: "Vou te buscar no trabalho, e meus joelhos tremem. Como se fosse um encontro". Lembro que fomos para o riozinho, tomamos sol, nadamos. Nos sentamos na margem e acendemos uma fogueira:

— Sabe? Não tenho a menor vontade de morrer pela pátria dos outros.

E de noite:

— Tamarka, não se case de novo.

— Por que está falando assim?

— Porque te amo muito. E não imagino você com alguém...

Os dias passavam rápido. Apareceu um certo medo... Havia um medo... Até deixávamos nossa filha com os vizinhos, para ficarmos mais a dois. Não era bem um pressentimento, mas uma sombra... Uma sombra se formava... Ele ainda tinha seis meses. Já estavam preparando um substituto na União Soviética.

Às vezes acho que tive uma vida muito, muito longa, apesar de as lembranças serem sempre as mesmas. Eu as decorei.

Minha filha era pequena, voltou do jardim de infância:

— Hoje contamos sobre nossos pais. Falei que meu pai é militar.

— Por quê?

— Eles não perguntaram: está vivo ou não? Perguntaram o que faz.

Ela cresceu. Quando eu fico brava com ela por algum motivo, ela aconselha:

— Mãe, se case...

— Você queria um pai?

— Eu queria meu pai...

— E se não fosse o seu, qual?

— Um parecido...

Eu tinha 24 anos quando fiquei viúva. Nos primeiros meses, eu me casaria com qualquer homem que se aproximasse de mim. Estava ficando louca! Não sabia como me salvar. Ao meu redor, a vida seguia como antes: um estava construindo uma datcha, outro estava comprando um carro, outro tinha um apartamento novo — precisava de tapete, azulejo vermelho para a cozinha... Papel de parede bonito... A vida normal dos outros... E eu? Eu parecia um peixe fora d'água... Toda noite perdia o fôlego de tanto chorar... Só agora comecei a comprar móveis. Não levantava um dedo para cozinhar uma torta. Por um vestido bonito. Como ia ter festa na minha casa? Em 1941 e 1945 todos estavam sofrendo, todo o país. Todo mundo tinha perdido alguém. Sabia por que tinha perdido. As mulheres pranteavam em coro. No colégio técnico de culinária onde trabalho há uma equipe de cem pessoas. Só o meu marido tinha morrido naquela guerra, sobre a qual os outros só liam nos jornais. Quando escutei pela primeira vez na televisão que o Afeganistão era nossa vergonha, quis destruir a tela. Naquele dia enterrei meu marido pela segunda vez...

Eu o amei vivo por cinco anos, e já o amo morto há oito. Talvez esteja louca. Eu o amo.

Esposa

— Nos levaram para Samarcanda...

Havia duas barracas, numa tirávamos toda a roupa civil, os mais espertos tinham conseguido vender a jaqueta ou o suéter na estrada e comprar um vinho no final; na outra, entregavam toda a roupa de soldado a/u (anteriormente em uso) — casacos acolchoados de 1945, *kirzatchi*,* *portianki*. Mostre esses *kirzatchi* a um africano acostumado ao calor — ele desmaia. Nos países africanos subdesenvolvidos os soldados usam sapatos, jaquetas, calças e quepes leves, e nós em fila para cantar num calor de quarenta graus — os pés cozinhavam. Na primeira semana de fábrica enchemos as geladeiras de garrafas vazias. Na base comercial surrupiávamos caixas de limonada. Nos mandavam para as casas dos oficiais, eu revesti a casa de um deles com tijolos. Passei umas duas semanas fazendo o teto de um chiqueiro: você prega três folhas de ardósia, funde duas e troca por uma garrafa. Vendíamos as tábuas: um metro, um rublo. Antes do juramento nos levaram duas vezes para o campo de treinamento, na primeira vez nos deram nove balas, na segunda jogamos uma granada cada.

Fizemos fila na praça de armas e começaram a ler a ordem: dirijam-se para a República Democrática do Afeganistão para cumprir seu dever internacional. Quem não quiser, dois passos adiante. Três pessoas saíram. O comandante da unidade os devolveu para a fila com o pé no traseiro, diziam que estavam testando nossa disposição militar. Ração seca para dois dias, cinto de couro e — pé na estrada. Para você ver como é a coisa... Eu não me incomodei. Para mim era a única possibilidade de ir para o exterior. É, e... A verdade... Claro... Eu sonhava que ia trazer um gravador, uma maleta de couro. Antes disso não tinha acontecido nada de interessante na minha vida. Levava uma vida chata. Voamos num enorme IL-76. Foi a primeira vez... Era a primeira vez que eu voava de avião! Vi as montanhas pela janela. Um deserto desabitado. Sou de Pskov, lá temos florestas e clareiras. Desembarcamos em Chindand. Lembro do dia e do mês: 19 de dezembro de 1980...

Olharam para mim:

---

* Tipo de bota de couro artificial usada pelos soldados soviéticos.

— Um metro e oitenta... Companhia de batedores. Lá precisam... Precisam de gente assim lá...

De Chindand fui para Gerat. Lá também havia uma construção. Construímos um campo de treinamento. Cavávamos a terra, arrastávamos pedras para a fundação. Eu cobria o teto com ardósia, fazia trabalho de carpintaria. Alguns não tinham dado nenhum tiro antes do primeiro combate. Tinha fome o tempo todo. Na cozinha havia dois recipientes de cinquenta litros: um para o prato principal — repolho com água, carne não se via; o segundo para o acompanhamento — purê (batata desidratada) ou cevadinha sem óleo. Davam uma lata de cavala para quatro, e no rótulo: "ano de produção, 1956; data de validade: um ano e seis meses". Em um ano e meio só parei de sentir fome uma vez, quando fui ferido. Senão, você estava o tempo todo andando e pensando: onde vou conseguir algo, roubar algo para comer? Entrávamos no jardim dos afegãos, eles atiravam. Podia dar de cara com uma mina. Mas tinha tanta vontade de comer uma maçã, uma pera, alguma fruta. Pedíamos aos parentes para mandar ácido cítrico, eles mandavam nas cartas. Dissolvíamos na água e bebíamos. Era azedinho. Ardia na barriga.

Antes do primeiro combate... Tocaram o hino da União Soviética. O comissário político fez um discurso. Na minha memória ficou que o imperialismo mundial não descansa, e que em casa éramos esperados como heróis.

Como eu ia matar, isso não tinha imaginado. Antes do Exército eu praticava ciclismo, meus músculos estavam tão bombados que as pessoas tinham medo de mim, ninguém mexia comigo. Nunca tinha visto nem briga de faca, com sangue. Lá, viajamos de VBTP. Antes disso, tínhamos sido levados de Chindand para Gerat de ônibus, e de novo saído do quartel de ZIL. Fomos em cima da blindagem, com armas, a manga arregaçada até o cotovelo... Havia um sentimento novo, desconhecido. Um sentimento de poder, força e segurança pessoal. Os *kichlaks* na hora ficaram baixos, os *ariks* e as árvores, raros. Meia hora depois eu estava tão calmo que até me sentia turista. Via o país estrangeiro, achava exótico! Outras árvores, outros pássaros, outras flores... Avistei um espinheiro pela primeira vez. E me esqueci da guerra.

Passamos por um *arik*, por uma pontezinha de argila que, para meu espanto, aguentou algumas toneladas de metal. De repente, uma explosão — acertaram o VBTP da frente com um lançador de granadas. Logo já estavam carregando rapazes que eu conhecia... Um deles sem cabeça... Como um alvo de papelão... Os braços balançavam... A consciência não conseguia sintonizar imediatamente essa vida nova e terrível... Deram ordem de virar os lançadores de morteiros, nós os chamávamos de "vassilki" — 120 tiros por minuto. Todas as minas voaram na direção do *kichlak* de onde haviam atirado, várias minas em cada casa. Depois do combate juntamos os nossos em pedaços, limpamos a blindagem. Não havia medalhões de identificação, estendemos uma lona e fizemos uma vala comum... Vá encontrar onde está a perna de um, um pedaço de crânio de outro... Não davam medalhões. Talvez fossem parar nas mãos de outros. Nome, sobrenome, endereço... Como na música: "Nosso endereço não é uma casa e uma rua, nosso endereço é a União Soviética...". Para você ver como é a coisa!

Voltamos calados. Éramos gente simples, não tínhamos hábito de matar. Na unidade nos acalmamos. Comemos. Limpamos as armas. Então começamos a falar.

— Quer um baseado? — ofereciam os "avôs".

— Não quero.

E não queria fumar, tinha medo de depois não conseguir largar. Você se acostuma rápido às drogas, precisa de força de vontade para parar. Depois todos fumávamos, senão você batia as botas, os nervos arriavam. Se tivesse uma dose de bebida, como na outra guerra. Mas não era permitido. Lei seca. E a gente precisava aliviar a tensão. Esquecer. A gente jogava erva no *plov*, no mingau... Os olhos ficavam feito uma moeda de cinquenta copeques... À noite você vê como um gato. Fica leve feito um morcego.

Os batedores não matam em combate, mas de perto. Não com uma metralhadora, mas com uma faca finlandesa, com a baioneta, para ser silencioso, impossível de ouvir. Rapidamente aprendi o que fazer, me acostumei. O primeiro morto? Que matei de perto? Eu me lembro... Nos aproximamos do *kichlak*, notamos com o binóculo de visão noturna: perto da aldeia havia um pequeno poste de luz iluminando, uma pequena espingarda de pé, e alguém a estava desenterrando. Entreguei a metralhadora a um camarada, me aproximei até a distância de um pulo e saltei, o derrubei. Para que não gritasse, enfiei o turbante na boca dele. Não estávamos levando faca, era pesado. Eu tinha um canivete que usava para abrir as latas de conserva. Um canivete comum. Ele já estava no chão... Puxei pela barba e cortei a garganta. Depois do primeiro morto... É como depois da primeira mulher... Um abalo... Para mim passou rápido. No fim das contas, sou um homem do campo, matava galinhas, abatia cabra! Para você ver como é a coisa!

Eu estava no posto de primeiro-batedor. Normalmente saíamos à noite. Você fica atrás de uma árvore com uma faca... Eles vêm vindo... Adiante há um vigia, é preciso pegar o vigia. Íamos abatendo pela ordem... Pela minha ordem... O vigia chegava onde você estava, a gente deixava passar um pouco e pulava por trás, o importante era agarrar a cabeça com a mão esquerda e deixar a garganta para cima para que ele não gritasse. Com a mão direita: faca nas costas... Debaixo do fígado... E rasgava de um lado até o outro... Depois fiquei com um troféu... Uma faca japonesa com 31 centímetros de comprimento. Entrava fácil na pessoa. Ela gira e cai, sem gritar. Você se acostuma. Psicologicamente não é tão difícil quanto do ponto de vista da técnica. Tem que acertar o coração... Aprendíamos caratê. Imobilizar, amarrar... Encontrar pontos de dor: nariz, orelhas, sob as pálpebras, e bater com precisão. É preciso saber onde cravar a faca... Entrávamos no *duval* (um pátio atrás de uma cerquinha de argila): dois perto da porta, dois dentro do pátio, e o restante revistava a casa. O que nos agradava levávamos, claro...

Uma vez... Meus nervos não aguentaram... Estávamos fazendo uma operação pente-fino num *kichlak*. Normalmente você abre a porta e antes de entrar joga uma granada, para não levar uma rajada de metralhadora. Para que arriscar? Com a granada é mais seguro. Joguei a granada e entrei: estavam caídos uma mulher, dois meninos maiores e um bebê de colo. Numa espécie de caixinha... Em vez de berço...

Agora, quando lembro... Mesmo agora fico desconfortável...

Eu queria ser bom, mas na guerra isso não acontece. Voltei para casa. Fiquei cego, uma bala acertou a retina dos meus dois olhos. Entrou pela têmpora esquerda e saiu pela direita. Só diferencio luz e sombra. Não consegui ser bom. Muitas vezes me aparece o desejo de cortar uma garganta. Eu os conheço... Os que devem ter as gargantas cortadas... Aqueles... Que lamentam pôr uma lápide no túmulo de nossos rapazes... Os que não querem dar a nós, os inválidos, um apartamento: "Não fui eu que mandei vocês para lá...". Os que estão se lixando para nós... A gente estava morrendo lá, e eles assistiam a essa guerra pela televisão. Para eles era um espetáculo. Um espetáculo! Os nervos ficavam exaltados.

Aprendi a viver sem olhos... Me desloco sozinho pela cidade — vou só até o metrô, faço as baldeações. Eu mesmo cozinho, minha mulher fica até surpresa: cozinho melhor que ela. Nunca vi minha esposa, mas sei como ela é. Qual é a cor dos cabelos, como é o nariz, a boca... Sinto com as mãos, com o corpo... Meu corpo vê. Sei como é meu filho... Eu trocava as fraldas dele pequeno, lavava a roupa. Agora carrego nos ombros. Às vezes acho que não preciso de olhos. Você fecha os olhos quando o mais importante acontece, quando está bem. Quem precisa de olhos é um pintor, porque essa é a profissão dele. Mas eu sinto o mundo... Eu percebo... Para mim, a palavra significa mais do que para vocês que têm olhos. A palavra e a linha. Os sons. Para muitos eu sou alguém que não tem futuro: dizem, a guerra acabou para ele. Como Iúri Gagárin depois de ir para o espaço. Não, para mim o principal está por vir. Não é preciso dar ao corpo mais significado do que se dá a uma bicicleta: no passado eu era ciclista, participava de corridas. O corpo é um instrumento, uma máquina com a qual trabalhamos, nada mais. Posso ser feliz, livre. Sem olhos... Isso eu entendi... Quanta coisa os videntes não veem. Com olhos eu era mais cego do que agora. Tenho vontade de me purificar de tudo. De toda essa sujeira para a qual nos arrastaram. Da minha memória... Você não sabe como é horrível à noite. Tudo me ataca de novo... De novo eu salto com uma faca para cima de uma pessoa... Meço onde cravar... O ser humano é macio, lembro que o corpo do ser humano é macio... Para você ver como é a coisa! É isso...

À noite é terrível porque vejo... Nos sonhos não sou cego...

Soldado, batedor

— Não olhe assim só porque sou pequena, frágil... Eu também estive lá... Vim de lá...

A cada ano é mais difícil para mim responder à pergunta: "Se você não é soldada, por que foi para lá?". Eu tinha 27 anos... Todas as minhas amigas estavam casadas, e eu não. Namorei um rapaz por um ano, mas ele se casou com outra. "Tire isso! Apague da memória para que ninguém saiba nem adivinhe que estivemos lá" — uma amiga me escreveu. Não, não vou apagar da memória, quero compreender...

Lá já começamos a entender que tínhamos sido enganados. Pergunta: por que é tão fácil nos enganar? Porque a gente mesmo quer... Não sei: é "a gente mesmo" ou "a gente mesma"? Como é o certo? Fico muito tempo sozinha, já, já vou desaprender a falar. Vou me calar de vez. Posso admitir... Eu esconderia de um homem, mas para uma mulher eu vou falar... Arregalei os olhos quando vi a quantidade de mulheres que iam para essa guerra. Bonitas e feias, jovens e não muito jovens. Alegres e bravas. Padeiras, cozinheiras, garçonetes... Faxineiras... Claro, todas tinham um interesse prático — queríamos ganhar dinheiro, talvez construir uma vida pessoal. Todas solteiras ou separadas. À procura de felicidade. Do destino. Lá havia felicidade... E se apaixonavam de verdade. Celebravam casamentos. Tamara Soloviei... Uma enfermeira... Trouxeram um piloto de helicóptero na maca, todo preto, queimado. Dois meses depois ela me chamou para a festa — eles estavam se casando. Perguntei para a menina com quem dividia o quarto: como devo me comportar? Estou de luto. Um amigo tinha morrido, eu precisava escrever para a mãe dele, estava chorando havia dois dias. Como ia para um casamento? "Talvez depois de amanhã matem o noivo dela, pelo menos vai ter alguém para chorar por ele", respondiam as meninas. Diziam, não tem nada que pensar, se vai ou não, tem que procurar um presente. O presente de todos era o mesmo: um envelope com cheques. A tripulação do noivo chegou com uma lata de álcool. Cantamos, dançamos, brindamos. Gritávamos: "*Gorko!*".* A felicidade é igual em todo lugar. Especialmente felicidade de mulher... Havia de tudo... Mas na memória ficou a parte bonita... À noite o comandante do batalhão entrou no meu quarto: "Não tenha medo! Não precisa fazer nada. Fique sentada, vou ficar te olhando".

Mas havia fé! Muita fé! Acreditar em algo é tão bonito. É admirável! A sensação de engano... E de fé... Isso de certa forma

---

* Literalmente, "amargo", grito tradicional nos casamentos russos.

se juntou em nós… Talvez eu não pudesse imaginar outra guerra que não se parecesse com a Grande Guerra Patriótica. Desde a infância amava assistir a filmes de guerra. Eu pensava assim… Desenhei assim na minha mente… Bem, com essas cenas… Por acaso um hospital militar consegue funcionar sem mulheres? Sem mãos de mulher? Os pacientes queimados… Desfigurados… Nem que seja só para colocar a mão sobre a ferida, transmitir alguma energia. Isso é compaixão! É trabalho para um coração de mulher! Você acredita em mim? Acredita em nós? Que nem todas lá éramos prostitutas e "chequistas"? Havia muitas meninas boas. Eu confio isso a você como mulher… Como mulher… Com homens é melhor não falar sobre esse tema. Eles começam a rir… Estou num trabalho novo (cheguei e pedi demissão do lugar antigo) e ninguém sabe que eu vim da guerra. De Cabul… Recentemente começou uma discussão por causa do Afeganistão: o que é essa guerra, por que aconteceu — e nosso engenheiro chefe me interrompeu: "Mas o que é que você, uma moça, entende de assuntos de guerra? Isso é coisa de homem…". (*Começa a rir.*) Na guerra encontrei muitos meninos que se jogavam em operações perigosas por vontade própria. Morriam sem pensar… Lá observava muitos homens assim… Ficava espiando… Era curioso… Bem… o que eles tinham na cabeça, que micróbio era aquele? Estão sempre combatendo… Eu via como arriscavam a vida, como matavam. E até hoje acham que são de alguma maneira especiais, já que matavam. Que tinham sido tocados por algo diferente dos outros. Será que é uma doença? Existe um micróbio… Um vírus… Eles se contagiam…

Tudo virou de cabeça para baixo aqui em casa… Entre os nossos… Tínhamos saído durante um governo que achava a guerra necessária, e voltamos num governo que achava a guerra desnecessária. Nosso socialismo desabando, já não tínhamos condição de construí-lo numa terra longínqua. Ninguém mais cita

Lênin e Marx. Nem lembra da Revolução Mundial. Os heróis agora são outros... Fazendeiros, homens de negócios... Os ideais são outros: minha casa é minha fortaleza... Mas nós fomos criados com Pável Kortcháguin... Com Meréssiev... Cantávamos em volta da fogueira: "Primeiro pense na pátria, depois em si". Logo vão rir da gente. Assustar as crianças. Não fico ofendida por terem nos dado menos do que merecíamos... Porque faltem medalhinhas... Mas porque fomos apagados, como se não existíssemos. Caímos pelas frestas...

Nos primeiros seis meses eu não conseguia dormir à noite. E quando adormecia, sonhava com cadáveres, bombardeios. Pulava da cama horrorizada. Fechava os olhos e as imagens se repetiam. Marquei uma consulta com um neurologista. Ele escutou e se surpreendeu: "Você viu tantos cadáveres assim?". Ah, como eu queria dar um soco na fuça daquele jovem! Mal me contive... Me convenci... Eu podia soltar um palavrão! Aprendi na guerra. Mas nunca mais fui a médico nenhum. Entrei em depressão... De manhã não queria levantar da cama, tomar banho, pentear os cabelos. Faço tudo à força, me obrigo. Vou ao trabalho... Converso com alguém... Se você me perguntar à noite, não lembro de nada. Cada vez tenho menos vontade de viver. Não consigo ouvir música. Ler poesia. Antes eu amava tudo isso, vivia para isso. Não convido ninguém para me visitar. E eu mesma não vou. Não há onde me esconder — maldita dificuldade de conseguir moradia! Moro numa *kommunalka*...* O que ganhei de dinheiro na guerra? Comprei algumas roupas... Comprei móveis italianos... Mas fiquei sozinha... Não achei nada naquela vida e me perdi nela. Também não me acho nessa vida. Mesmo assim quero acreditar em algo. Me tiraram... Me roubaram... Não apenas sumiu dinheiro do banco (inflação), é pior: confiscaram meu passado. Não tenho passado... Nem fé... Com que viver?

* Moradia compartilhada.

Acha que somos cruéis? E tem ideia do quanto vocês são cruéis? Não nos perguntam e não nos escutam. Não escrevem sobre nós...

Não dê o meu nome. Considere que já não existo.

Funcionária

— Você corre para o cemitério, como se fosse um encontro...

Nos primeiros dias passei a noite lá... E não sentia medo... Agora entendo bem o voo dos pássaros, e como a grama balança. Na primavera espero o momento em que as flores saem de debaixo da terra e vêm me encontrar. Plantei campainhas de inverno... Para que chegue mais rápido a saudação do meu filho. Elas saem de lá e vêm até mim... vêm de perto dele...

Fico ao lado dele até terminar a tarde. Até chegar a noite. Às vezes grito e eu mesma não escuto até os pássaros saírem voando. Um bando de corvos. Voam em círculos, se agitam acima de mim e recobro a consciência. Paro de gritar. Por todos esses quatro anos fui todo dia. Ou de manhã, ou à tarde. Só não fui por onze dias, quando tive um início de infarto, não me permitiam levantar. Mas eu me levantei, fui quietinha ao banheiro... Quer dizer, queria correr para encontrar meu filho, queria cair no túmulo dele. Fugi com o avental do hospital...

Antes disso tinha tido um sonho. Valera aparecia.

— Mamãe, não venha ao cemitério amanhã. Não precisa.

Fui correndo: fazia silêncio, tanto silêncio que parecia que ele não estava lá. Então senti isso no coração: ele não estava lá. Havia corvos pousados na lápide e na cerca, e eles não saíam voando, não se escondiam de mim como de hábito. Eu me levantei do banco, e eles começaram a voar na minha frente, me acalmavam. Não me deixavam ir embora. O que era aquilo? O que queriam avisar? De repente os pássaros se acalmaram, pousaram

269

nas árvores. E algo me puxava para o túmulo, sentia a alma tão tranquila, a inquietação tinha passado. Era o espírito dele que havia voltado. "Obrigada, meus passarinhos, por terem chamado, por não terem me deixado ir embora. Esperei meu filho até ele voltar..." Fico mal quando estou com outras pessoas, ando inquieta. Me dizem algo, importunam... Atrapalham... Mas lá fico bem. Só fico bem perto do meu filho. Quem quiser pode me encontrar ou lá, ou no trabalho. Lá, no túmulo... de certa forma meu filho mora ali... Calculei onde está a cabeça dele... Me sento ao seu lado e conto tudinho a ele... Como foi minha manhã, como foi o dia... Eu e ele nos recordamos... Olho para a fotografia... Olho profundamente, por muito tempo... Ele sorri um pouco, ou está bravo com algo, carrancudo. É assim que eu e ele vivemos. Se compro um vestido novo, é só para ir ver meu filho, para que ele me veja usando... Antes ele ficava de joelhos diante de mim: "Você é minha mãezinha. Você é minha linda!". Agora eu fico diante dele.... Abro a portinha da cerca e fico de joelhos:

— Bom dia, filhinho... Boa tarde, filhinho...

Estou sempre com ele. Queria pegar um menino do orfanato... Achar alguém igual, de olhos grandes. Mas estou doente do coração. O coração já não aguentaria. Eu me obrigo a ir para o trabalho como se entrasse num túnel escuro. Se eu tiver tempo de ficar na cozinha e olhar pela janela, fico louca. Só o tormento pode me salvar. Nenhuma vez, nesses quatro anos, fui ao cinema. Vendi a televisão em cores e usei esse dinheiro no túmulo. Não liguei o rádio nenhuma vez. Desde que meu filho morreu, tudo mudou em mim: o rosto, os olhos, até as mãos.

Eu me casei com tanto amor. Me joguei! Ele era piloto, alto, bonito. Usava jaqueta de couro, botas de pele. Era um urso. Era ele que ia ser meu marido?! As meninas suspiravam! Eu ia à loja, e por que nossa indústria não faz pantufas com salto? Ao lado dele eu era tão baixinha. Como eu esperava que ele ficasse doente, tossisse, que tivesse um resfriado. Porque aí ele ficaria o dia inteiro em casa, e eu cuidaria dele. Queria loucamente ter um filho. E que fosse como ele. Os mesmos olhos, as mesmas orelhas, o mesmo nariz. Foi como se alguém tivesse me escutado no céu — meu filho saiu inteirinho feito ele, tim-tim por tim-tim. Eu não conseguia acreditar que aqueles dois homens maravilhosos eram meus. Não conseguia acreditar! Amava minha casa. Amava lavar, passar. Amava tanto tudo que não matava nem uma aranhinha, uma mosca; uma joaninha que pegava em casa, eu soltava pela janela. Que todos vivam, amem uns aos outros — era tão feliz! Eu chamava na porta, acendia a luz do corredor para que meu filho me visse feliz:

— Lerunka (na infância eu o chamava de Lerunka), sou eu. Estava com saudades! — corria voltando das compras ou do trabalho.

Eu amava loucamente meu filho, ainda amo agora. Trouxeram fotos do enterro... Não peguei... Ainda não acreditava... Sou um filhotinho fiel, sou daqueles cachorros que morrem no túmulo. Na amizade também sempre fui fiel. Quando ainda estava escorrendo leite do meu peito, eu e uma amiga combinamos de nos encontrar, porque tinha que entregar um livro a ela. Passei uma hora e meia plantada no frio, esperando, e ela não apareceu. Uma pessoa não pode simplesmente não ir se prometeu, devia ter acontecido alguma coisa. Corri para a casa dela, estava dormindo. Ela não conseguia entender por que eu estava chorando. Eu também a amava, dera a ela meu vestido preferido — um azul. Sou assim. Entrei na vida devagar, tímida. Alguns são mais corajosos. Não acreditava que eu podia ser amada. Diziam: "Você é bonita", eu não acreditava. Eu ia pela vida com atraso. Mas se eu gravava algo, aprendia, era para a vida toda. E tudo com alegria. Quando Iúri Gagárin voou para o espaço, eu e Lerunka saímos para a rua. Eu queria amar a todos naquele instante... Abraçar a todos... Gritávamos de alegria...

Eu amava meu filho loucamente. Loucamente. E ele me amava loucamente. O túmulo me puxa. Chama. Como se estivesse gritando meu nome.

Uma vez perguntaram a ele:

— Você tem namorada?

Ele respondeu:

— Tenho. — E mostrou minha carteirinha de estudante, onde estou com as tranças longas, longas.

Ele amava dançar valsa. Me convidou para a primeira valsa na escola, na noite de formatura. E eu não sabia que ele dançava, que tinha aprendido. Eu e ele rodopiávamos.

Ficava tricotando perto da janela à noite, esperando por ele. Ouvia passos... Não, não era ele. Mais passos... Os passos do meu filho! Não me enganei nenhuma vez. Nos sentávamos um em frente ao outro e conversávamos até às quatro da manhã. Sobre o quê? Sobre o que conversam as pessoas quando estão bem. Sobre tudo. Sobre coisas sérias e bobagens. Gargalhávamos. Ele cantava para mim, tocava piano.

Eu olhava para o relógio:

— Valera, hora de dormir.

— Mãezinha, vamos ficar aqui mais um pouco.

Ele me chamava de mãezinha, minha mãezinha linda.

— Ah, minha mãezinha linda, seu filho entrou na Escola Superior de Guerra de Smolensk. Está feliz?!

Se sentou ao piano:

Senhores oficiais — príncipes azuis!
Eu certamente não sou o primeiro,
E não sou o último...

Meu pai era oficial de carreira, morreu defendendo Leningrado. Meu avô era oficial. A própria natureza moldou meu filho como um militar: tamanho, força, modos. Ele teria sido um hussardo! Luvas brancas… Cartas, *preferans*…* "Meu ossinho militar" — eu me alegrava. Se ao menos nosso senhor no céu tivesse nos mandado algo… Se tivesse aparecido um sinal…

Todos o imitavam. Eu, a mãe, o imitava. Me sentava ao piano, como ele, um pouco de lado. Às vezes começava a andar como ele. Especialmente depois da morte… Quero que ele esteja sempre presente em mim… Que continue a viver…

— Minha mãezinha linda, seu filho está indo embora.

— Para onde?

Ficou calado. Eu estava com lágrimas nos olhos:

— Filhinho, para onde você vai, querido?

— O que isso quer dizer, "para onde"? Todos sabem para onde. Venha, mãezinha, ao trabalho. Vamos começar pela cozinha… Uns amigos estão vindo…

Adivinhei na hora:

— Para o Afeganistão?

— Para lá… — E o rosto dele ficou de um jeito que não dava para me aproximar, baixou uma cortina de ferro.

Kolka Románov, amigo dele, entrou na casa de supetão. Como uma campainha, contou tudo: desde o terceiro ano do curso eles já entregavam solicitações para serem mandados ao Afeganistão. Por muito tempo recusaram.

O primeiro brinde: quem não arrisca não bebe champanhe. Valera cantou minhas romanças preferidas a noite toda…

Senhores oficiais — príncipes azuis!
Eu certamente não sou o primeiro,
E não sou o último…

---

* Jogo de cartas popular na Rússia em meados do século xix.

Faltavam quatro semanas. De manhã, antes do trabalho, eu entrava no quarto dele, sentava e ficava escutando enquanto ele dormia. Ele também dormia de um jeito bonito.

Era como se o destino batesse à nossa porta, como se mostrasse! Tive um sonho: eu estava numa cruz preta com um vestido longo e preto... E um anjo me levava na cruz... Eu mal conseguia me segurar... Resolvi ver aonde é que ia cair. No mar ou em terra firme? Olhei — embaixo havia uma escavação inundada pelo sol...

Eu esperava pelas férias dele. Por muito tempo não escreveu. Recebi uma ligação no trabalho:

— Minha mãezinha linda, cheguei. Não demore. A sopa está pronta.

Dei um grito:

— Filhinho, filhinho! Não está ligando de Tachkent? Você está em casa! Na geladeira tem uma panela do seu borshtch preferido!

— Ah, que bom! Vi a panela, mas não levantei a tampa.

— E qual é a sua sopa?

— Minha sopa é um sonho de idiota. Venha. Vou encontrá-la no ponto de ônibus.

Ele voltou todo grisalho. Não admitiu que não estava de férias, mas de licença do hospital: "Para ver a mãezinha por dois dias". Rolava no tapete, berrava de dor. Hepatite, malária — ele tinha pegado tudo junto. Avisou a enfermeira:

— Mamãe não deve saber o que aconteceu. Vá ler um livro.

De novo, antes de ir para o trabalho passava na frente do quarto dele, ficava olhando enquanto dormia. Uma vez abriu os olhos:

— O que foi, mãezinha?

— Por que não está dormindo? Ainda está cedo.

— Tive um pesadelo.

— Filhinho, se tiver um pesadelo precisa virar o corpo. Aí o sonho fica bom. E não deve contar os pesadelos para que não se realizem.

Nós o acompanhamos até Moscou. Eram dias ensolarados de maio. O malmequer-dos-brejos florescia.

— Como está por lá, filhinho?

— Mãezinha linda, o Afeganistão é o que não se pode fazer.

Só olhava para mim, para mais ninguém. Estendeu as mãos, tocamos as testas:

— Não quero ir para aquela vala! Não quero! — saiu. Olhou para trás. — É só isso, mãe.

Ele nunca tinha dito "mãe", era sempre "minha mãezinha". Era um dia maravilhoso e ensolarado. O malmequer-dos-brejos florescia… Uma funcionária do aeroporto olhava para nós e chorava…

No dia 7 de julho acordei chorando… Fixei os olhos vidrados no teto. Foi ele que me acordou… Como se tivesse vindo se despedir… Oito horas. Precisava me aprontar para o trabalho. Corro com o vestido do banheiro para o quarto, vou de um para outro… Por algum motivo não conseguia vestir um vestido claro. Eu rodava… Não via nada. Tudo girava… Chegando na hora do almoço me acalmei, na metade do dia…

Dia 7 de julho… Sete cigarros no bolso e sete fósforos. Sete fotos tiradas na câmera. Sete cartas para mim. E sete cartas para a noiva. Um livro aberto na sétima página… Kobo Abe. *Contêineres da morte.**

Ele tinha três, quatro segundos para se salvar… Eles voaram com o veículo num abismo…

— Rapazes, salvem-se! É o meu fim! — ele não foi capaz de saltar primeiro. Largar os amigos… Isso ele não podia…

---

* Na verdade, *Contêineres da morte* foi escrito por Seiichi Morimura, autor japonês conhecido por suas obras que denunciam crimes de guerra.

"Quem lhe escreve é o vice-comandante do regimento da unidade política, major Sinélnikov, S. R.

"Cumprindo meu dever de soldado, considero necessário informar que o primeiro-tenente Valeri Guennadevitch Volóvitch faleceu hoje às 10h45..."

A cidade toda já sabia... Na Casa dos Oficiais haviam pendurado um tecido preto com a fotografia dele. O avião com o caixão ia chegar logo, logo. Mas não tinham me dito nada... Ninguém se decidia... No meu trabalho todos estavam chorosos...

— O que aconteceu?

Me distraíam sob vários pretextos. Vi uma amiga na porta. Depois, nosso médico com um avental branco. Parecia que eu tinha acordado:

— Gente! O que aconteceu, ficaram loucos? Homens como ele não morrem! Não! — Comecei a bater na mesa. Corri para a janela, bati no vidro.

Me deram uma injeção.

— Gente! O que foi, enlouqueceram? Piraram?!

Outra injeção. Parecia que as injeções não pegavam. Falavam, e eu gritava:

— Quero vê-lo. Levem-me para meu filho.

— Levem, senão ela não vai aguentar.

Era um caixão comprido, que não havia sido lixado... E, escrito com tinta amarela em letras grandes: "Volóvitch". Eu levantei o caixão. Queria levar comigo. Minha bexiga falhou...

Era preciso encontrar um lugar no cemitério... Um lugar seco. Sequinho! Precisam de cinquenta rublos? Eu dou, dou. Só achem um lugar bom... Sequinho... Eu entendi ali, por dentro, o que é o horror, mas não conseguia falar... Um lugar sequinho... Se fosse preciso, eu dava tudo! Nas primeiras noites não saí... Ficava lá... Me levavam para casa, eu voltava... Segavam o feno... A cidade e o cemitério cheiravam a feno...

Uma manhã encontrei um soldadinho:

— Bom dia, mãe. Seu filho era meu comandante. Estou disposto a contar tudo.

— Ah, filhinho, espere.

Fomos à minha casa. Ele se sentou na poltrona do meu filho. Começou e desistiu:

— Não consigo, mãe...

Me aproximo e me inclino quando vou vê-lo, e quando saio também me inclino. Só me sinto em casa quando tenho visitas. Mas fico bem na casa do meu filho. Lá, não congelo nem no frio. Lá escrevo cartas a ele, tenho uma montanha de cartas não enviadas. Como vou mandar para ele? Volto à noite: os postes estão acesos, os carros andando com o farol aceso. Volto a pé. Tenho tanta força interna que não sinto medo de nada: nem de animais, nem de gente.

As palavras do meu filho não me saem dos ouvidos: "Não quero ir para aquela vala! Não quero!". Quem vai responder por isso? Quem é que deve... Quero ter uma vida longa, me esforço muito para isso. Viver para estar com meu filho... O que uma pessoa tem de mais indefeso é o seu túmulo. Seu nome. Sempre vou defender meu filho... Os camaradas vão vê-lo... Um amigo ficou de joelhos diante dele: "Valera, estou coberto de sangue... Com estas mãos eu matava. Não fugi dos combates. Estou coberto de sangue... Valera, agora não sei o que é melhor — morrer ou ficar vivo? Agora não sei...". Quero entender, quem vai responder por isso? Por que não dizem os nomes deles?

Como ele cantava:

Senhores oficiais — príncipes azuis!
Eu certamente não sou o primeiro,
E não serei o último...

Eu ia à igreja, conversava com o paizinho.

— Meu filho morreu. Ele era excepcional, amado. Como devo me comportar em relação a ele agora? Quais são nossos costumes russos? Nós os esquecemos. Quero saber.

— Ele era batizado?

— Paizinho, eu queria muito dizer que ele era batizado, mas não posso. Eu era a esposa de um jovem oficial. Morávamos em Kamtchatka. Sob a neve eterna... Em abrigos de neve... Aqui nossa neve é branca, lá é azul e verde, perolada. Ela não brilha e não dói os olhos. Um espaço limpo... O som dura muito... Está me entendendo, paizinho?

— Mãezinha Viktória, é uma pena que ele não tenha sido batizado. Nossas preces não chegam a ele.

Eu explodi:

— Então vou batizá-lo agora! Com meu amor, com meus tormentos. Vou batizá-lo agora com meu sofrimento...

O paizinho pegou minha mão. Estava tremendo:

— Você não deve se preocupar assim, mãezinha Viktória. Com que frequência vai ver seu filho?

— Vou todo dia. E como seria? Se ele estivesse vivo, eu e ele nos veríamos todos os dias.

— Mãezinha, a senhora não deve incomodá-lo depois das cinco da tarde. Eles saem para ter sossego.

— Eu fico no trabalho até às cinco, depois ainda faço um bico. Ergui um mausoléu novo para ele... Custou 2500... Preciso pagar as dívidas.

— Escute, mãezinha Viktória, vá à missa sem falta nos fins de semana e todo dia às doze. Aí ele a ouve.

Me deem tormentos, os mais tristes, os mais insuportáveis, mas que cheguem a ele minhas preces. Meu amor...

Mãe

— Aqui tudo acontece como um milagre... Tudo se sustenta por essa fé... No milagre!

Fizeram com que a gente subisse no avião: "Correndo! Correeendo!". E ao lado, bem... Ao lado, a algumas dezenas de metros de nós... Vieram carregando pelos braços o piloto bêbado, caindo de bêbado, botaram para dentro da cabine aos empurrões. Mãe do céu! E todos — tudo bem... O avião levantou voo e voou. Abaixo: montanhas, picos afiados. Cair em cima daquilo seria um horror... como cair sobre pregos... Mãe do céu! Comecei a suar... Aterrissamos normalmente, bem na hora. A ordem: "Sair! Em formação!". O piloto passa abrindo as pernas e se gabando de que está sóbrio. E todos achando que está tudo bem... O que é isso? O quê, senão um milagre? É assim que as façanhas se realizam aqui, que as pessoas se tornam heróis. Mas quando começamos a nos confessar, também não há medida — uma camisa branca aberta sobre o peito! Choramos lágrimas amargas. Tudo com a maior intensidade! Até o fim! Como uma bebedeira. Eu voltei... Disse a mim mesmo: que vá tudo para o inferno! Para o inferno! Estão nos transformando em doentes mentais, em estupradores, drogados. Eu voltei... Tenho uma vida normal de uma pessoa normal... Mãe do céu! E todos achando que está tudo bem... Bebia vinho, amava mulheres, dava flores. Me casei. Tive o primeiro filho... Estou aqui na sua frente — pareço um louco? Pareço um animal? Servi nas forças especiais... Todos nós éramos rapazes ótimos, muitos vinham do campo. Da Sibéria. Eles eram os mais saudáveis, mais resistentes. Um ficou pirado... Amava cutucar com o cano da espingarda o tímpano dos prisioneiros *dukhi*. Mãe do céu! Mas um... Só um... (*Fica calado.*)

A vida, por mais estranho que seja, continua... De Boris Slútski:* "Quando voltamos da guerra, entendi que não éramos necessários". Tenho dentro de mim toda a tabela de Mendelêiev... A malária castiga até agora... E para quê? Ninguém estava esperando por nós... Lá nos gritavam outras coisas: vocês vão avançar a reconstrução, sacudir as mentes estagnadas. O pântano! Volta-

---

* Boris Slútski (1919-86), poeta soviético que lutou na Segunda Guerra Mundial.

mos… Não nos deixavam entrar em lugar nenhum… Desde o primeiro dia repetiam: "Estudem, pessoal. Vão chefiar famílias". Mãe do céu! E todos achando que está tudo bem… Ao redor — especulação, máfia, indiferença, e não nos deixavam chegar perto das coisas sérias… Um homem de negócios me explicou: "Mas o que você consegue fazer? Só atirar… E o que sabe? Que só se defende a pátria com uma pistola? Que só se restabelece a justiça com uma metralhadora?". Certo… Não somos heróis… Mãe do céu! Talvez daqui a trinta anos eu mesmo diga a meu filho: "Filho, nem tudo era tão heroico quanto está escrito nos livros, havia a parte suja também". Eu mesmo vou dizer… Mas daqui a trinta anos… Agora é uma ferida viva, que acabou de começar a cicatrizar, a criar uma casca… (*Começa a andar pelo quarto.*)

Eu tive um momento lá… (*Para.*) Você quer saber? Pensei no meu último desejo… Ele se revelou tão simples: uma caneca de água e um cigarro. Mãe do céu! Eu não queria morrer, não pensava em morrer… Minha consciência estava indo embora por perda de sangue… A consciência oscilava… Voltei a mim por um grito… Valerka Lobatch, nosso enfermeiro-instrutor… Ele me batia no rosto e gritava histericamente: "Você vai ficar vivo! Você vai ficar vivo!". (*Senta-se bruscamente.*)

O mais interessante de recordar… Mãe do céu! E todos achando que está tudo bem… Até hoje, à noite, subo montanhas e levo: uma metralhadora, dois EC, ou seja, dois Equipamentos de Combate — novecentos cartuchos, e a isso é preciso acrescentar quatro granadas, cortina de fumaça, sinais, pistola de sinalização, capacete, colete à prova de balas, pá de sapador, calças de algodão, capa-barraca, ração seca para três dias (e eram nove latas de conserva pesadas e três pacotes de torrada grandes). Cinquenta quilos. Nas pernas, botas com cano de lona e *portianki*, pelas quais trocaram nossos calçados antes de nos mandarem para fora da União Soviética. Cozinhei os pés até tirar uns tênis canadenses de um *dukh* morto… Que vá tudo para o inferno! Para o inferno! Na guerra tudo muda, até os cachorros mudam. Passam fome… Os cachorros dos outros… Olham para você como se fosse comida, uma pessoa nunca se sente comida, e lá eu me sentia. Uma vez estava caído, ferido… Ainda bem que o pessoal me achou rápido… (*Fica calado.*) Para que você veio? Para que fui concordar… Em mexermos nisso… Para quê? Para quem? Meu avô combateu na Grande Guerra Patriótica… Conto para ele que perdemos dez caras num combate. Dez caixões… Dez sacos plásticos… Meu avô responde: "Mas você não viu o que é guerra de verdade. Na nossa época, de um combate não voltavam cem, duzentas pessoas. Botávamos numa vala comum só de camisa ou de cuecas e jogávamos terra em cima". Para o inferno! Estou terminando… Mãe do céu! E todos achando que está tudo bem… Lá bebíamos vodca Moskóvskaia, no povo dizem "kalenval". Três rublos e 62 copeques…

Quatro anos se passaram… Uma coisa não mudou — a morte, o fato de que os amigos morreram; todo o resto mudou…

Há pouco tempo fui ao médico… Voltamos todos com escorbuto, periodontite. Quanto cloro tomamos! Um me arrancou uns dentes, o outro… Por causa da dor, do choque (não tinha tomado anestesia), de repente comecei a falar… Não conseguia parar… E a dentista olhava para mim quase com nojo, todos os sentimentos estavam claros no rosto dela. Disse: "A boca cheia de sangue, e ainda fala". Entendi que todos pensam isso de nós: a boca cheia de sangue, e eles ainda falam…

Sargento, soldado, forças especiais

POST MORTEM

TATÁRTCHENKO
ÍGOR LEONÍDOVITCH
(1961-81)

No cumprimento da missão, fiel ao juramento militar,
demonstrando firmeza e coragem, faleceu no Afeganistão.
Amado Igoriok, você partiu da vida sem conhecê-la.
Mamãe, papai

LADUTKO
ALEKSANDR VÍKTOROVITCH
(1964-84)

Falecido no cumprimento do dever internacional.
Você executou honestamente seu dever militar.
Não conseguiu se salvar, meu filhinho.
Faleceu em terra afegã como um herói
para que houvesse um céu pacífico sobre o país.
Ao meu querido filho, da sua mãe

BARTACHÉVITCH
IÚRI FRANTSEVITCH
(1967-86)

Faleceu heroicamente no cumprimento
do dever internacional.
Lembramos, amamos, lamentamos.
Lembrança dos familiares

BOBKOV
LEONID IVÁNOVITCH
(1964-84)

Falecido no cumprimento do dever internacional.
Sem você, filho querido,
foi-se a lua e apagou-se o sol.
Mamãe, papai

ZILFIGÁROV
OLEG NIKOLÁIEVITCH
(1964-84)

Faleceu leal ao juramento militar.
Não se realizaram os desejos, não se realizaram os sonhos,
cedo fecharam-se seus olhos, Olejek,
filhinho, irmãozinho querido. Não há como expressar
a dor de nos separarmos de você.
Mamãe, papai, irmãozinhos e irmãzinhas

KOZLOV
ANDREI IVÁNOVITCH
(1961-82)

Falecido no Afeganistão.
Filho único.
Mamãe

BOGUCH
VÍKTOR KONSTANTÍNOVITCH
(1960-80)

Falecido em defesa da pátria.
Sem você, a terra ficou vazia…
Mamãe

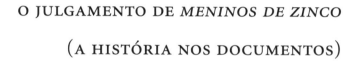

O JULGAMENTO DE *MENINOS DE ZINCO*

(A HISTÓRIA NOS DOCUMENTOS)

Recentemente, um grupo de mães de combatentes internacionalistas falecidos no Afeganistão iniciou um processo contra a escritora Svetlana Aleksiévitch, autora do livro *Meninos de zinco*. Sua petição inicial será examinada pelo tribunal popular da região central de Minsk.

A motivação do processo foi o espetáculo *Meninos de zinco*, encenado no Teatro Bielorrusso Ianka Kupala, e a publicação de trechos do livro no jornal *Komsomólskaia Pravda*. O espetáculo foi gravado pela televisão pública e exibido para os habitantes da Bielorrússia. As mães que durante todos esses anos vêm carregando uma dor insuperável se ofenderam por seus filhos, representados como robôs assassinos sem alma, saqueadores, drogados e estupradores...

L. Grigoriev
Vetchérni Minsk, *12 de junho de 1992*

"*Meninos de zinco* vai parar no tribunal": assim era o título da matéria publicada em 22 de junho no jornal *Na Straje Oktiábria* e em algumas outras publicações. "Depois do lançamento de seu livro", dizia a matéria,

> foi declarada uma verdadeira guerra contra a escritora Svetlana Aleksiévitch: acusa-se a autora de deturpação e falsificação dos relatos dos "afegãos" e de suas mães. O ataque veio depois da encenação do espetáculo homônimo no palco do Teatro Bielorrusso Ianka Kupala e sua exibição na televisão. O tribunal da região central terá que avaliar a petição inicial de um grupo de mães de combatentes internacionalistas falecidos. A data do julgamento não foi definida. O espetáculo foi retirado de cena...

Telefonamos para o tribunal da região central da capital para pedir um comentário sobre essa informação, mas nosso telefonema despertou surpresa. A secretária S. Kulgan declarou que o tribunal não havia recebido aquela petição inicial...

Como nos esclareceu o autor da matéria do jornal *Na Straje Oktiábria*, V. Strelski, a informação foi obtida no jornal moscovita *Krásnaia Svezdá*.

Tchirvonaia Zmena, *14 de julho de 1992*

Em 20 de janeiro, o jornal *Soviétskaia Bielorrúsia* informou: "No tribunal nacional da região central de Minsk, teve início o julgamento do caso da escritora Svetlana Aleksiévitch...".

Um dia antes disso, em 19 de janeiro, o jornal *Vetcherni Minsk* publicou uma matéria sobre o mesmo tema com o título "Processo contra escritora". Ressalto a data da publicação de propósito. A questão é a seguinte...

Ao comparecer ao tribunal da região central da capital da

Bielorrússia, fui informado de que o caso seria conduzido pela juíza Gorodnítcheva.

Ela não permitiu ligar o gravador. Recusou-se categoricamente a dar qualquer esclarecimento, alegando que "não devia aumentar a pressão" do ambiente. Mas Gorodnítcheva mostrou a pasta com o processo de Aleksiévitch, iniciado em... 20 de janeiro. Ou seja, é evidente que os materiais de divulgação do que será o processo (!) já estavam prontos antes de o próprio processo ser iniciado...

Leonid Svirídov
Sobessiédnik, *n. 6, 1993*

Duas demandas judiciais foram apresentadas ao tribunal nacional da região central de Minsk. Um ex-soldado do Afeganistão, atualmente inválido, afirma que S. Aleksiévitch o caluniou pessoalmente e escreveu mentiras a respeito da guerra. Portanto, ela deve se desculpar publicamente e compensar a honra ofendida do soldado com 50 mil rublos. Além disso, a mãe de um oficial falecido diverge da escritora na avaliação do patriotismo soviético e de seu papel na educação da nova geração.

Svetlana Aleksiévitch se encontrou com ambos os reclamantes há alguns anos, durante o processo de trabalho de seu famoso livro *Meninos de zinco*. Ambos declaram agora que na época não falaram "daquele jeito", e se disseram "daquele jeito" em que aparece fixado no livro, agora mudaram de ideia.

Algumas nuances não são desprovidas de interesse. O soldado reclamante, ao acusar a escritora de deturpar os fatos e ofender sua dignidade, menciona uma publicação de jornal de 1989. Porém, não é ele que figura nela, e sim um soldado com sobrenome totalmente diferente. A mãe reclamante leva o processo para labirintos da política e da psicologia, de onde não a livra nem um batalhão de especialistas. Ainda assim, ambos os processos sobre a obra foram aceitos pelo juiz para investigação. As audiências ainda não começaram, mas a escritora já está sendo submetida ao interrogatório que precede o processo...

Anatóli Kozlóvitch
Literatúrnaia Gazeta, *10 de fevereiro de 1993*

A famosa escritora bielorrussa Svetlana Aleksiévitch, que em sua época nos lembrou que *A guerra não tem rosto de mulher*, está sendo processada. Parece que as cinzas do Afeganistão ainda fazem bater o coração de alguns leitores indignados, que não perdoaram o livro *Meninos de zinco*, de S. Aleksiévitch, um relato documental sobre uma Guerra do Afeganistão desconhecida para nós. A escritora é acusada de alteração, uso seletivo dos materiais apresentados a ela por participantes da guerra, viúvas e mães de soldados falecidos. E também de calúnia, antipatriotismo e difamação. Por enquanto não está claro se o processo terá "andamento legal" ou se os autores da petição inicial, depois de exigir certa compensação moral, deixarão de levar o caso ao tribunal (processo aberto). Mas o sinal é óbvio. Parece que se levantou sombra do major Tchervonopissni, que no Congresso dos Deputados da União Soviética ensinava o acadêmico Andrei Sákharov como este devia avaliar a Guerra do Afeganistão...

Fiódor Mikháilov
Kuranti, *3 de fevereiro de 1993*

DA PETIÇÃO INICIAL DE OLEG SERGUÊIEVITCH LIACHENKO, EX-SOLDADO, ATIRADOR DE GRANADA

Em 6 de outubro de 1989, no artigo "Estávamos voltando de lá", publicado no jornal *Litaratura i mastatsva*, foram publicados trechos do livro documental *Meninos de zinco*, de Svetlana Aleksiévitch. Um dos monólogos foi escrito em meu nome (o sobrenome está incorreto).

O monólogo reproduz meu relato sobre a Guerra do Afeganistão e minha estadia no país, as relações entre as pessoas na guerra, depois da guerra etc.

Aleksiévitch deturpou por completo meu relato, escreveu coisas que eu não falei, e se falei, entendia aquilo de outra forma, tirou por conta própria conclusões a que não cheguei.

Parte do que foi dito, e do que escreveu S. Aleksiévitch em meu nome, humilham e ofendem minha honra e dignidade.

São as seguintes frases:

1. No "treinamento" de Vítebsk não era segredo que estavam preparando a gente para o Afeganistão. [...] Um admitiu que estava com medo, dizia que iam matar todos nós a tiros lá. Passei a sentir desprezo por ele. Logo antes da partida, mais um quis se recusar a ir [...] Eu o considerava um anormal. Íamos fazer a revolução!

2. Depois de umas duas, três semanas, não sobra nada de quem você era antes, só seu nome. Você já não é você, é outra pessoa. [...] Essa pessoa já não se assusta quando vê um morto, mas pensa com tranquilidade ou irritação como vai arrastá-lo para fora do rochedo, ou puxá-lo por vários quilômetros no calor [...]. Surge uma agitação aguda e perturbadora ao ver um morto: dessa vez não fui eu! [...] Essa transformação... Acontece com quase todos.

3. Fui ensinado a atirar onde mandavam. Atirava sem pena de ninguém. Podia matar uma criança [...] Todos queriam voltar para casa. Todos queríamos sobreviver. Não dava tempo de pensar. A gente tinha dezoito, vinte anos. Eu estava acostumado com a morte dos outros, mas tinha medo da minha.

4. Só não escreva sobre nossa irmandade afegã. Ela não existe. Não acredito nela. Na guerra, o que nos unia era o medo. Havíamos sido igualmente enganados [...]. Aqui, o que nos une é o fato

de que não temos nada. [...]. Temos os mesmos problemas: pensões, apartamentos, remédios, próteses, mobília... Se os resolvemos, nossos grupos se desfazem. Eu vou arranjar, arrombar, descolar um apartamento para mim, mobília, geladeira, máquina de lavar, um videocassete japonês — e pronto! [...] Os jovens não nos procuram. Somos incompreensíveis para eles. Somos mais ou menos como os participantes da Grande Guerra Patriótica, mas eles estavam defendendo a pátria, e nós? Estávamos no papel dos alemães — como me disse um rapaz. [...] E nós temos raiva deles. [...] Quem não esteve comigo, não viu, não sobreviveu, não experimentou, para mim não é ninguém.

Todas essas declarações insultam profundamente minha dignidade humana, já que não falei isso, não penso assim e considero que essas informações difamam minha honra como homem, pessoa e soldado...

20 de janeiro de 1993
Sem assinatura pessoal

DOS ESTENOGRAMAS DA AUDIÊNCIA ANTES DO JULGAMENTO

Juíza: T. Gorodnítcheva; advogados: T. Vlássova, V. Luchkínov; reclamante: O. Liachenko; acusada: S. Aleksiévitch.
Juíza T. Gorodnítcheva:
— Reclamante, o senhor afirma que a escritora deturpou seu relato dos fatos?
O. Liachenko:
— Sim.
Juíza T. Gorodnítcheva:
— Demandada, peço que esclareça o cerne dessa questão.

S. Aleksiévitch:

— Oleg, eu queria te lembrar como você contava e chorava quando nos encontramos, e não acreditava que sua verdade poderia ser publicada um dia. Você pediu que eu fizesse isso... Eu escrevi. E agora? Você está sendo enganado e usado de novo. Pela segunda vez... Mas na época você não tinha dito que nunca mais ia deixar te enganarem?

O. Liachenko:

— Se a senhora estivesse no meu lugar: uma pensão miserável, sem trabalho, dois filhos pequenos... Há pouco tempo minha esposa também foi demitida. Como vou viver? Com o que vou viver? Mas a senhora recebe honorários. Publica no exterior. E nós, no fim das contas, viramos assassinos, estupradores.

Advogada T. Vlássova:

— Protesto. Meu cliente está sob pressão psicológica. Meu pai foi piloto, general, também morreu no Afeganistão. Lá, tudo era sagrado. Eles estavam cumprindo um juramento. Estavam defendendo a pátria...

Juíza T. Gorodnítcheva:

— O que pede o reclamante?

O. Liachenko:

— Que a escritora que está na minha frente peça desculpas publicamente e me indenize por danos morais...

Juíza T. Gorodnítcheva:

— Pede apenas que se desmintam os fatos publicados?

O. Liachenko:

— Por minha honra de soldado ultrajada eu exijo que S. Aleksiévitch me pague 50 mil rublos.

S. Aleksiévitch:

— Oleg, não acredito que essas palavras sejam suas. Você está dizendo palavras de outra pessoa... Lembro de você de outro jeito... E você pôs um preço muito baixo no seu rosto queimado, no seu olho perdido... Só não precisava me chamar para o tribunal. Você me confundiu com o Ministério da Defesa e com o Politburo do Partido Comunista da União Soviética...

Advogada T. Vlássova:

— Protesto! Isso é pressão psicológica...

S. Aleksiévitch:

— Quando nos encontramos, Oleg, você foi honesto, e eu temi por você. Tinha medo de que você pudesse ter problemas com a KGB, pois tinha sido obrigado a assinar um papel de confidencialidade de segredos de guerra. Então eu mudei seu sobrenome. Eu o mudei para defender você, e agora eu mesma preciso me defender de você com isso. Como não tem seu sobrenome, é uma imagem coletiva... E suas queixas não têm fundamento...

O. Liachenko:

— Não, são palavras minhas. Fui eu que falei... Lá aparece como fui ferido... E... Tudo ali é meu...

DA DEMANDA JUDICIAL DE IEKATERINA NIKÍTITCHNA PLATÍTSINA, MÃE DO MAJOR FALECIDO ALEKSANDR PLATÍTSIN

Em 6 de outubro de 1989, no artigo "Estávamos voltando de lá", no jornal *Litaratura i mastatsva*, foram publicados trechos do livro documental de Svetlana Aleksiévitch, *Meninos de zinco*. Um dos monólogos, o da mãe do major falecido no Afeganistão A. Platítsin, foi escrito em meu nome.

Esse monólogo está incluído por completo no livro de S. Aleksiévitch, *Meninos de zinco*.

No monólogo publicado no jornal e no livro, o relato que fiz sobre meu filho está deturpado. Apesar de se tratar de um livro documental, S. Aleksiévitch acrescentou vários fatos por conta própria, omitiu muita coisa de meus relatos, tirou conclusões por si só e assinou o monólogo com meu nome.

O artigo ofende e humilha minha honra e dignidade...

Sem assinatura pessoal e data

DOS ESTENOGRAMAS DA AUDIÊNCIA ANTES DO JULGAMENTO

Juíza: T. Gorodnítcheva; advogados: T. Vlássova, V. Luchkínov; reclamante: E. Platítsina; acusada: S. Aleksiévitch.

Juíza T. Gorodnítcheva:

— Estamos escutando, Iekaterina Nikítitchna...

E. Platítsina:

— A imagem do meu filho gravada na minha consciência não corresponde em nada à imagem que aparece no livro.

Juíza T. Gorodnítcheva:

— A senhora poderia esclarecer sua ideia: onde, em que lugar e como os fatos estão deturpados?

E. Platítsina (*pega o livro*):

— Aqui está tudo diferente do que falei. Meu filho não era assim. Ele amava a pátria. (*Chora.*)

Juíza T. Gorodnítcheva:

— Peço que a senhora se acalme e nos conte os fatos.

E. Platítsina (*lê o livro*):

— "Depois do Afeganistão (foi quando ele voltou das férias) ficou ainda mais terno. Em casa, para ele tudo estava bom. Mas havia uns momentos em que ficava sentado, calado, não via nada. À noite saltava da cama e andava pelo quarto. Uma vez acordei com um grito: 'Está explodindo, está explodindo! [...]'. Outra noite escutei: alguém estava chorando. Quem podia estar chorando aqui? Não havia crianças pequenas. Abri a porta do quarto dele: estava envolvendo a cabeça com as duas mãos e chorava..."

Ele era oficial. Um oficial militar. E aqui foi mostrado como um chorão. Por acaso precisava escrever sobre isso?

Juíza T. Gorodnítcheva:

— Eu mesma estou quase chorando. E chorei mais de uma vez quando li este livro e seu relato. Mas o que aqui ofende sua honra e dignidade?

E. Platítsina:

— Ele era oficial, entende? Não podia chorar. Ou aqui: "Dois dias depois era o Ano-Novo. Ele escondeu presentes para nós debaixo da árvore. Para mim, um lenço grande. Preto. — 'Filhinho, por que escolheu o preto?' — 'Mamãe, havia vários lá. Mas quando chegou a minha vez na fila, só sobraram os pretos. Olhe, fica bem em você...'".

Aparece que meu filho ficava nas filas, mas ele não suportava lojas e filas. E aí está ele, na guerra, de pé numa fila... Por minha causa, para pegar um lenço... Para que escrever sobre isso? Era um oficial militar. Está morto...

Svetlana Aleksándrovna, para que a senhora escreveu isso?

S. Aleksiévitch:

— Quando estava escrevendo seu relato, também chorei. E odiei aqueles que tinham mandado seu filho para morrer por nada num país estrangeiro. Na época estávamos juntas, de comum acordo.

E. Platítsina:

— Está dizendo que eu devia odiar o Estado, o Partido... Mas tenho orgulho do meu filho! Ele morreu como um oficial militar. Todos os camaradas o amavam. Eu amo o país em que vivíamos — a União Soviética — porque meu filho morreu por ele. Mas odeio a senhora! Não preciso da sua verdade terrível. Não temos necessidade dela! Está escutando?!

S. Aleksiévitch:

— Eu poderia escutar a senhora. Poderíamos conversar. Mas por que devemos conversar sobre isso num tribunal? Não consigo entender...

... Segundo bom e velho roteiro soviético, Svetlana Aleksiévitch é amaldiçoada sistematicamente como agente da CIA, lacaia do imperialismo mundial, difamadora de sua grandiosa pátria e de seus filhos heroicos em troca de, supostamente, duas Mercedes e uns trocados de dólar...

O primeiro julgamento não deu em nada, já que os reclamantes — o ex-soldado O. Liachenko e a mãe de um oficial falecido, E. N. Platítsina — não apareceram no dia do julgamento. Mas seis meses depois foram abertos mais dois processos: de I. S. Galovneva, mãe do primeiro-tenente falecido Iu. Galovnev, presidente do Clube Bielorrusso de Mães de Combatentes Internacionalistas Falecidos, e Tarás Ketsmur, ex-soldado, atualmente presidente do Clube de Combatentes Internacionalistas de Minsk...

Prava Tcheloveka, *nº 3, 1993*

Em 14 de setembro, em Minsk, ocorreu um julgamento que teve como ré a escritora Svetlana Aleksiévitch.

E foi então que começou a parte mais interessante. "A petição inicial de I. S. Galovneva, mãe do 'afegão' falecido, foi apresentada ao tribunal sem data", disse o advogado de Aleksiévitch, Vassíli Luchkínov.

Recebemos a cópia sem assinatura e, naturalmente, sem data. Porém, isso não impediu a juíza Tatiana Gorodnítcheva de apresentar o processo segundo o 7º artigo do Código Civil. Desperta surpresa que o próprio caso não tivesse sido processualmente formalizado no momento do julgamento: ou seja, no livro de registro já constava o número, ainda que não houvesse decisão de abertura de processo civil.

No entanto, o julgamento aconteceu... e foi presidido por uma pessoa que só viu o processo, pessoalmente, no momento da audiência. Svetlana Aleksiévitch e seu advogado só souberam que a juíza T. Gorodnítcheva tinha sido substituída pelo juiz I. Jdánovitch dez minutos antes do começo da audiência.

"Trata-se mais de uma questão moral do que de uma questão jurídica", reagiu Vassíli Luchkínov.

Talvez seja, mas na mesa dos reclamantes de repente apareceu mais um personagem do livro de Svetlana Aleksiévitch — Tarás Ketsmur —, e diante do juiz I. Jdánovitch apresentou sua petição inicial sem assinatura e, claro, por isso, sem um processo aberto...

O advogado da ré chamou a atenção do juiz para esse absurdo e apresentou uma queixa. A audiência foi adiada...

Oleg Blotski
Literatúrnaia Gazeta, *6 de outubro de 1993*

DOS ESTENOGRAMAS DA AUDIÊNCIA
DE 29 DE NOVEMBRO DE 1993

Juiz: I. N. Jdánovitch; assessores populares: T. B. Boríssevitch, T. S. Soroko; reclamantes: I. S. Galovneva, T. M. Ketsmur; acusada: S. A. Aleksiévitch.

DA DEMANDA JUDICIAL DE INNA SERGUÊIEVNA
GALOVNEVA, MÃE DO PRIMEIRO-TENENTE FALECIDO
IU. GALOVNEV

No jornal *Komsomólskaia Pravda* de 15/02/1990 foram publicados trechos da obra documental de S. Aleksiévitch, *Meninos de zinco.*

O monólogo publicado com meu sobrenome possui imprecisões e deturpações dos fatos relatados por mim a S. Aleksiévitch, assim como evidentes mentiras e invenções: ou seja, trata-se de um relato de palavras supostamente minhas sobre circunstâncias que eu não relatei, e nem poderia. Uma interpretação livre do que falei, assim como evidentes invenções relatadas em meu nome, caluniam minha honra e dignidade, ainda mais porque se trata de uma obra documental. Acredito que uma escritora documental tem a obrigação de expor com precisão a informação recebida, ter a gravação da conversa, passar o texto pela aprovação do entrevistado.

Assim, Aleksiévitch declara no artigo: "Não é correto uma mãe admitir isso, mas eu o amava mais do que tudo no mundo. Mais do que o meu marido, mais do que o meu segundo filho [...]". (Estava falando do meu filho falecido, Iuri.) A citação foi inventada (não corresponde ao que foi dito). A menção a uma suposta diferença no grau de amor pelos filhos criou um conflito na minha família, e acredito que calunia minha identidade.

A seguir: "No primeiro ano, o que ele sabia de cor não eram os contos de fada, mas páginas inteiras de *Assim foi temperado o aço*, de Nikolai Ostróvski". Na frase citada se subentende que meu filho foi criado numa família de fanáticos. O que eu estava contando a Aleksiévitch era que aos sete, oito anos Iura já lia livros sérios como *Assim foi temperado o aço.*

Aleksiévitch também deturpou meu relato sobre as circunstâncias da partida de meu filho para o Afeganistão. Ela atribui a ele as supostas palavras: "Vou para o Afeganistão mostrar a eles que existe algo grandioso na vida, e que nem todo mundo se contenta com uma geladeira cheia de carne [...] para ser feliz". Não aconteceu nada do tipo. As afirmações de Aleksiévitch difamam a mim e a meu filho. Como uma pessoa normal, patriota, romântica, ele solicitou voluntariamente que o mandassem para o Afeganistão.

Não disse a Aleksiévitch frases em que demonstro desconfiança sobre suas intenções ao solicitar o envio para o Afeganistão: "Lá não vão matar você pela pátria, vão matar sei lá por quê [...] Como a pátria pode mandar para a morte [...]". Eu mesma o mandei para lá. Eu mesma!

Esta citação difama minha honra e minha dignidade, e me retrata como uma pessoa hipócrita e com dupla moral.

A discussão entre meus filhos foi descrita incorretamente. No livro de Aleksiévitch está escrito o seguinte: "Guena, você lê pouco. Nunca o vi com um livro na mão. Sempre o violão".

A discussão entre meus filhos aconteceu apenas pelo seguinte motivo: a escolha da profissão do meu filho mais novo. O violão não teve nada a ver com isso.

Essa frase de Aleksiévitch me ofende pelo fato de ressaltar uma falta de amor por meu filho mais novo. Eu não disse essas palavras a ela.

Considero que Aleksiévitch, ao decidir apresentar os acontecimentos ligados à Guerra do Afeganistão não apenas como um erro político, mas também como culpa de toda a população, com frequência inventa, sem mais nem menos e de modo tendencioso, circunstâncias que supostamente teriam aparecido na entrevista. O objetivo dela era apresentar nosso povo — os soldados que estiveram no Afeganistão e seus parentes — como pessoas sem princípios e cruéis, indiferentes ao sofrimento dos outros.

Para facilitar o trabalho de Aleksiévitch, mostrei a ela o diário do meu filho; porém, isso não a ajudou a expor as circunstâncias de forma efetivamente documental.

Peço que Aleksiévitch se desculpe pela deturpação de meu material verdadeiro e pela difamação de minha honra e dignidade no jornal *Komsomólskaia Pravda*.

Sem assinatura pessoal e data

DA DEMANDA JUDICIAL DE TARÁS KETSMUR, EX-SOLDADO

No texto mostrado em minha primeira petição inicial sobre a defesa da minha honra e dignidade não foram apontadas queixas concretas sobre S. Aleksiévitch por sua publicação no *Komsomólskaia Pravda* (15/02/1990). Pela presente, acrescento à petição e afirmo: tudo o que foi exposto por S. Aleksiévitch no artigo de jornal e no livro *Meninos de zinco* é invenção e nada daquilo ocorreu na realidade, já que não me encontrei com ela e nunca lhe disse nada.

Na publicação do artigo de 15 de fevereiro de 1990 no *Komsomólskaia Pravda*, lê-se o seguinte:

Fui para o Afeganistão com minha cadela Tchara... Você grita: "Morta!", e ela cai. "Feche os olhos", e ela cobre o focinho e os olhos com as patas. Se eu não estava bem, se estava muito aflito, ela se sentava ao meu lado e chorava. Nos primeiros dias fiquei mudo de empolgação por estar lá [...]

Mas, por favor, nunca mexa com isso, agora tem muito espertinho por aqui, mas por que ninguém devolveu a carteirinha do Partido? Ninguém deu um tiro na testa quando estávamos lá [...]

Vi desenterrarem nos campos ferro e ossos humanos... vi uma casca alaranjada no rosto petrificado de um morto... Por algum motivo estava laranja...

No meu quarto havia os mesmos livros, foto, aparelho de som, violão, mas eu era outro. Não consigo passar pelo parque — fico olhando para trás. No café, o garçom para atrás de mim: "Qual é o pedido?", e eu fico a ponto de dar um pulo e sair correndo. Não podia ter ninguém parado atrás de mim. Vejo um pobre coitado, só tenho um pensamento — preciso fuzilá-lo.

Na guerra eu tinha que fazer coisas diretamente opostas ao que é exigido na vida de paz, e na vida de paz precisei me esquecer de todos os hábitos adquiridos na guerra.

Atiro muito bem, lanço granadas no alvo, de que isso me serve? Eu ia ao centro de recrutamento, pedia para ser mandado de volta, não aceitavam... Logo a guerra vai acabar e vão voltar outros como eu. Haverá mais dos nossos.

Li um texto praticamente igual, com pequenas correções literárias, no livro *Meninos de zinco*, no qual figuram o mesmo cachorro, as mesmas ideias ditas em voz alta.

Mais uma vez afirmo que isso é pura invenção atribuída ao meu nome...

No que se refere ao exposto acima, peço que a alta corte defenda minha honra difamada de soldado e cidadão.

Sem assinatura pessoal e data

DO DEPOIMENTO DE I. S. GALOVNEVA

Vivemos por muito tempo no exterior, onde meu marido servia. Voltamos para a pátria no outono de 1986. Eu estava feliz porque finalmente estávamos em casa. Mas, junto com a felicidade, uma desgraça se abateu sobre nossa casa: meu filho morreu.

Passei um mês de cama. Não queria escutar ninguém. Ficava tudo desligado na minha casa. Eu não abria a porta para ninguém. Aleksiévitch foi a primeira a entrar na minha casa. Ela disse que queria escrever a verdade sobre a Guerra do Afeganistão. Acreditei nela. Ela foi num dia, mas no dia seguinte eu precisava me internar no hospital e não sabia se ia voltar de lá ou não. Eu não queria viver, sem meu filho eu não queria viver. Quando Aleksiévitch veio, ela disse que estava escrevendo um livro documental. O que é um livro documental? Achei que deviam ser diários, cartas dos que estiveram ali. Foi o que entendi. Dei a ela o diário do meu filho, que ele escreveu lá: "Se quer escrever a verdade", falei, "aqui está ela, no diário do meu filho".

Depois nós conversamos. Contei a ela minha vida porque estava num momento difícil, estava de joelhos entre quatro paredes. Não queria viver. Ela tinha um gravador, gravou tudo. Mas não dizia que ia publicar. Contei a ela porque sim, mas o que ela ia publicar era o diário do meu filho. Era um relato documental, afinal. Dei a ela o diário, meu marido fez uma cópia especialmente para ela.

Ela também disse que estava se preparando para ir ao Afeganistão. Esteve lá numa viagem a trabalho, mas meu filho morreu lá. O que ela sabe sobre a guerra?

Mas acreditei nela, estava esperando pelo livro. Esperava a verdade: para que mataram meu filho? Escrevia cartas para Gorbatchóv: responda pelo que morreu meu filho num país estrangeiro? Todos ficaram calados…

Iura escreveu no diário o seguinte:

1º de janeiro de 1986. Metade do caminho já foi percorrida, e adiante resta tão pouco. E de novo a chama, e de novo o olvido, e um novo caminho longo — e assim vai eternamente, antes que se cumpra a vontade predestinada. E a memória que fustiga com o açoite do vivido, que irrompe na vida com sonhos de pesadelo, e os fantasmas de outro mundo, outros tempos e séculos, que atraem por sua semelhança, mas são outros por não conhecerem os dias que correm. E não há como parar, não há como tomar fôlego, não há como mudar o que já foi predeterminado — o vazio e as trevas se abrirão diante de quem ceder, pois, depois de sentar para descansar, já não haverá como se levantar da Terra. E cansado, em desespero e dor você exclama para os céus vazios: o que há ali quando o círculo se fechar e o caminho estiver terminado, e o novo mundo resplandecer em sua grandiosidade? Por que vamos atrás deles em busca de resposta? A eles não é dado erguer-se a alturas fulgurantes, e não importa quão longo seja o caminho, de toda forma seus dias já estão contados. E nós quebramos nossa vida sem conhecer o descanso e a felicidade, andamos cansados e destruídos, onipotentes e sem direitos, demônios e anjos desse mundo...

Aleksiévitch não publicou isso, a verdade do meu filho. Não pode haver outra verdade, a verdade é daqueles que estiveram lá. Ela descreveu minha vida, não sei por quê. Numa linguagem simples, infantil. Que literatura é essa? Um livreco pequeno e imundo...

Camaradas, eu criei meus filhos de forma justa e honesta. Ela escreve que meu filho amava o livro de Nikolai Ostróvski, *Assim foi temperado o aço*. Na época passavam esse livro na escola, assim como o de Fadêiev, *Molodáia gvárdia* [Guarda jovem]. Todos leram esses livros, eles estavam no programa escolar. E ela ressalta que ele os leu, que sabia trechos de cor. Para que precisava escrever sobre isso? Quer mostrá-lo como alguém anormal. Um fanático. Ou escreveu que ele lamentava ter se tornado militar. Meu filho cresceu nos campos de treinamento, ele seguiu os passos do pai. Nossos avós, todos os irmãos do pai, os primos — todos entraram para o Exército. Somos uma dinastia militar. Ele foi para o Afeganistão porque era uma pessoa honesta. Tinha feito um juramento militar. Se fosse necessário ele iria. Criei filhos maravilhosos. Ordenaram, ele foi, era um oficial. E Aleksiévitch quer provar que sou mãe de um assassino. E que meu filho matava lá. Qual é a conclusão? Que eu o mandei para lá? E dei a arma na mão dele? Nós, mães, temos culpa de que havia uma guerra lá? De que ali matavam, roubavam? Fumavam drogas?

Esse livro foi publicado no exterior. Na Alemanha, na França... Que direito Aleksiévitch tem de fazer negócios com nossos filhos falecidos? De conquistar mais fama e dólares para si? Quem é ela? E isso é meu, fui eu que contei e vivi, e aí veio Aleksiévitch... Falou conosco, escreveu nossos relatos, nós choramos nossa dor para ela...

Ela escreveu meu nome incorretamente: sou Inna, no livro está Nina Galovneva. Meu filho tinha a patente de primeiro-tenente, ela escreveu segundo-tenente. Nós perdemos os filhos, e ela ficou famosa...

DAS RESPOSTAS ÀS PERGUNTAS

Advogado de S. Aleksiévitch — V. Luchkínov:
— Diga, Inna Serguêievna, Aleksiévitch registrou seu relato no gravador?
I. Galovneva:
— Ela pediu autorização para ligar o gravador. Eu permiti.
V. Luchkínov:
— E a senhora pediu que ela depois mostrasse o que ia tirar da fita para usar no livro?
I. Galovneva:
— Pensei que ela ia publicar o diário do meu filho. Já disse como entendo a literatura documental: são diários e cartas. E se fosse usar meu relato, que pusesse palavra por palavra como eu falei.

V. Luchkínov:

— Por que a senhora não processou Aleksiévitch imediatamente quando saiu o *Komsomólskaia Pravda* com um trecho do livro? Por que decidiu fazer isso três anos e meio depois?

I. Galovneva:

— Eu não sabia que ela publicaria o livro no exterior. Que ia espalhar calúnias... Eduquei meus filhos honestamente para a pátria. Vivemos toda a vida em barracas e quartéis, eu tinha dois filhos e duas malas. Era assim que vivíamos... E ela escreve que nossos filhos são assassinos. Fui para o Ministério da Defesa, e eu mesma entreguei a eles a medalha do meu filho... Não quero ser mãe de um assassino... Devolvi a medalha dele para o Estado... Mas tenho orgulho do meu filho!

Defensor público de S. Aleksiévitch — E. Novikov, presidente da Liga Bielorrussa de Direitos Humanos:

— Quero fazer um protesto. Peço que seja incluído na ata. Estão constantemente insultando Svetlana Aleksiévitch na sala de audiência. Ameaçam de morte... Até estão prometendo cortá-la em pedacinhos... (*Volta-se para as mães sentadas na sala com grandes retratos de seus filhos com condecorações e medalhas cravados.*) Acreditem, eu respeito a dor de vocês...

Juiz I. Jdánovitch:

— Não ouvi nada. Nenhum insulto.

E. Novikov:

— Todos escutaram, menos o juiz...

AS VOZES DA SALA

— Somos mães. Queremos falar... Acabaram com nossos filhos. E depois ainda ganham dinheiro em cima disso. Viemos defendê-los, para que eles possam descansar em paz debaixo da terra...

— Como foi capaz?! Como ousou manchar o túmulo dos nossos meninos? Eles cumpriram seu dever perante a pátria até o fim. E a senhora quer que nos esqueçamos deles... Por todo o país foram criadas centenas de museus escolares, memoriais. Eu também levei o capote do meu filho e os cadernos escolares dele para a escola. Eles eram heróis! Temos que escrever livros bonitos sobre os heróis soviéticos, e não fazer deles bucha de canhão. Estamos privando a juventude de nossa história heroica...

— A União Soviética foi uma grande potência para muitos: era uma espinha na garganta. E não preciso contar agora quem planejou o colapso do nosso país, ou onde, entre eles há várias mãos bem pagas pelos judas do Ocidente.

— Lá eles matavam... Bombardeavam...

— E você serviu no Exército? Não serviu... Ficou sentada no banco da faculdade enquanto nossos filhos morriam.

— Não há necessidade de se perguntar para uma mãe se o filho dela matou ou não. Ela só se lembra de uma coisa: que mataram seu filho...

— Toda manhã vejo meu filho, mas até agora não acredito que ele está em casa. Quando ele estava lá eu dizia para mim mesma, se trouxerem o caixão, só tenho dois caminhos: ou vou para a rua, fazer um comício, ou vou para a igreja. Chamo minha geração de "geração dos executores". A Guerra do Afeganistão é o auge da nossa tragédia. Por que podem fazer de tudo conosco?

— O pequeno-burguês agora culpa aqueles meninos de dezoito anos por tudo... Veja só o que a senhora fez! É preciso separar essa guerra deles... Foi uma guerra criminosa, já foi condenada, mas é preciso defender os meninos...

— Sou professora de literatura russa. Por muitos anos repeti para meus alunos as palavras de Karl Marx: "A morte de um herói é como o pôr do sol, e não como um sapo que se explode por esforço". O que seus livros ensinam?

— Chega de mostrar heroísmo, "afegãos"!

— Maldita seja! Malditos sejam vocês todos!

Juiz I. Jdánovitch:

— Parem com esse barulho! Parem com a confusão! Isto aqui é um tribunal, não uma feira... (*A sala se enfurece.*) Decreto um intervalo de quinze minutos...

(*Depois do intervalo a sala é vigiada pela polícia.*)

DA FALA DE T. M. KETSMUR

Não me preparei para falar, não vou falar seguindo um papel, mas em linguagem normal. Como conheci a escritora famosa... Mundialmente famosa? Quem nos apresentou foi a combatente Valentina Tchupáeva. Ela me disse que essa autora tinha escrito *A guerra não tem rosto de mulher*, que é lido no mundo todo. Depois, em um dos encontros com combatentes, conversei com outras veteranas, e elas me disseram que Aleksiévitch tinha conseguido juntar bens e fama com a vida delas, e agora estava partindo para os "afegãos"... Estou nervoso... Perdão...

Ela veio ao nosso clube Memória com um gravador. Queria escrever sobre vários rapazes, não só sobre mim. Por que ela só foi escrever esse livro depois da guerra? Por que essa escritora de nome impressionante, mundialmente famosa, ficou calada por toda a guerra? Não gritou nenhuma vez?

Ninguém me mandou para lá. Eu mesmo solicitei ir ao Afeganistão. Inventei que um parente próximo tinha morrido lá. Vou esclarecer um pouco a situação... Eu mesmo posso escrever um livro... Quando nos encontramos, eu me recusei a conversar com ela, disse isso, que nós mesmos, que estivemos lá, íamos escrever um livro. Vamos escrever melhor do que ela, porque ela não esteve lá. O que ela poderia escrever? Só ia nos causar dor.

Aleksiévitch privou toda nossa geração afegã de vida moral. Parece que sou um robô. Um computador. Um matador de aluguel. E meu lugar é em Novinki, nos arredores de Minsk, no hospício...

Meus amigos me ligam e juram que vão arrebentar minha cara, já que sou tão herói... Estou agitado... Perdão... Ela escreveu que servi no Afeganistão com uma cadela... A cadela morreu no caminho...

Eu mesmo solicitei ir ao Afeganistão... Vocês entendem? Eu mesmo! Não sou um robô... Não sou um computador... Estou agitado... Perdão...

DAS RESPOSTAS ÀS PERGUNTAS

S. Aleksiévitch:

— Na petição inicial, Tarás, você escreveu que nunca se encontrou comigo. Mas agora diz que se encontrou, mas se recusou a falar. Quer dizer que não foi você mesmo que escreveu a petição inicial?

T. Ketsmur:

— Eu mesmo escrevi... Nós nos encontramos... Mas eu não lhe disse nada...

S. Aleksiévitch:

— Se você não me contou nada, como eu podia saber que você nasceu na Ucrânia, que ficava doente na infância... Que foi para o Afeganistão com uma cadela (apesar de você agora dizer que ela morreu no caminho), que ela se chamava Tchara...

(Silêncio como resposta.)

E. Novikov:

— O senhor disse que pediu pessoalmente para ser mandado ao Afeganistão, como voluntário. Não entendi, como se relaciona com isso hoje? Odeia aquela guerra ou se orgulha de ter estado lá?

T. Ketsmur:

— Não vou deixar você me confundir. Por que devo odiar aquela guerra? Cumpri meu dever.

DAS CONVERSAS NA SALA DO TRIBUNAL

— Estamos defendendo a honra dos nossos filhos falecidos. Devolvam a honra deles! Devolvam a pátria a eles! Destruíram o país. O mais forte do mundo!

— Foi a senhora que transformou nossos filhos em assassinos. Foi a senhora que escreveu esse livro terrível... Veja as fotos deles... Como eram jovens, como eram bonitos! Assassinos têm essa cara, por acaso? Ensinamos nossos filhos a amar a pátria... Por que escreveu que eles matavam lá? Escreveu em troca de dólares... E nós estamos na miséria. Nos falta dinheiro para comprar remédios. Não temos nem para comprar flores para o túmulo dos nossos filhos.

— Deixe a gente em paz! Por que vocês correm de um extremo a outro? No começo nos mostravam como heróis, e agora viraram todos assassinos? Não tínhamos nada além do Afeganistão. Só lá nos sentíamos homens de verdade. Nenhum de nós lamenta ter estado lá...

— A senhora quer nos convencer de que voltou uma geração doente, mas garanto que voltou uma geração que se encontrou. Ao menos vimos como são nossos rapazes na vida real! Sim, morriam meninos. E quantos morrem em briga de bêbado, em luta de faca? Todo ano morre mais gente em acidentes de carro do que os que perdemos nos dez anos inteiros dessa guerra. Nosso Exército não combatia há muito tempo. Ali nós testamos nós mesmos e as armas modernas… Por causa de escritores medíocres como a senhora, hoje perdemos posições no mundo todo… Perdemos a Polônia… A Alemanha, a Tchecoslováquia… Ainda vamos viver para ver o dia em que vão julgar Gorbatchóv por isso. E a senhora também. Vocês são traidores. Onde estão nossos ideais? Onde está nossa grande potência? Em 1945, cheguei até Berlim por ela…

— No sul, na praia, vi vários jovens se arrastando para o mar com os braços… O número de pernas era menor do que o de pessoas no total… E não fui mais naquela praia, não conseguia tomar sol lá… Ali eu só conseguia chorar… Eles ainda riam, queriam paquerar as garotas, mas todas fugiam deles, como eu. Quero que fique tudo bem com aqueles rapazes. Que eles saibam que são necessários como são. Eles precisam viver! Eu os amo por estarem vivos.

— Até hoje me dói lembrar… Estávamos no trem… E, na cabine, uma das mulheres disse que era mãe de um oficial falecido no Afeganistão. Entendo… Ela é mãe, ela chora. Mas eu falei: "Seu filho faleceu numa guerra injusta. Os *duchman* estavam defendendo sua pátria…".

— Essa é uma verdade tão terrível que soa como mentira. Deixa tonta. Dá vontade de não saber. Dá vontade de se defender.

— Alegam que era uma questão de ordens: eu, dizem, recebia ordens e cumpria. A isso, os tribunais internacionais responderam: cumprir uma ordem criminosa é crime. E não tem prazo de prescrição.

— Esse julgamento não podia ter acontecido em 1991. O Partido Comunista tinha caído… Agora os comunistas estão ganhando força de novo… Outra vez começaram a falar sobre "grandes ideais", sobre "valores socialistas"… E quem é contra vai para o tribunal! Logo mais vão começar a nos mandar para o paredão… Ou vão nos juntar uma noite num estádio atrás de arame farpado…

— Eu fiz um juramento... Era militar...

— Da guerra não se volta menino...

— Nós os educamos no amor à pátria...

— Eram moleques... Deram armas nas mãos deles... E martelaram na cabeça: aí está o inimigo: o bando *duchman*, a irmandade *duchman*, a escória *duchman*, a facção criminosa *duchman*, os grupos criminosos... Mas não ensinaram a pensar...

"Lembre-se, está em Arthur Koestler: 'Por que, quando dizemos a verdade, ela invariavelmente soa como uma mentira? Por que, ao proclamar uma nova vida, cobrimos a terra de cadáveres? Por que sempre alternamos com ameaças as conversas sobre um futuro radiante?'"

— Quando fuzilávamos *kichlaks* silenciosos, quando bombardeamos estradas nas montanhas, estávamos fuzilando e bombardeando nossos ideais. É preciso admitir essa verdade cruel. Sobreviver a ela. Até nossos filhos aprenderam a brincar de *dukhi* e de "contingente limitado". Agora vamos nos encher de coragem para saber a verdade sobre nós mesmos. É intolerável! Insuportável! Eu sei. Experimentei isso por mim mesma.

— Temos dois caminhos: conhecer a verdade ou fugir da verdade. É preciso abrir os olhos...

DAS CARTAS DO JULGAMENTO

Ao saber dos detalhes do processo conduzido em Minsk contra Svetlana Aleksiévitch, nós o consideramos uma perseguição à escritora por suas convicções democráticas e um atentado à liberdade de criação. Com suas obras verdadeiramente humanistas, seu talento, sua coragem, Svetlana Aleksiévitch conquistou ampla popularidade e respeito na Rússia e em outros países do mundo.

Não queremos uma mancha no bom nome da Bielorrússia, que nos é próxima!

Que a justiça triunfe!

Aliança das Uniões de Escritores
União de Escritores Russos
União dos Escritores de Moscou

É possível atentar contra o direito de um escritor de dizer a verdade, por mais trágica e cruel que ela seja? É possível culpá-lo por testemunhos irrefutáveis dos crimes do passado e, em particular, dos crimes ligados à vergonhosa aventura no Afeganistão, que custou tantas vítimas e destruiu tantos destinos?

Parece que, no nosso tempo, em que a palavra impressa passou a ser, por fim, livre, em que não há mais imprensa ideológica ditando instruções e indicações retrógradas para "uma única representação possível da vida e do espírito dos ideais comunistas", não deveria haver motivo para fazer perguntas como essa.

Mas, infelizmente, há. E uma prova eloquente disso é o processo que se prepara contra a escritora Svetlana Aleksiévitch, a mesma que escreveu o excelente livro *A guerra não tem rosto de mulher* (sobre o destino das mulheres que participaram da Grande Guerra Patriótica), o livro *As últimas testemunhas*, sobre as crianças da mesma Grande Guerra, contra Svetlana Aleksiévitch, que — a despeito das tentativas da propaganda oficial e da oposição de escritores como o nada desconhecido A. Prokhánov, que durante os anos da guerra foi laureado como o "rouxinol incansável do estado-maior" — escreveu o livro *Meninos de zinco*, foi capaz e ousou dizer nele a verdade terrível, capaz de revirar a alma, sobre a Guerra do Afeganistão.

Respeitando a coragem pessoal dos soldados e oficiais enviados pela chefia de Brêjnev e do Partido Comunista para combater num país estrangeiro, e até aquele momento amigável, compartilhando sinceramente o tormento das mães cujos filhos faleceram nas montanhas afegãs, a escritora ao mesmo tempo denuncia neste livro todas as tentativas de tornar heroica a vergonhosa Guerra do Afeganistão, as tentativas de romantizá-la, e desmistifica a ênfase mentirosa e a emoção estridente.

Pelo visto, isso não agradou aqueles que até hoje estão convencidos de que a aventura afegã e outras que escorrem do regime passado, pagas com o sangue dos nossos soldados, foram executadas em nome do "sagrado dever internacional"; aqueles que queriam isentar de culpa os negócios escusos de políticos e ambiciosos líderes militares; aqueles que queriam pôr um símbolo de igualdade entre a participação na Grande Guerra Patriótica e a Guerra do Afeganistão, injusta e essencialmente colonial.

Essas pessoas não entraram em polêmica com a escritora. Não estão contestando os fatos impressionantes trazidos por ela. E, no geral, não mostram o rosto. Pelas mãos de outros, ainda mais equivocados ou levados ao erro, elas iniciam (passados anos das publicações no jornal e do lançamento do livro *Meninos de zinco*!) um processo judicial por "ofensa da honra e da dignidade" dos combatentes do Afeganistão, aqueles meninos sobre os quais escreveu Svetlana Aleksiévitch com tamanha compaixão e empatia, com tamanha dor no coração.

Sim, ela não os representou como heróis românticos. Mas apenas porque seguiu fielmente o preceito de Tolstói: "O herói que eu amo com todas as forças da alma... era, é e será a verdade".

É possível se ofender assim pela verdade? É possível julgá-la?

Escritores participantes da Grande Guerra Patriótica: Mikola Avramtchik, Ianka Bril, Vassil Bikov, Aleksandr Drakokhrust, Naum Kislik, Valentin Tarás

* * *

Nós, escritores bielorrussos da Polônia, protestamos veementemente contra a perseguição judicial na Bielorrússia da escritora Svetlana Aleksiévitch.

O processo judicial contra a escritora é uma vergonha para toda a Europa civilizada!

Ian Tchikvin, Sokrat Ianovitch, Víktor Chved,
Nadejda Artimovitch

Não posso mais ficar calado... E talvez só agora tenha entendido que guerra foi essa... Pobres meninos, quanta culpa temos perante vocês! O que sabíamos sobre essa guerra? Eu abraçaria cada um, pediria perdão a cada um...

Agora lembro como foi...

Li na obra de Larissa Reisner que o Afeganistão era formado por tribos semisselvagens que dançavam e cantarolavam: "Vivam os bolcheviques russos que nos ajudaram a vencer os ingleses".

Veio a Revolução de Abril... Uma satisfação: em mais um país o socialismo triunfou. E meu vizinho no trem murmurou: "Mais parasitas no nosso pescoço".

A morte de Taraki. Num seminário no Comitê Municipal, diante da pergunta sobre por que permitiram que Amin matasse Taraki, o palestrante de Moscou cortou: "Os fracos devem ceder lugar aos fortes". Deixou uma impressão desagradável.

O desembarque da nossa tropa em Cabul. A explicação: "Os americanos estavam se preparando para jogar os paraquedistas deles, nos adiantamos a eles em uma hora". Ao mesmo tempo, os boatos: lá, eles tinham péssimas condições, não havia o que comer, faltavam remédios, roupa quente. Imediatamente me lembrei do que aconteceu em Damanski,* os gritos lamentáveis dos nossos soldados: "Não temos munição!".

Depois apareceram os casacos de pele afegãos. Ficavam chiques nas nossas ruas. As outras mulheres invejavam as que tinham marido no Afeganistão. Nos jornais escreviam: nossos soldados estão lá plantando árvores, consertando pontes, estradas.

Estava viajando para fora de Moscou. Na cabine, uma jovem e seu marido começaram a conversar sobre o Afeganistão. Falei algo dos jornais, eles sorriram. Já serviam havia dois anos como médicos em Cabul. Imediatamente começaram a justificar os militares que traziam mercadorias de lá... Lá é tudo caro, e pagam pouco. Eu os ajudei a desembarcar em Smolensk. Muitas caixas de papelão grandes com etiquetas importadas...

Em casa, minha esposa me contou algo: na casa vizinha, mandaram para essa guerra o único filho de uma mulher sozinha. Ela foi para algum lugar, ficou de joelhos, beijou umas botas. Voltou satisfeita: "Consegui!". E, ao mesmo tempo, estava tranquila porque "a chefia resgata os seus".

Meu filho voltou da escola: "Hoje tivemos uma apresentação dos 'boinas-azuis'". E disse, animado: "Todos têm relógios japoneses!".

Perguntei a um "afegão" quanto custam esses relógios e quanto eles recebiam. Com certo embaraço, revelou: "Roubamos um caminhão de verduras, vendemos...". Admitiu que todos invejavam os soldados dos caminhões de combustível: "São milionários!".

Dos últimos acontecimentos, ficou gravada na memória a perseguição ao acadêmico Sákharov, com o qual concordo em uma coisa: para nós é sempre melhor heróis mortos do que pessoas vivas que talvez tenham dado um passo em falso. E mais:

---

* Referência ao conflito fronteiriço sino-soviético ocorrido em março de 1969.

recentemente escutei que em Zagorsk, num seminário, estudam alguns "afegãos": uns soldados e dois oficiais. O que os moveu: o arrependimento, o desejo de se esconder desta vida cruel ou o desejo de encontrar um novo caminho? Pois nem todos conseguem, depois de receber a carteirinha marrom de veterano, alimentar a alma com carne a preço preferencial, vesti-la com tralhas importadas e enterrá-la na zona privilegiada do jardim, sob uma macieira, para não ver nada e ficar calado…

N. Gontcharóv, Orchá

… Meu marido também esteve no Afeganistão por dois anos (de 1985 a 1987), na província de Kunar, bem perto da fronteira com o Paquistão. Ele tem vergonha de se dizer "combatente internacionalista". Eu e ele sempre discutimos esse tema doloroso: era necessário que nós, soviéticos, estivéssemos lá no Afeganistão? E o que éramos lá: ocupantes ou amigos, "combatentes internacionalistas"? As respostas que chegam são sempre iguais: ninguém nos chamou lá, e o povo afegão não precisava da nossa "ajuda". E, por mais difícil que seja reconhecer isso, éramos ocupantes. Na minha opinião, agora não devemos discutir sobre os monumentos aos "afegãos" (onde foram postos, e onde ainda não), mas pensar na penitência. Todos precisamos nos penitenciar pelos meninos que faleceram enganados naquela guerra sem sentido, penitenciar-nos pelas mães deles, também enganadas pelas autoridades, penitenciar-nos por aqueles que voltaram com almas e corpos mutilados. É preciso se penitenciar diante do povo do Afeganistão, seus filhos, mães, velhos: por termos levado tanta dor à terra deles.

A. Massiuta, mãe de dois filhos,
esposa de um ex-combatente internacionalista,
filha de um veterano da Grande Guerra Patriótica

* * *

A verdade sobre a agressão da União Soviética ao Afeganistão, confirmada pelos testemunhos documentais reunidos no livro de Aleksiévitch por seus participantes e vítimas, não é uma "humilhação da honra e dignidade", mas um fato vergonhoso da história recente do totalitarismo comunista soviético, condenado pela comunidade mundial de forma unânime e pública.

A prática da perseguição judicial de um escritor por sua obra também é um modo de funcionamento não menos conhecido e não menos vergonhoso daquele regime.

O que ocorre hoje na Bielorrússia — uma campanha massiva e organizada contra Svetlana Aleksiévitch, a perseguição da escritora e as constantes ameaças em seu endereço, o processo judicial, as tentativas de proibir seu livro — testemunha que os arrotos do totalitarismo não são passado, mas constituem o presente da Bielorrússia.

Essa realidade não permite encarar a Bielorrússia como um Estado pós-comunista livre e independente.

A perseguição a Svetlana Aleksiévitch, cujos livros são amplamente conhecidos na França, no Reino Unido, na Alemanha e em outros países do mundo, não trará à República da Bielorrússia nada além de uma reputação de reserva comunista num mundo pós-comunista, e não dará a ela nenhum papel além do não invejável papel de Camboja europeu.

Exigimos a imediata interrupção de todo tipo de perseguição a Svetlana Aleksiévitch e do processo judicial contra ela e seu livro.

Vladímir Bukóvski, Ígor Geraschenko, Inna Rogatchi,
Mikhail Rogatchi, Irina Ratuchínskaia

* * *

… Já duram há muito tempo as tentativas de desacreditar, inclusive por meio de processos, a escritora Svetlana Aleksiévitch que, com todos seus livros, se insurgiu contra a loucura da violência e da guerra. Em seus livros, Svetlana Aleksiévitch demonstra que o ser humano é o principal valor da vida, mas ele é criminosamente transformado em uma pequena parte da máquina política e criminosamente usado como bucha de canhão nas guerras desencadeadas pelos ambiciosos líderes de Estado. Nada justifica a morte de nossos rapazes na terra estrangeira do Afeganistão.

Cada página de *Meninos de zinco* exclama: meu povo, não permita que esse pesadelo sangrento aconteça de novo!

Conselho do Partido Democrático Unido da Bielorrússia

De Minsk tivemos a notícia da perseguição judicial da escritora bielorrussa, membro do PEN Internacional, Svetlana Aleksiévitch, "culpada" apenas de ter cumprido a obrigação fundamental e indiscutível do escritor: ter compartilhado sinceramente com o leitor aquilo que a inquieta. O livro *Meninos de zinco*, dedicado à Guerra do Afeganistão, percorreu o mundo inteiro e recebeu reconhecimento geral. O nome de Svetlana Aleksiévitch e seu talento corajoso e honesto inspiram respeito. Não há a menor dúvida de que, manipulando a chamada "opinião pública", forças revanchistas tentam privar os escritores de seu mais importante direito, assegurado pela Carta do PEN Clube Nacional: o direito à liberdade de expressão.

O PEN Center Russo declara absoluta solidariedade a Svetlana Aleksiévitch, ao PEN Bielorrusso e a todas as forças democráticas independentes do país, e conclama os órgãos de justiça a cumprirem as leis internacionais, assinadas também pela Bielorrússia, acima de tudo a Declaração Universal dos Direitos Humanos, que garante a liberdade de expressão e a liberdade de publicação.

PEN Center Russo

A Liga Bielorrussa de Direitos Humanos considera que as tentativas ininterruptas de silenciar a escritora Svetlana Aleksiévitch por meio de processos judiciais são um ato político, orientado pelas autoridades para reprimir dissidentes, a liberdade de criação e a liberdade de expressão.

Dispomos de dados de que, em 1991-2, foi analisada por diferentes instâncias judiciais da República da Bielorrússia aproximadamente uma dezena de processos políticos, transferidos artificialmente para o âmbito do direito civil, mas em essência voltados contra deputados, escritores, jornalistas, meios impressos e ativistas de organizações sociais e políticas de orientação democrática.

Exigimos que se suspenda a perseguição à escritora Svetlana Aleksiévitch e conclamamos uma revisão de processos judiciais semelhantes, cujas decisões se tornaram represálias políticas...

Liga Bielorrussa de Direitos Humanos

Começou a guerra no Afeganistão... Meu filho tinha terminado a escola e ingressado no colégio militar. Durante todos os dez anos em que os filhos dos outros se encontravam em outro país com armas nas mãos, meu coração ficou descompassado. Meu filho também podia estar lá. E não é verdade que o povo não sabia de nada. Traziam para o país caixões de zinco, filhos mutilados voltavam para pais aturdidos — isso todos viam. Claro, no rádio e na televisão não se falava disso, nos jornais não se escrevia sobre isso (só foram ousar recentemente!), mas essas coisas aconteciam aos olhos de todos. De todos! E então, o que fez nossa sociedade "humanista", nós inclusive? Nossa sociedade concedia medalhas de Estrelas aos "grandes" velhos de sempre, cumpria e superava os planos quinquenais de sempre (mas nossas lojas estavam e continuavam vazias), construía datchas, se divertia. E, enquanto isso, meninos de dezoito, vinte anos andavam debaixo de balas, caíam de cara na areia estrangeira e morriam. Quem somos nós? Que direito temos de reclamar de nossos filhos pelo que eles fizeram lá? Por acaso nós, que ficamos aqui, somos mais limpos do que eles? E ainda que o sofrimento e a tortura purificassem os pecados deles, nunca purificarão os nossos. Os *kichlaks* fuzilados e exterminados da face da terra, a terra estrangeira devastada, não pesam sobre a consciência deles, mas sobre as nossas. Quem matava éramos nós, e não nossos meninos. Somos nós os assassinos dos nossos filhos e dos filhos dos outros.

Esses meninos são heróis! E eles não combateram lá por um "erro". Eles combateram porque acreditavam em nós. Todos precisamos cair de joelhos diante deles. A simples comparação entre o que fazíamos aqui e o que recaiu sobre eles é de enlouquecer...

Golubítchnaia, engenheira civil, Kíev

... Claro, hoje o Afeganistão é um tema proveitoso, está até na moda. E a senhora, camarada Aleksiévitch, agora já pode se alegrar, seu livro será lido com avidez. Atualmente, no nosso país, há uma proliferação de pessoas que se interessam por tudo o que pode manchar as paredes na nossa própria pátria. Entre elas haverá também alguns "afegãos". Pois eles (não todos, não todos!) vão receber em mãos as armas necessárias para se defender: vejam o que fizeram conosco! Os canalhas sempre precisam ser defendidos por alguém. Gente de bem só não precisa disso porque continua sendo gente de bem em qualquer situação. Entre os "afegãos" há vários deles, mas parece que não eram esses que a senhora estava procurando.

Eu não estive no Afeganistão, mas atravessei toda a Grande Guerra Patriótica. E sei perfeitamente que acontecia sujeira lá também. A questão não é só que aquela guerra era diferente. Bobagem! Todos sabem que para uma pessoa viver ela é obrigada a se alimentar, e o consumo de comida exige, perdão, uma latrina. Mas não falamos sobre isso em voz alta. Por que é que os que escrevem sobre a Guerra do Afeganistão, e também sobre a Guerra Patriótica, começaram a se esquecer disso? Se os próprios "afegãos" protestam contra esse tipo de "revelação", é preciso dar ouvidos, estudar esse fenômeno. Eu, por exemplo, entendo por que eles se insurgem com tanta fúria. É por um sentimento humano normal: a vergonha. Estão com vergonha. E a senhora notou a vergonha deles, mas não sei por que decidiu que era pouco. E decidiu trazê-la para uma farsa de um julgamento generalizado. Lá, eles atiravam em camelos, cidadãos pacíficos morriam pelas balas deles... A senhora quer demonstrar a falta de necessidade e os danos dessa guerra, sem entender que assim mesmo está ofendendo seus participantes, meninos que não têm culpa de nada...

N. Drujinin, Tula

Nosso ideal, nosso herói é um homem com uma metralhadora... Por décadas pusemos mais e mais milhares e milhões na defesa, encontrávamos novos objetivos nos países da Ásia e da África, de comum acordo com novos líderes que desejavam construir em seu país um "futuro radiante". Meu ex-colega de estudos na Academia Frunze,* major, e depois marechal Vássia Petrov,

---

* Academia Militar M. V. Frunze, instituição de formação de oficiais na União Soviética.

mandava pessoalmente atacar os somalianos, e recebeu a Estrela Dourada por isso... E quantos outros eram iguais!

E eis que o grupo de tropas soviéticas do chamado Bloco Socialista, aguilhoado pelas correntes do Pacto de Varsóvia, começou a desmoronar. Para oferecer "ajuda fraterna no combate à contrarrevolução" nesses países, começaram a mandar nossos filhos — para Budapeste, depois para Praga, depois...

Em 1944, marchei com nossas tropas pelos territórios dos países libertados do fascismo: Hungria e Tchecoslováquia. Já era terra estrangeira, mas parecia que estávamos em casa: as mesmas saudações, os mesmos rostos alegres, as mesmas comidas modestas, mas de coração...

Um quarto de século depois, nossos filhos não foram recebidos nessas terras com pão e sal,* mas com cartazes: "Os pais eram libertadores, os filhos são invasores!". Os filhos tinham o mesmo uniforme militar e a patente de sucessores, mas nós calamos nossa vergonha diante de todo o mundo.

Mais adiante, a situação se expandiu. Em dezembro de 1979, os filhos de veteranos da Guerra Patriótica e alunos (foi meu aluno, em particular, Boris Gromov, posteriormente comandante em chefe do 40º Exército, a quem ensinei tática na Academia Militar) entraram no Afeganistão. Ao longo de uma série de anos, mais de cem países membros da ONU condenaram esse crime, com o qual nós, assim como Saddam Hussein hoje, nos contrapusemos à comunidade global naquela época. Agora sabemos que naquela guerra suja nossos soldados, a troco de nada, mataram mais de 1 milhão de afegãos e perderam mais de 15 mil dos nossos...

Com o objetivo de dissimular deliberadamente o sentido e a verdadeira dimensão dessa agressão vergonhosa, seus instigado-

---

* Símbolos de boas-vindas e hospitalidade.

res introduziram o uso oficial do termo "contingente limitado" — um exemplo clássico de farisaísmo e vaniloquência. E não menos hipócrita soava o "combatentes internacionalistas", como se fosse um novo nome para uma especialidade militar, um eufemismo criado para deturpar o sentido do que está acontecendo no Afeganistão, representar uma consonância com as Brigadas Internacionais que lutaram contra os fascistas na Espanha.

Os promotores da invasão ao Afeganistão, os cabeças do Politburo, não só revelaram sua essência de bandidos, mas também tornaram cúmplices desse crime todos os que não tinham coragem de se opor à ordem de matar. O assassinato não pode ser justificado por nenhum "dever internacional". Que dever, seus filhos da mãe?

Sinto profundamente pelas mães deles, órfãs de seus filhos... Elas não receberam condecorações pelo sangue de afegãos inocentes, mas caixões de zinco...

Em seu livro, a escritora os diferencia dos que os enviaram para matar, ela lamenta por eles, ao contrário de mim. Não entendo, por que querem julgá-la? Pela verdade?

Grigori Brailovski, inválido da
Grande Guerra Patriótica, São Petersburgo

Gostaria de ter visto com clareza antes... Mas quem vamos culpar? Por acaso o cego tem culpa de não ver? Nossos olhos foram lavados com sangue...

Fui para o Afeganistão em 1980 (Djelalabad, Bagram). Os militares devem cumprir ordens.

Na época, em 1983, em Cabul, ouvi pela primeira vez: "É preciso pôr no ar toda a nossa aviação estratégica e apagar essas montanhas da face da terra. Quantos dos nossos já enterramos — e tudo isso para nada!". Quem disse isso foi um dos meus amigos.

Ele, como todos, tinha mãe, esposa, filhos. Ou seja, nós, mesmo que em pensamento, ainda assim privávamos aquelas mães, filhos e maridos do direito de viver em sua própria terra, porque o "ponto de vista" não era o nosso.

Mas a mãe de um "afegão" falecido sabe o que é uma bomba "volumétrica". O ponto de comando do nosso Exército em Cabul tinha uma linha direta com o governo de Moscou. Recebíamos "permissão" de lá para o uso dessa arma. No momento em que era ativado, o explosivo abria um invólucro de gás. O gás emanava e preenchia todas as frestas. Essa "nuvem" explodia depois de um intervalo de tempo. Não ficava nada vivo no local. As entranhas das pessoas explodiam, os olhos saltavam. Em 1980 foram usados pela primeira vez por nossa aviação projéteis reativos, que trazem em seu interior milhões de pequenas agulhas. As chamadas "R. S. agulheadas". Não há como se proteger dessas agulhas — a pessoa se transforma numa pequena peneira...

Quero perguntar a nossas mães — ao menos uma delas se pôs ao lado de uma mãe afegã? Ou ela considera aquela mãe um ser inferior?

Só uma coisa causa horror: quantas pessoas em nosso país se locomovem pelo tato, no escuro, confiando em seus sentimentos, sem tentar pensar e comparar?!

Estávamos acordados de verdade, e somos seres humanos se, até hoje, estamos ensinando a chutar os intelectos que nos abrem os olhos?

A. Sókolov, major, piloto militar

... E alguns dos mentirosos de altos cargos não perdem a esperança de usar a mesma mentira para recuperar os tempos antigos de que eles tanto gostam. Assim, no jornal *Den*, o general

V. Filátov, dirigindo-se aos combatentes do Afeganistão, profere: "Afegãos! Na hora da Mauser vamos fazer como no Afeganistão... Lá, vocês combateram pela pátria nas terras do sul... Agora é preciso lutar pela pátria como em 1941, no seu território". (*Literatúrnaia Gazeta* de 23/09/1992).

Essa hora da Mauser se anunciou em 4 de outubro em Moscou, perto do muro da Casa Branca.* Mas quem sabe se não haverá uma tentativa de revanche? Sim, a justiça exige um julgamento. O julgamento da honra dos promotores e incentivadores do crime afegão — vivos e mortos. Ele não é necessário para atiçar as paixões, mas sim como uma lição de futuro para todos os que inventarem novas aventuras em nome do povo. E como condenação moral dos crimes cometidos. Ele é necessário para dissipar a versão mentirosa de que a culpa do crime afegão recai apenas sobre o quarteto superior: Brêjnev, Ponomarev, Ustinov, Andropov. Porque houve reuniões do Politburo, dos secretariados, do plenário do Comitê Central do Partido Comunista da União Soviética, cartas fechadas para todos os membros do Partido... Mas entre esses integrantes e ouvintes não houve um só oponente...

O julgamento é necessário para finalmente acordar a consciência daqueles que receberam condecorações, patentes de oficiais e generais, honorários e honrarias pelo sangue de milhões de pessoas inocentes, pela mentira da qual, de uma forma ou de outra, todos fizemos parte...

*A. Solomónov, doutor em ciências técnicas,
professor universitário, Minsk*

---

* Durante a crise constitucional russa de 1993, o presidente Boris Iéltsin decretou a dissolução do Congresso dos Deputados do Povo, desencadeando uma crise com o Congresso e o Soviete Supremo. O Exército, que se manteve fiel ao presidente, invadiu com tanques a Casa Branca, no dia 4 de outubro, e expulsou os deputados que estavam ali.

* * *

Nas palavras de Soljenítsin, paz não é apenas a ausência de guerra, mas principalmente a ausência de violência contra o ser humano. Não é por acaso que justamente agora, quando nossa sociedade pós-totalitária foi tomada pela loucura da violência política, religiosa, nacionalista e inclusive armada, uma escritora recebe a conta pela verdade sobre a Guerra do Afeganistão. É de se pensar que o escândalo armado em torno de *Meninos de zinco* é uma tentativa de restabelecer na consciência das pessoas os "mitos comunistas sobre nós mesmos". Por trás dos reclamantes veem-se outras figuras: aqueles que no Primeiro Congresso de Deputados do Povo da União Soviética não deixaram A. D. Sákharov falar sobre a desumanidade daquela guerra, os que ainda contam com recuperar o poder que lhes escapa das mãos e mantê-lo à força...

Esse livro levanta uma questão sobre o direito de sacrificar vidas humanas protegendo-se com discursos sobre soberania e imperialismo. Por quais ideias hoje morrem pessoas comuns no Azerbaijão, Armênia, Tajiquistão e Os.sétia?

Enquanto isso, à medida que crescem ideias falsamente patrióticas baseadas na violência, nos tornamos testemunhas de um novo renascimento do espírito militarista, do despertar de instintos agressivos, do comércio criminoso de armas sob doces discursos de reforma democrática do Exército, de dever militar, de dignidade nacional. Frases bombásticas de uma série de políticos em defesa da violência revolucionária e militar, ideias próximas do fascismo italiano, do nacional-socialismo alemão e do comunismo soviético geram confusão ideológica na mente e preparam o solo para o crescimento da intolerância e hostilidade na sociedade.

Os pais espirituais desses políticos, já fora da arena política, conseguiam manipular as paixões humanas e envolviam seus concidadãos em discórdias fratricidas. Claro, seus discípulos querem intensamente construir um processo contra ideais de não violência e compaixão. Devemos lembrar que em seu tempo Liev Tolstói, que professava a recusa ao serviço militar, foi levado a julgamento por atividade antimilitar. Novamente querem que voltemos a um tempo em que matavam tudo o que havia de mais honesto.

No processo judicial contra S. Aleksiévitch pode-se ver um ataque organizado das forças antidemocráticas que, sob a aparência de defesa da honra do Exército, lutam pela manutenção de uma ideologia repugnante, as mentiras habituais... A ideia de uma alternativa não violenta defendida pelos livros de Svetlana Aleksiévitch vive na consciência das pessoas, ainda que oficialmente essa ideia não seja reconhecida, o conceito de "não resistência ao mal pela força" até hoje é ridicularizado. Mas repetimos: as mudanças morais na vida da sociedade estão ligadas acima de tudo à formação da autoconsciência, baseada no princípio de "mundo sem violência". Aqueles que querem um julgamento contra Svetlana Aleksiévitch empurram a sociedade à hostilidade e ao autoextermínio.

Membros da Sociedade Russa pela Paz: R. Iliukhina,
doutora em história, diretora do grupo Ideias de Paz na História,
do Instituto de História Geral da Academia Russa de Ciências;
A. Mukhin, presidente do Grupo de Iniciativa de Assistência
ao Serviço Militar Alternativo; O. Postnikova, escritora,
membro do Movimento Abril; N. Cheludiakova,
presidente da organização Movimento Contra a Violência

O escritor não pode ser juiz nem carrasco — esses sempre existiram em abundância na Rússia... Lembrei involuntariamente dessa frase de Tchékhov pelo escândalo extraliterário em torno do livro de Svetlana Aleksiévitch, *Meninos de zinco*, e a campanha simultaneamente voltada contra os "afegãos" e seus pais na imprensa republicana e mesmo em rádios estrangeiras...

Sim, guerra é guerra. Ela é sempre cruel e injusta no que se refere à vida humana. No Afeganistão, a esmagadora maioria de soldados e comandantes, fiéis ao juramento, estava cumprindo seu dever. Porque a ordem havia sido dada por um governo legítimo e em nome do povo. Infelizmente, para nossa vergonha, havia casos isolados de comandantes e soldados que cometeram crimes, e havia também os que matavam e roubavam os afegãos, os que (eram uns poucos, mas havia) matavam seus camaradas e passavam para o lado dos *duchman* com armas, lutavam nas fileiras deles.

Posso enumerar uma série de outros crimes cometidos pelos nossos, mas quando alguns escritores e jornalistas comparam os "afegãos" aos fascistas, surgem várias questões. Talvez esses senhores possam mostrar para o mundo as ordens que o governo deu ao nosso Exército no Afeganistão de construir campos de concentração, de exterminar uma população inteira, de queimar milhões de pessoas em fornos a gás, como fizeram os alemães? Ou os senhores têm documentos comprovando que a cada soldado soviético assassinado eram exterminadas centenas de civis, como faziam as forças hitleristas na Bielorrússia? Ou podem provar que nossos médicos coletavam sangue das crianças afegãs para seus feridos, como faziam os ocupantes alemães?

A propósito, tenho listas de soldados e oficiais soviéticos condenados por crimes cometidos contra os cidadãos afegãos. Os senhores podem apresentar listas semelhantes dos alemães, ou nomear nem que seja um ou dois condenados na época da ocupação do nosso país por crimes cometidos contra a população civil?

Não há discussão, a decisão do então governo soviético sobre a introdução de tropas no Afeganistão foi criminosa, em primeiro lugar, em relação ao seu povo. Mas, falando de nossos militares que, com o consentimento tácito do povo, e de vocês também, senhores, foram enviados para o inferno para cumprir seu dever militar, é preciso ser correto. Devemos estigmatizar aqueles que tomaram a decisão, e quem, tendo influência sobre a sociedade, ficou calado...

Humilhando a mãe de soldados falecidos, os defensores de Aleksiévitch fazem um aceno para os Estados Unidos — o país da grande democracia! Lá, dizem, se encontravam forças para protestar contra a Guerra do Vietnã.

Mas qualquer um que lê jornais sabe como os Estados Unidos agiram. Nem o Congresso americano, nem o Senado americano aceitaram a resolução de condenar a Guerra do Vietnã. Ninguém nos Estados Unidos permitiu ou permite o uso de palavras ofensivas contra os presidentes Kennedy, Johnson, Ford e Reagan, que enviaram soldados americanos para uma carnificina.

Aproximadamente 3 milhões de americanos passaram pelo Vietnã... Os veteranos do Vietnã entraram nos altos círculos políticos e na elite militar do país... Qualquer aluno escolar americano pode comprar sinais de distinção das unidades militares que lutaram no Vietnã...

É interessante pensar no que aconteceria com a rádio Svoboda, que defende Aleksiévitch, se seus funcionários chamassem de criminosos e assassinos não os cidadãos bielorrussos, mas seus presidentes, participantes da Guerra do Vietnã. Naturalmente, com os estrangeiros tudo bem, ainda mais quando há amigos que, por dólares e marcos, estão dispostos a entregar até o próprio pai...

N. Tcherguinets, presidente da União Bielorrussa de Veteranos da Guerra do Afeganistão, general-major de polícia
Soviétskaia Bielorrússia, *16 de maio de 1993*

* * *

... O que nós, que estivemos lá, sabemos ninguém mais sabe: talvez apenas nossos chefes, cujas ordens cumpríamos. Agora eles estão calados. Estão calados a respeito de como nos ensinaram a matar e "revistar" os mortos. Calados sobre como uma caravana já interceptada era dividida entre os pilotos de helicóptero e a chefia. Como cada cadáver de *duchman* (assim nós os chamávamos na época) era minado para que aqueles que viessem enterrá-lo (um velho, uma mulher, uma criança) também encontrassem a morte perto de seus parentes, em sua terra natal. Estão calados sobre muitas outras coisas. Tive a ocasião de servir num batalhão aéreo das forças especiais. Tínhamos uma especialidade restrita: caravanas, caravanas e mais caravanas. Em sua maioria, as caravanas não levavam armas, mas mercadorias e drogas, geralmente à noite. Nosso grupo tinha 24 pessoas, e o deles acontecia de ter mais de uma centena. Como íamos saber quem ali era um viajante pacífico, um comerciante que havia comprado mercadorias no Afeganistão e sonhava em vendê-la lucrativamente, e quem era um *duchman* disfarçado? Eu me lembro de cada combate, lembro de cada um dos "meus" mortos — um velho, um homem adulto, um menino que se contorcia agonizando... e daquele de turbante branco que com um berro delirante de "*Allahu akbar*" saltou de um rochedo de cinco metros depois de ferir mortalmente um amigo meu... As vísceras dele ficaram na minha camisa, e o cérebro, na coronha da minha AKMS... Deixávamos metade dos nossos camaradas nos rochedos... Não conseguíamos puxar todos das fendas... Só os animais selvagens os encontravam... E nós inventávamos "façanhas" realizadas por eles para contar aos pais. Isso em 1984...

Sim, devemos ser julgados pelo que fizemos, mas junto com os que nos mandaram para lá, que nos obrigaram em nome da pátria e de acordo com o juramento a executar um trabalho pelo qual, em 1945, todo o mundo condenou o fascismo...

Sem assinatura

Os anos passam... E de repente fica claro que para as pessoas não basta o que a história deixa. Essa história com a qual estamos acostumados, na qual há nomes, datas, acontecimentos, há fatos e sua avaliação, mas falta lugar para o ser humano. A história via de regra não dava atenção ao ser humano mais concreto, que não era apenas participante desses acontecimentos, uma unidade estatística qualquer, mas visto como uma individualidade definida, cheio de emoções e impressões...

Não me lembro de quando saiu o livro de Svetlana Aleksiévitch, *A guerra não tem rosto de mulher* — já se passaram uns quinze anos, talvez, mas ainda agora vejo um episódio que me impressionou. Numa marcha de um batalhão feminino, calor, poeira, e na poeira, aqui e ali, manchas de sangue. Para o organismo feminino não há intervalo, mesmo na guerra.

Que historiador nos deixou um fato desses? E quantos contadores de histórias deve ouvir um escritor para escolhê-lo dentre um número infindável de fatos e impressões? Para mim, esse fato conta mais sobre a psicologia das mulheres na guerra do que todo um volume de história militar.

... E por mais próximos que estejam esses acontecimentos — a Guerra do Afeganistão, a tragédia de Tchernóbil, os golpes de Moscou, os pogroms tadjiques — de repente fica claro que todos eles já merecem fazer parte da história, e novos cataclismos já vêm sucedê-los, e a atenção da sociedade já se fixa neles, nesses novos. E os testemunhos desaparecem, porque a memória humana, para nos proteger, tenta dissimular as emoções e lembranças que atrapalham a vida de uma pessoa, privam-na de sono e tranquilidade. E depois, as próprias testemunhas desaparecem...

Ah, como muitos "príncipes feudais" do regime desaparecido no verão se recusam a reconhecer que eles também estão sob julgamento — julgamento das pessoas e da história! Ah, como se recusam a acreditar que chegaram os tempos em que qualquer "escrevinhador e contador de histórias" pode se permitir erguer a mão sobre o "passado radiante", "difamá-lo e humilhá-lo", pôr em dúvida os "grandes ideais"! Ah, como se sentem incomodados por livros repletos de declarações das últimas testemunhas!

Pode-se repudiar o general da KGB, Oleg Kaluguin: uma pessoa não se torna um general da KGB por nada. Mas é impossível repudiar as declarações de centenas de simples mortais — afegãos, moradores de Tchernóbil, vítimas de conflitos interétnicos, refugiados de "zonas de conflito"... Em compensação, é possível "encurralar", "pôr no devido lugar", "fechar a boca" de um jornalista, um escritor, um psicólogo que recolha essas declarações testemunhais...

Nós, claro, não estamos acostumados. Já processamos Siniávski e Daniel, submetemos à excomunhão Boris Pasternak, manchamos Soljenítsin e Dudintsev.

Bom, Svetlana Aleksiévitch se calará. Bom, vão parar de aparecer testemunhos das vítimas de nosso século criminoso. O que vai restar para nossos descendentes? O tatibitate adocicado dos amantes de informes vitoriosos? O repicar dos tambores alternado com as marchas de bravura? Tudo isso já existia... Já passamos por isso...

Ia. Bassin, médico
Dobri Vétcher, *1º de dezembro de 1993*

Queria ter me apresentado com estas palavras no julgamento... Eu me conto entre os que não aceitavam o livro de Svetlana Aleksiévitch, *Meninos de zinco*. Devia ter sido o advogado de defesa de Tarás Ketsmur no julgamento...

A confissão de um ex-inimigo — agora podemos chamar assim...

Durante dois dias, escutei atentamente tudo o que foi dito na sala de audiência e nos corredores, e pensei que estamos cometendo um sacrilégio. Por que estamos torturando uns aos outros? Em nome de Deus? Não! Estamos partindo o coração dele. Em nome do país? Ele não combateu lá...

Svetlana Aleksiévitch descreveu de forma concentrada o "lado obscuro" da Guerra do Afeganistão, e nenhuma mãe consegue acreditar que seu filho seria capaz de algo assim. Mas digo mais: o que foi descrito no livro é fichinha comparado ao que acontece na guerra, e todos os que lutaram de fato no Afeganistão podem confirmar isso com a mão no coração. Agora estamos diante de uma realidade cruel: pois os mortos não deviam ser desonrados, e se fosse para falar em desonra, quem devia senti-la seriam os vivos. Mas os vivos somos nós. E então descobrimos que estávamos sempre na ponta da guerra, ou seja, quem cumpria as ordens agora também se encontra na ponta mais fraca e precisa responder por todas as consequências da guerra! Por isso seria mais justo se um livro de tanta força e talento não fosse sobre os meninos, mas sobre os marechais e chefes de gabinete que mandavam os rapazes para a guerra.

Eu me pergunto: Svetlana Aleksiévitch precisava escrever sobre os horrores da guerra? Sim! E a mãe precisava falar em nome de seu filho? Sim! E os "afegãos" precisavam falar por seus amigos? Novamente, sim!

Claro, um soldado é sempre pecador, em qualquer guerra. Mas no Juízo Final o Senhor será o primeiro a perdoar os soldados...

Quem encontrará a saída jurídica para esse conflito é o tribunal. Mas deve ser uma saída humana, que inclua o fato de que as mães sempre têm razão no amor aos filhos; os escritores têm razão quando falam a verdade; os soldados têm razão quando os vivos defendem os mortos.

Foi isso o que se chocou de fato nesse processo civil.

Os diretores e regentes, políticos e marechais que organizaram essa guerra não estão na sala do tribunal. Ali estão apenas os lados que sofreram: o amor que não aceita a verdade amarga sobre a guerra; a verdade que deve ser dita apesar de qualquer amor; a honra, que não aceita nem o amor nem a verdade, pois lembrem-se: "Posso entregar a vida para a pátria, mas a honra não entrego a ninguém" (código dos oficiais russos).

No coração de Deus cabe tudo: amor, verdade e honra, mas não somos deuses, e esse processo civil só é bom por ser capaz de devolver às pessoas a plenitude da vida.

O único motivo que tenho para repreender Svetlana Aleksiévitch não é ela ter deturpado a verdade, mas o fato de o livro praticamente não ter amor a essa juventude jogada à imolação pelos idiotas que organizaram a Guerra do Afeganistão. E é surpreendente até para mim que os "afegãos" que olharam nos olhos da morte tenham medo de sua verdade sobre a Guerra do Afeganistão. Devia haver ao menos um "afegão" que dirá que há muito tempo não somos uma massa cinzenta homogênea, e que as palavras de Tarás Ketsmur, quando ele estava falando que não condenava a guerra, não são nossas palavras, e que ele não fala isso por todos nós...

Não condeno Svetlana Aleksiévitch por um livro que ajudou a população a conhecer o "lado obscuro" do Afeganistão. Não a condeno nem mesmo pelo fato de que, depois de lê-lo, as pessoas nos tratam bem pior. Devemos passar por uma ressignificação do nosso papel na guerra como instrumento de assassinato, e se há motivos para arrependimento, a penitência deve chegar para cada um.

O processo, provavelmente, vai ser longo e torturante. Mas na minha alma ele terminou...

Pável Chetko, "ex-afegão"

DOS ESTENOGRAMAS DA AUDIÊNCIA FINAL

8 de dezembro de 1993

Juiz: I. N. Jdánovitch; assessores populares: T. V. Boríssievitch, T. S. Soroko; reclamante: I. S. Galovneva, T. S. Ketsmur; acusada: S. A. Aleksiévitch.

DA FALA DE S. ALEKSIÉVITCH, AUTORA DE *MENINOS DE ZINCO* (DO QUE FOI DITO E DO QUE NÃO DEIXARAM DIZER)

Até o fim eu não acreditava que este julgamento aconteceria, como não acreditava até o último instante que começariam a atirar perto da Casa Branca... Nem que sejamos capazes de atirar uns nos outros...

Já não consigo ver fisicamente rostos ensandecidos e furiosos. Não teria vindo a este tribunal se aqui não estivessem mães, ainda que eu saiba: não são elas que estão me processando, é o antigo regime que está me processando. A consciência não é a carteirinha do Partido, você não pode arquivá-la. Mudaram nossas ruas, as placas nas lojas e os nomes dos jornais, mas nós somos os mesmos. Somos do bloco socialista. Com a mesma mentalidade dos campos de trabalho...

Mas eu vim aqui para falar com as mães. Para pedir a elas perdão por não ser possível alcançar a verdade sem dor. Eu faço a mesma pergunta que está no meu livro: quem somos nós? Por que podem fazer o que quiserem conosco? Devolver a uma mãe um caixão de zinco, depois convencê-la a mover um processo contra uma escritora que escreveu que ela não pode nem beijar o filho pela última vez e como banhava de ervas e fazia carinho no caixão de zinco... Quem somos nós?

Nos incutiram, desde a infância puseram nos nossos genes o amor pelo homem armado. Crescemos como se estivéssemos em guerra, até aqueles que nasceram várias décadas depois. Até nossa visão é construída de forma que, até hoje, mesmo depois dos crimes das comissões especiais revolucionárias, dos destacamentos de barreira e campos stalinistas, depois do que houve em Vilnius, Baku e Tbilisi recentemente, depois de Cabul e Candaar, imaginamos uma pessoa armada como um soldado de 1945, um soldado da Vitória. Tantos livros foram escritos sobre a guerra, tanto armamento foi fabricado por mãos e mentes humanas que a ideia de assassinato se tornou normal. As melhores mentes refletem com uma insistência infantil sobre se o ser humano tem o direito de matar animais, e nós, pouco duvidando, ou depois de construir às pressas um ideal político, somos capazes de justificar a guerra. Liguem a televisão à noite e vocês verão com que êxtase secreto levamos heróis para o cemitério. Na Geórgia, na Abkhásia, no Tajiquistão... E novamente botamos nos túmulos deles monumentos, e não capelas...

Não é possível tirar impunemente dos homens esse brinquedo preferido deles... o brinquedo mais caro: a guerra. Esse mito... Esse instinto antigo...

Mas odeio a guerra e a própria ideia de que uma pessoa tem direito sobre a vida de outra pessoa.

Recentemente um sacerdote me contou que um ex-soldado do front, já velho, levou suas condecorações para a igreja. "Sim", ele falou, "matei fascistas. Defendi a pátria. Mas mesmo assim antes da morte quero me arrepender por ter matado." E deixou suas condecorações na igreja, não no museu. Nós fomos educados nos museus militares...

A guerra é trabalho duro e assassinato, mas com o passar dos anos se lembra do trabalho duro e a ideia de assassinato se afasta. Por acaso é possível inventar isso: esses detalhes, sentimentos? Sua terrível variedade no meu livro.

Cada vez mais penso: depois de Tchernóbil, do Afeganistão, depois dos acontecimentos na Casa Branca — não estamos à altura do que acontece conosco. Não elaboramos nosso passado, sempre somos as vítimas. Talvez seja por isso que tudo se repete?

Há alguns anos, mais precisamente, há quatro anos, pensávamos o mesmo: eu, muitas mães presentes aqui nesta sala, soldados que voltavam da terra estrangeira afegã. No meu livro, *Meninos de zinco*, os relatos-preces das mães são as páginas mais tristes. As mães rezam por seus filhos falecidos...

Por que agora estamos num tribunal umas contra as outras? O que aconteceu nesse tempo?

Nesse tempo, desapareceu do mapa do mundo e da história do país o império comunista que os enviou lá para matar e morrer. Ele não existe. A guerra, no começo timidamente, foi chamada de erro político, depois de crime. Todos queriam se esquecer do Afeganistão. Se esquecer daquelas mães, se esquecer dos mutilados... O esquecimento também é uma forma de mentira. As mães ficaram absolutamente sós com os túmulos de seus meninos. Elas não tinham nem o consolo de que a morte dos filhos não havia sido sem sentido. Sejam quais forem os insultos e xingamentos que eu escute hoje, eu falei e repito que me curvo diante das mães. Me curvo porque, quando a pátria jogava na desonra o nome de seus filhos, elas se tornaram defensoras deles. Hoje só as mães defendem os meninos falecidos... Outra pergunta é: do que elas defendem?

E a dor delas supera qualquer verdade. Dizem que a prece de uma mãe chegará até o fundo do mar. No meu livro ela os tira da não existência. Elas são vítimas no altar de nossa dura clarividência. Elas não são heroínas, são mártires. Ninguém ousa atirar uma pedra nelas. Somos todos culpados, todos nós participamos dessa mentira — meu livro é sobre isso. Qual é o perigo de qualquer totalitarismo? Eles transformam todos em cúmplices de seus crimes. Bons e maus, ingênuos e pragmáticos... É preciso rezar por esses meninos, e não pela ideia da qual foram vítimas. Quero dizer para as mães: não são seus filhos que vocês estão defendendo aqui hoje. Vocês estão defendendo um ideal terrível. Um ideal assassino. É isso o que quero falar também para os ex-soldados afegãos que vieram ao tribunal hoje.

Por trás dessas mães eu vejo dragonas de generais. Os generais voltavam da guerra com Estrelas de Heróis e com malas grandes cheias de bugigangas, uma das mães — que também está na sala agora — me contou que devolveram a ela um caixão de zinco e uma pequena bolsa de viagem preta onde havia uma escova de dentes e um calção de banho do filho. Foi tudo o que restou para ela. Tudo o que ele trouxe da guerra. Então de quem elas deviam defender os filhos? Da verdade? A verdade está em como seus meninos morreram em decorrência das feridas, porque não havia álcool e remédios, eles eram vendidos aos *dukans*; em como alimentavam os meninos com latas de conservas enferrujadas dos anos 1950, até em como os enterravam em uniformes antigos, dos tempos da Guerra Patriótica. Até nisso economizavam. Não queria dizer isso a vocês ao lado do túmulo... Mas é preciso...

Escutem: estão atirando em todos os lugares, novamente o sangue corre. Qual é a justificativa que estão procurando para esse sangue? Ou estão ajudando a procurar?

Na época, cinco anos atrás, quando o Partido Comunista ainda governava, havia a KGB — eu, para proteger de represálias os protagonistas do meu livro, às vezes mudava os nomes e os sobrenomes. Eu os defendia do regime. Mas hoje preciso me defender daqueles que há pouco tempo defendia.

O que devo reivindicar? Meu direito, como escritora, de ver o mundo como vejo. E o fato de que odeio a guerra. Ou devo demonstrar que há o que é verdade e o que é verossímil, que um documento numa obra de arte não é um atestado do centro de recrutamento nem uma passagem de bonde? Os livros que escrevo são documentos e ao mesmo tempo minha imagem dos tempos. Recolho detalhes e sentimentos não só de uma vida humana individual, mas de todo o ar de um tempo, seu espaço, suas vozes. Não imagino, não invento, eu monto o livro a partir da própria realidade. O documento é aquilo que me contam, o documento, parte dele, sou eu como artista com minha visão de mundo, minhas impressões.

Escrevo e anoto a história contemporânea, corrente. Vozes vivas, destinos vivos. Antes de se tornar história, elas são a dor de alguém, o grito de alguém, o sacrifício ou o crime de alguém. Eu me pergunto uma quantidade incontável de vezes: como passar entre o mal sem aumentar o mal no mundo, especialmente agora, quando o mal assume dimensões, de certa maneira, cósmicas? Antes de cada livro novo eu me pergunto isso. Já é meu fardo. E meu destino.

A escrita é um destino e uma profissão, no nosso país desafortunado é até mais destino do que profissão. Por que um tribunal rejeita duas vezes uma solicitação de perícia literária? Porque imediatamente ficaria claro que aqui não há objeto para um processo. Estão julgando um livro, estão julgando a literatura, supondo que, se ela é documental, é possível reescrevê-la toda vez para satisfazer as exigências do momento. Não permita Deus que os livros documentais sejam conduzidos por contemporâneos tendenciosos. Só nos restariam ecos de disputas políticas e preconceitos em lugar da história viva. Fora das leis da literatura, fora das leis do gênero literário, o que há é uma repressão política primitiva, já reduzida ao nível cotidiano e, eu diria até, comum. Escutando esta sala, eu muitas vezes me pegava pensando: quem é que hoje em dia se decide a chamar uma multidão para a rua, uma multidão que já não acredita em ninguém — nem em sacerdotes, nem em escritores, nem em políticos? Ela só quer repressão e sangue... E só se submente a uma pessoa armada... Uma pessoa com uma pena, ou melhor, com uma caneta e não uma metralhadora Kaláchnikov a irrita. Aqui, me ensinaram como se deve escrever livros.

Aqueles que me chamaram para o tribunal renegam o que disseram alguns anos atrás. Na consciência deles virou uma chave, e eles já leem o texto anterior de outra forma, ou não o reconhecem em absoluto. Por quê? Porque eles não precisam de liberdade... Não sabem o que fazer com ela...

Eu me lembro bem de como era Inna Serguêievna Galovneva quando nos encontramos, fiquei apaixonada por ela. Pela dor, pela verdade. Pelo coração atormentado. Mas agora ela já é uma política, uma figura oficial, presidente do Clube de Mães de Combatentes Internacionalistas Falecidos. Já é outra pessoa, da anterior tem apenas o nome e o nome do filho falecido, que ela sacrificou pela segunda vez. Um sacrifício ritual. Somos escravos, somos românticos da escravidão.

Temos nossa representação de heróis e mártires. Se estivéssemos falando aqui de honra e dignidade, nos levantaríamos e faríamos silêncio pela memória de quase 2 milhões de afegãos mortos... Mortos lá, em sua própria terra...

Quantas vezes é possível fazer nossa eterna pergunta: quem é culpado? Nós somos culpados — você, eu, eles. O problema é outro, está na escolha de cada um de nós: atirar ou não, calar-se ou não, ir ou não? É preciso perguntar para si mesmo. Que cada um pergunte a si mesmo. Mas não temos experiência de entrar em si, dentro de si... De encontrar as respostas por si próprio... Estamos acostumados a correr para a rua sob os estandartes vermelhos de sempre. Não conseguimos viver sem ódio. Ainda não aprendemos.

Tarás Ketsmur, um dos meus protagonistas... Não, não esse que vocês estão vendo agora na sala, aquele era outro, quando voltou da guerra ele me contou isso... Posso ler um trecho do livro?

É como se eu estivesse dormindo e visse um grande mar de gente... Todos ao lado da nossa casa... Olho em volta, está apertado, mas por algum motivo não consigo me levantar. Então entendo que estou deitado num caixão... Um caixão de madeira, sem o invólucro de zinco. Lembro bem disso... Mas estou vivo, lembro que estou vivo, mas estou num caixão. O portão se abre, todos saem para a rua e me levam para fora. Uma multidão, todos com cara de dor e também algum êxtase misterioso... Não entendo... O que aconteceu? Por que estou no caixão? De repente a procissão para, e escuto alguém falando: "Me dê o martelo". Então me vem um pensamento: estou sonhando... De novo alguém repete: "Me dê o martelo"... É como se fosse realidade e sonho ao mesmo tempo... E pela terceira vez alguém diz: "Me dê o martelo". Escuto algo como que batendo na tampa, o martelo bate, um prego cai no meu dedo. Começo a bater na tampa com a cabeça, os pés. De novo, e a tampa se quebra, cai. As pessoas olham — eu me levanto, estou levantado até a cintura. Quero gritar: estou com dor, por que estão pregando tábuas com pregos?, não consigo respirar. Eles choram, mas não me dizem nada. Estão todos como que mudos... Nos rostos há êxtase, um êxtase misterioso... Invisível... E eu o vejo... Eu o adivinho... E não sei como começar a falar com eles para que me escutem. Parece que estou gritando, mas meus lábios estão comprimidos, não consigo abri-los. Então me deito de volta no caixão. Fico deitado pensando: eles querem que eu morra, talvez eu tenha de fato morrido e precise ficar calado. Alguém diz de novo: "Me dê o martelo"…

Isso ele não desmentiu. Isso defenderá sua honra e dignidade no tribunal da História. E a minha também.

DAS CONVERSAS NA SALA DO TRIBUNAL

— A senhora diz que são os comunistas… Os generais… Encenadores ocultos… E eles? E eles mesmos? Os enganados e os que desejam se enganar. Alguém é culpado, mas eles não. A psicologia da vítima. A vítima sempre precisa de alguém que possa culpar. Ainda não estão atirando em nós, mas todos apuram as narinas como se sentissem o cheiro de sangue.

— Ela tem milhões, duas Mercedes… Viaja para o exterior…

— O escritor passa dois, três anos escrevendo um livro e hoje recebe tanto quanto um rapaz motorista de ônibus recebe em dois meses. De onde vocês tiraram essas Mercedes?

— Viaja pelo exterior…

— E seu pecado pessoal? Você podia atirar e podia não atirar. O quê? Fica calado…

— O povo está humilhado, na miséria. Há bem pouco tempo nós éramos uma grande potência. Talvez não fôssemos, mas nós nos considerávamos uma grande potência pelo número de mísseis e tanques, de bombas atômicas. E acreditávamos que vivíamos no melhor país, o mais justo. E a senhora nos diz que vivíamos em outro país — terrível e sanguinolento. Quem vai perdoá-la? A senhora pisou no que há de mais dolorido… No mais profundo…

— Todos fomos participantes desse equívoco. Todos.

— Vocês fizeram a mesma coisa que os fascistas! E querem ser heróis... E ainda por cima ganham geladeira e mobília sem entrar na fila...

— Eles são formigas, não sabem que há abelhas e pássaros. E querem fazer de todos formigas. É um nível de consciência diferente...

— E o que querem depois de tudo?

— Depois do quê?

— Depois do sangue... Estou falando da nossa história. Depois do sangue as pessoas só conseguem valorizar o pão. Todo o resto para elas não tem valor. A consciência está destruída.

— Tem que rezar. Rezar por nosso carrasco. Pelos torturadores.

— Pagaram dólares para ela. E ela joga sujeira em nós. Em nossos filhos.

— Se não nos resolvemos com o passado, ele vai berrar no futuro. E haverá um novo erro e mais sangue. O passado ainda está por vir.

DA SENTENÇA DO TRIBUNAL

SENTENÇA
EM NOME DA REPÚBLICA DA BIELORRÚSSIA

O tribunal nacional do bairro central da cidade de Minsk, composto por I. N. Jdánovitch, na função de presidente, os assessores populares T. V. Borissiévitch, T. S. Soroka e o secretário N. B. Lobinitch, examinou na audiência aberta de 8 de dezembro de 1993 o processo movido por Tarás Mikháilovitch Ketsmur e Inna Serguêievna Galovneva contra Svetlana Aleksándrovna Aleksiévitch e a redação do jornal *Komsomólskaia Pravda* em defesa da honra e da dignidade.

Depois de escutar as partes e analisar o processo, o tribunal considera que as demandas judiciais estão sujeitas a compensação parcial.

De acordo com a p. 7 do Código Civil da República da Bielorrússia, um cidadão ou uma organização têm o direito de exigir o desmentido de uma informação que macule sua honra e dignidade se o propagador dessas informações não comprovar que elas correspondem à verdade.

O tribunal determinou que, no jornal *Komsomólskaia Pravda* de 15 de fevereiro de 1990, nº 39, foram publicados trechos do livro documental de S. Aleksiévitch *Meninos de zinco*. Na publicação há um monólogo assinado com o sobrenome da reclamante I. S. Galovneva.

Dado que os acusados no presente caso, S. A. Aleksiévitch e a redação do jornal *Komsomólskaia Pravda*, não apresentaram provas que atestem a veracidade das informações expostas na referida publicação, o tribunal considera que elas não correspondem à realidade.

Porém, o júri considera que as informações expostas não são difamadoras, já que não depreciam a honra e a dignidade de I. S. Galovneva e seu falecido filho na opinião geral e na opinião dos cidadãos do ponto de vista da observação das leis e dos princípios morais da sociedade, e nelas não há informações sobre comportamento indigno de seu filho na sociedade...

Dado que os acusados não apresentaram provas que atestem a veracidade do relato de T. M. Ketsmur, o júri considera que elas não correspondem às informações reais expostas no monólogo assinado com o nome e o sobrenome de T. M. Ketsmur.

Segundo circunstâncias apontadas anteriormente, o júri considera que não correspondem à realidade e envergonham a honra e a dignidade do reclamante T. M. Ketsmur as seguintes informações, expostas nas frases: "Vi desenterrarem nos campos

ferro e ossos humanos... vi uma casca alaranjada no rosto petrificado de um morto... Por algum motivo estava laranja..." e

No meu quarto havia os mesmos livros, fotos, aparelho de som,
violão, mas eu era outro. Não consigo passar pelo parque — fico
olhando para trás. No café, o garçom para atrás de mim: "Qual é
o pedido?", e eu fico a ponto de dar um pulo e sair correndo. Não
podia ter ninguém parado atrás de mim. Vejo um pobre coitado,
só tenho um pensamento — preciso fuzilá-lo.

O júri considera essas informações difamatórias, já que dão
fundamento para que o leitor duvide de sua integridade psíquica,
da adequação de percepção do que o cerca, representam-no como
uma pessoa ressentida, põem em dúvida suas qualidades morais,
criam a impressão de que ele é uma pessoa que pode transmitir
uma informação real e verídica como uma mentira sem correspondência com a realidade...

O restante do processo de T. M. Ketsmur está indeferido...

A acusada S. A. Aleksiévitch não reconhece o processo. Ela
depôs que em 1987 se encontrou com I. S. Galovneva — mãe de
um soldado falecido no Afeganistão — e gravou a conversa com
ela numa fita cassete. Isso foi quase imediatamente depois do enterro de seu filho. A reclamante contou a ela o que está exposto no
monólogo assinado com seu sobrenome no jornal *Komsomólskaia Pravda*. Para que Galovneva não fosse perseguida pela KGB,
ela unilateralmente mudou seu nome para Nina e a patente de
seu filho de primeiro para segundo-tenente, ainda que o relato
fosse exatamente o dela.

Com T. M. Ketsmur, ela se encontrou há precisamente seis
anos. Ela gravou seu relato numa fita cassete, sozinha. No monólogo publicado o que foi dito por ele foi exposto em concordância
com essa gravação, por isso corresponde à realidade e é verídico...

Com base no exposto, tomando por base a página 194 do Código de Processo Civil da República da Bielorrússia, a corte decidiu:

Obrigar a redação do jornal *Komsomólskaia Pravda* a publicar dentro do prazo de dois meses um desmentido das informações indicadas.

Recusar a Inna Serguêievna Galovneva a demanda em defesa de sua honra e dignidade contra Svetlana Aleksándrovna Aleksiévitch e a redação do jornal *Komsomólskaia Pravda*.

Cobrar de Svetlana Aleksándrovna Aleksiévitch, em benefício de Tarás Mikháilovitch Ketsmur, as despesas de custas do processo na quantia de 1320 (mil trezentos e vinte) rublos e as custas das taxas estatais na quantia de 2680 (dois mil seiscentos e oitenta) rublos.

Cobrar de Inna Serguêieva Galovneva a taxa estatal de 3100 (três mil e cem) rublos.

A decisão da corte pode ser apelada no tribunal municipal de Minsk por meio do júri popular da zona central de Minsk no decorrer de dez dias de seu pronunciamento.

Ao diretor do Instituto de Literatura Ianka Kupala da Academia de Ciências da República da Bielorrússia, Kovalenko, V. A.

Prezado Víktor Antonóvitch,

Como o senhor sabe, o processo judicial contra a escritora Svetlana Aleksiévitch a respeito da publicação de trechos de sua obra documental *Meninos de zinco* no *Komsomólskaia Pravda* de 15/02/1990 foi concluído na primeira instância. Em realidade, S. Aleksiévitch foi acusada de ter supostamente caluniado a honra e a dignidade de um dos reclamantes (um dos protagonistas de seu livro) por não transmitir as palavras dele literalmente. Duas vezes o júri rejeitou a solicitação de realizar uma perícia literária.

O PEN Center da Bielorrússia lhe pede a realização de uma perícia literária independente que dê resposta às seguintes perguntas:

1. Como se define cientificamente o gênero da narrativa documental levando em conta que "documental" é entendido como "baseado em fatos (testemunhos)", e "narrativa" como "obra de arte"?

2. Qual é a diferença entre a narrativa documental e uma publicação em jornal/revista, em particular de uma entrevista, cujo texto habitualmente é aprovado pelo entrevistado com o autor?

3. O autor de um texto documental tem o direito à criação artística, à concepção da obra, à escolha do material, à elaboração literária dos testemunhos orais, a uma visão de mundo pessoal, a generalizar os fatos em nome da verdade artística?

4. Quem detém os direitos autorais: a autora ou os protagonistas dos fatos descritos por eles, cujas confissões e testemunhos ela anotou na época da coleta de material?

5. Como definir os limites em que o autor é livre da literalidade, da transmissão mecânica dos textos anotados?

6. O livro de S. Aleksiévitch, *Meninos de zinco*, corresponde ao gênero da narrativa documental (em relação à primeira pergunta)?

7. O autor de uma narrativa documental tem direito a mudar nomes e sobrenomes de seus personagens?

8. E, como consequência de todas essas questões, a mais importante de todas: é possível processar um escritor por um trecho de uma obra de arte, mesmo quando esse trecho não agrada a quem ofereceu o material oral para o livro? S. Aleksiévitch não publicou uma entrevista com os reclamantes, mas precisamente um trecho de um livro do gênero da narrativa documental.

O PEN Center da Bielorrússia solicita uma perícia literária independente para a defesa da escritora Svetlana Aleksiévitch.

Carlos Cherman, vice-presidente do PEN Center da Bielorrússia, 28 de dezembro de 1993

Ao presidente do PEN Club Bielorrusso, V. Bíkov

Cumprindo sua solicitação de fazer uma perícia literária independente da novela documental de Svetlana Aleksiévitch, *Meninos de zinco*, respondemos suas perguntas ponto a ponto:

1. Segundo a definição de "literatura documental" dada pelo *Dicionário literário enciclopédico* (Moscou, Enciclopédia Soviética, 1987, pp. 98-9), considerado entre os estudiosos e especialistas o mais confiável e preciso, a literatura documental, incluída aí a narrativa documental, por seu conteúdo, métodos e formas de pesquisa e forma de exposição, está ligada ao gênero da prosa literária e artística e, por isso, utiliza ativamente o gênero da seleção artística e da avaliação estética do material documental. "A literatura documental", ressalta o autor do verbete correspondente, "é um gênero da prosa artística que pesquisa acontecimentos históricos e fenômenos da vida social por meio da análise de materiais documentais que são restaurados num todo, de forma parcial ou resumida."

2. No mesmo verbete enciclopédico afirma-se que "a qualidade da seleção e da avaliação estética dos fatos demonstrados, tomados numa perspectiva histórica, amplia o caráter informativo da literatura documental e a exclui da lista de gêneros documentais jornalísticos (artigo, matéria, crônica, reportagem) e do ensaísmo, assim como da prosa histórica". Dessa forma, o trecho de *Meninos de zinco*, de S. Aleksiévitch, publicado no *Komsomólskaia Pravda* (de 15/02/1990) não pode ser incluído nos gêneros

entrevista, reportagem, artigo ou qualquer outra variação da atividade jornalística: ele é uma peça de publicidade original de um livro que deve ser publicado em breve.

3. No que se refere ao direito do autor de uma obra documental à literariedade como meio específico de generalização dos fatos, à seleção consciente do material, à elaboração literária dos relatos orais das testemunhas desses acontecimentos, às conclusões pessoais da confrontação dos fatos, o já referido dicionário enciclopédico diz o seguinte: "Resultando na mínima criação ficcional, a literatura documental utiliza de forma original a síntese artística, selecionando fatos reais que, por si mesmos, possuem características sociais e cotidianas significativas". Sem dúvida, a literatura documental é fortemente voltada para a autenticidade e veracidade. Porém, é possível chegar a um completo realismo, à verdade absoluta? Nas palavras do escritor Albert Camus, vencedor do prêmio Nobel, a verdade completa só seria possível se pusessem uma câmera diante de uma pessoa, e filmassem toda sua vida do nascimento à morte. Mas nesse caso como encontrar uma outra pessoa que concordaria em sacrificar sua vida para assistir infinitamente a esse filme surpreendente? E ele seria capaz de, pelos acontecimentos externos, ver os motivos internos do comportamento do "protagonista"? É fácil imaginar a situação que ocorreria se a autora de *Meninos de zinco* recusasse conscientemente ter uma relação criativa com os fatos recolhidos e se conformasse com o papel de compiladora passiva. Nesse caso, ela teria que anotar no papel literalmente tudo o que foi dito nas muitas horas de relatos e confissões dos personagens "afegãos", e como resultado teria (se encontrasse um editor) um livro volumoso de material cru, não elaborado, não trabalhado para chegar a um nível de exigência estética verdadeiro, e que simplesmente não teria leitores. Além disso, se os predecessores de S. Aleksiévitch na literatura documental tivessem seguido esse caminho, a literatura mundial

não teria hoje obras-primas como *Briétskaia kriépost* [A fortaleza de Brest], de S. Smirnov; *Niurembergski protsess* [O julgamento de Nuremberg], de A. Poltorak; *A sangue-frio*, de T. Capote; *Ia iz ognionnoi derevni* [Sou da aldeia em chamas], de A. Adamóvitch, Ia. Bril, V. Kolésnik, e *Blokádnaia kniga* [O livro do cerco], de A. Adamóvitch e D. Granin.

4. O direito autoral é o conjunto das normas jurídicas que regulam as relações de criação e edição das obras literárias; elas têm início a partir do momento de criação do livro e consistem em leis concretas e definidas quanto à posse dos direitos (de propriedade e de não propriedade). Entre elas, em primeiro lugar, distingue-se o direito à autoria, à publicação, à reedição e à difusão da obra, à inviolabilidade da obra (apenas o autor tem o direito de introduzir qualquer mudança em sua obra ou permitir que terceiros façam isso). O processo de seleção do material de acordo com o gênero da literatura documental exige um papel ativo do autor, que define a essência da questão e do tema da obra. A violação do direito autoral é punida judicialmente.

5. A reprodução literal ponto a ponto dos relatos dos personagens, como já demonstramos na resposta à terceira pergunta, é impossível numa obra documental. Mas nesse caso, claro, surge o problema da boa-fé do autor com o qual o personagem, num momento de franqueza, compartilhou suas lembranças e de certa forma transferiu para ele parte de seus direitos sobre esse testemunho, na esperança de uma transmissão precisa de suas palavras, em primeiro lugar, e da competência profissional do autor, sua capacidade de ver o principal e descartar os detalhes que não aprofundam a ideia, de confrontar os fatos e vê-los como um todo único. No fim das contas, tudo é decidido pelo talento artístico do autor e sua posição moral, sua capacidade de unir o caráter documental e a representação artística. Nesse caso, só quem pode sentir e definir a medida da veracidade, a profundidade da pene-

tração no acontecimento é o próprio leitor e a crítica literária, que possui o instrumental para uma análise estética. Essa medida de veracidade também é, à sua maneira, avaliada pelos personagens da obra, os leitores mais apaixonados e atentos: ao entrar em contato com o fenômeno de transformação da palavra oral em escrita, e ainda mais publicada, eles às vezes se tornam vítimas de uma reação inadequada a seu relato pessoal. Desse modo, uma pessoa que escuta sua própria voz gravada pela primeira vez, sem reconhecer a si mesma, considera que houve uma substituição grosseira. Esse efeito repentino surge também do resultado de que, dentro do livro, o relato de uma testemunha se contrapõe e se encadeia a outros relatos semelhantes, ecoa ou difere deles, ou até discute, entra em conflito com os relatos de outros personagens-testemunhas: nesse momento, a relação de uma pessoa com suas próprias palavras muda visivelmente.

6. O livro de S. Aleksiévitch, *Meninos de zinco*, responde completamente ao já referido gênero da literatura documental. A autenticidade e a literariedade estão presentes nele em proporções que permitem conferir à obra a denominação de prosa literária, e não de jornalismo. E, aliás, os pesquisadores também classificam como literatura documental os livros anteriores da autora (*A guerra não tem rosto de mulher* e *As últimas testemunhas*).

7. Na literatura, o autor contemporâneo está cercado de determinados limites éticos, se a transmissão do relato do personagem for autêntica, seu testemunho verídico dos fatos, cuja avaliação ainda não recebeu o devido reconhecimento na sociedade, pode vir a ter resultados indesejados não só para o autor, mas também para os personagens. Nesse caso o autor, sem dúvida, tem o direito a mudar o nome e o sobrenome dos personagens. E mesmo quando nada ameaça o personagem e a conjuntura política está a favor do livro, os autores não raro utilizam esse procedimento. No sobrenome do personagem principal de *Um homem*

de verdade, Meréssiev, o escritor B. Polevói mudou apenas uma letra, mas imediatamente surgiu um efeito artístico: o leitor já entendeu que não está se falando de uma pessoa concreta, mas de um fenômeno típico da sociedade soviética. São inúmeros esses exemplos de mudança consciente de nome e sobrenome de personagens na história da literatura.

8. Processos judiciais semelhantes ao que está em curso contra S. Aleksiévitch, autora do livro *Meninos de zinco*, infelizmente ainda ocorrem no mundo. George Orwell, autor da famosa distopia *1984*, esteve sujeito à perseguição judicial na Inglaterra pós-guerra e foi acusado de calúnia contra a estrutura do Estado. Hoje se sabe que o tema daquele livro era o totalitarismo na sua variante surgida no século XX. Em nossos dias, o escritor Salman Rushdie foi condenado à morte no Irã por um livro no qual se fala sobre o islã em um tom supostamente jocoso: a sociedade progressista mundial avaliou esse ato como violação do direito à liberdade de criação e como um fenômeno não civilizado. Ainda recentemente, o escritor V. Bíkov foi repreendido por caluniar o Exército soviético: muitas das cartas de veteranos pseudopatriotas publicadas soavam como uma severa sentença da sociedade contra o escritor que ousou pela primeira vez dizer toda a verdade sobre o passado. E, infelizmente, a história se repete. Nossa sociedade, que proclama a construção de um Estado de direito, ainda está aprendendo o beabá dos principais direitos humanos, muitas vezes trocando o espírito da lei pela letra da lei, esquecendo do lado moral de qualquer processo jurídico. O direito à defesa da própria dignidade, que, na opinião dos reclamantes, foi violado por S. Aleksiévitch ao publicar no jornal um trecho do livro, não deve ser entendido como o direito a dizer hoje uma coisa ao autor do livro, e amanhã, de acordo com a mudança de humor ou da conjuntura política, falar algo oposto. Surge uma questão. Quando o "personagem" do livro foi sincero: quando concordou em

compartilhar com S. Aleksiévitch suas lembranças da Guerra do Afeganistão, ou quando, sob a pressão dos companheiros de armas, decidiu defender os interesses corporativos de um determinado grupo de pessoas? E, nesse caso, ele tem o direito moral de perseguir juridicamente a escritora em quem, na época, confiou, sabendo que sua confissão seria publicada? Os fatos comunicados pelo reclamante à autora ou publicados no jornal não parecem únicos ou casuais, eles são confirmados no livro por outros fatos análogos que a autora soube pelos relatos de outras testemunhas dos mesmos acontecimentos. Acaso isso não cria a base para pensar que o "personagem" estava sendo sincero no momento em que foi gravado o relato oral, e não quando ele rejeitou suas palavras? E mais um aspecto importante: se não há testemunhas da conversa da autora com o "personagem", e na ausência de outras provas da razão de um ou outro lado do processo judicial, aparece a necessidade de uma nova confirmação de todos os fatos semelhantes expostos pela autora em seu livro, o que poderia ser feito na forma de um "julgamento de Nuremberg" original, no qual participariam dezenas de milhares de testemunhas da Guerra do Afeganistão. Caso contrário, há o perigo de afundar em infinitas investigações judiciais, nas quais seria necessário comprovar praticamente cada palavra dita pelos personagens do livro, e isso já é absurdo. Por isso, o apelo do PEN Center Bielorrusso e do Instituto de Literatura ANI com o pedido de fazer uma perícia literária independente do trecho do livro documental de S. Aleksiévitch, *Meninos de zinco*, publicado no *Komsomólskaia Pravda*, é, nessa situação, uma possibilidade natural, e mesmo a única possível, de decidir o conflito...

Kovalenko, V. A, diretor do Instituto Ianka Kupala da Academia de Ciências da Bielorrússia, membro correspondente da ANB; Títchina, M. A, pesquisador de nível superior do Instituto de Literatura, doutor em letras, 27 de janeiro de 1994

DEPOIS DO JULGAMENTO

A decisão do tribunal foi lida…

É doloroso para mim escrever sobre nós — sobre aqueles que estavam na sala do tribunal. No seu último livro, *Zatcharovannie smertiu* [Fascinado pela morte], Svetlana Aleksiévitch pergunta: "Quem somos nós? Somos gente da guerra. Nós sempre estávamos ou combatendo, ou nos preparando para combater. Nunca vivemos de outra forma".

Estávamos combatendo… As mulheres acomodadas aparentemente de propósito atrás da escritora falavam baixo para que o juiz não as escutasse, mas audível o suficiente para Svetlana Aleksiévitch, e competiam nas ofensas contra ela. Mães! Uns epítetos que não consigo repetir… Então, no intervalo, I. Galovneva se aproxima do padre Vassíli Radomislovski, que viera para falar em defesa da autora: "Não tem vergonha, paizinho? Se vendendo por dinheiro!". "Trevas! Demônio!", ouvia-se do público, e mãos indignadas já estavam se estendendo para arrancar a cruz do peito dele. "As senhoras estão falando comigo? Eu, que celebrei a missa de réquiem dos seus filhos toda noite, porque as senhoras me diziam que de outra forma não receberiam os trezentos rublos de ajuda prometida", pergunta o padre, abalado. "Para que veio? Para defender o demônio?" "Reze por si e por seus filhos. Se não há arrependimento não há consolo." "Não temos culpa de nada… Não sabíamos de nada…" "Vocês estavam cegas. E quando abriram os olhos, viram apenas os cadáveres dos seus filhos. Arrependam-se…" "Não estamos com cabeça para pensar nas mães afegãs… Perdemos nossos filhos…"

Aliás, o outro lado não ficou devendo. "Seus filhos matavam inocentes no Afeganistão! São criminosos!", gritava um homem para as mães. "Estão traindo seus filhos pela segunda vez…", exaltava-se outro.

E você? E nós, por acaso não estávamos cumprindo uma ordem? A ordem de ficar calados? Por acaso nas reuniões não levantávamos os braços para "aprovar"? Pergunto... Todos nós precisamos de um julgamento... Um julgamento diferente, como aquele que E. Novikov, presidente da Liga Bielorrussa de Direitos Humanos, mencionou no tribunal: um momento em que todos nós — nós, que nos calamos, as mães dos nossos soldados falecidos, os veteranos dessa guerra e as mães dos afegãos falecidos — , os dois lados, nos sentaremos juntos e simplesmente encararemos uns aos outros, olhos nos olhos...

A. Aleksándrovitch
Femida, *23 de dezembro de 1993*

Terminou o processo civil de defesa da honra e dignidade, movido por Galovneva e Ketsmur, contra a escritora Svetlana Aleksiévitch. O último dia do processo reuniu muitos jornalistas, e em algumas edições já apareceram comunicados sobre o resultado do processo: a demanda de Galovneva foi negada, a demanda de Ketsmur foi parcialmente atendida. Não vou citar palavra por palavra a deliberação final, direi apenas que ela possui, na minha opinião, um caráter bastante conciliador. Mas ela de fato conciliou ambos os lados?

Inna Serguêievna Galovneva, mãe do primeiro-tenente Galovnev, falecido no Afeganistão, segue como antes na "trilha da guerra": planeja fazer uma queixa-crime e continuar processando a escritora. O que move essa mulher? O que move essa mãe? Uma dor inconsolável. Inconsolável no sentido de que, quanto mais a Guerra do Afeganistão se afasta na história, quanto mais a sociedade toma consciência de como foi aventureiro esse capricho, mais sem sentido parece a morte de nossos rapazes numa terra estrangeira... Por isso Inna Serguêievna não aceita o livro *Meni-*

nos de zinco. Por isso ela vê o livro como uma ofensa: para uma mãe, a exposição da verdade sobre a Guerra do Afeganistão é um fardo pesado demais.

Tarás Ketsmur, ex-motorista "afegão", é o segundo reclamante desse processo civil. Sua demanda foi parcialmente atendida pelo tribunal: dois episódios profundamente psicológicos, profundamente dramáticos no monólogo com seu sobrenome, que testemunham, no meu ponto de vista, que ninguém sai vivo da guerra, mesmo que saia com braços e pernas inteiros, foram reconhecidos a pedido de Ketsmur como "ofensivos à honra e à dignidade". Aliás, eu quase estou disposta a compreender Tarás. Lembram de um aforismo: "Temam os primeiros ímpetos da alma, eles podem ser sinceros"? Pois bem, seu monólogo em *Meninos de zinco* é, na minha opinião, justamente o primeiro ímpeto sincero da alma depois do Afeganistão. Quatro anos se passaram. Tarás mudou. O mundo ao redor dele também. E ele, certamente, queria também mudar muita coisa na memória do passado, se não conseguisse apagar por completo essa lembrança da alma… Mas o livro *Meninos de zinco* foi escrito com a pena, e não pode ser talhado a golpes de machado.

Svetlana Aleksiévitch abandonou a audiência antes do fim do processo — depois de mais de uma recusa do tribunal a uma solicitação da escritora de uma perícia literária. Aleksiévitch perguntou, com razão: como é possível julgar a narrativa documental sem conhecer os fundamentos do gênero, sem dominar o básico do trabalho literário e, além disso, sem desejar saber a opinião de profissionais da área? Mas o juiz foi inflexível. Depois da segunda vez que a perícia foi recusada, Svetlana Aleksiévitch abandonou a sessão. Ela falou:

— Como ser humano… Pedi perdão por ter provocado dor, por esse mundo imperfeito no qual muitas vezes é impossível andar na rua sem prejudicar outra pessoa… Mas como escritora…

Não posso, não tenho o direito de pedir perdão por meu livro. Pela verdade!

O processo civil contra S. Aleksiévitch e seu livro *Meninos de zinco* é nossa segunda derrota na guerra "afegã"...

Elena Molotchko
Naródnaia Gazeta, *23 de dezembro de 1993*

Em dezembro de 1993, finalmente terminou a maratona judicial de acusação contra a escritora Svetlana Aleksiévitch e seu livro *Meninos de zinco*. A decisão do tribunal: a escritora deve pedir desculpas ao "afegão" Tarás Ketsmur, cuja honra e dignidade o tribunal reconheceu como "parcialmente ofendidas". Sem pestanejar, o tribunal bielorrusso condenou o jornal *Komsomólskaia Pravda* a publicar um desmentido, além de um pedido escrito de desculpas da escritora e da redação.

A segunda reclamante — Inna Serguêievna Galovneva, mãe de um oficial falecido no Afeganistão — teve sua demanda recusada, ainda que o tribunal tenha reconhecido que "parte das informações atribuídas a Galovneva não corresponde à realidade". O tribunal teve de recusar a demanda de Galovneva porque durante a audiência foi apresentada uma fita cassete com a gravação da fala de Galovneva há alguns anos, em um dos encontros, que confirma por completo o livro de Aleksiévitch.

Nesse tribunal, nesse processo e nesse sistema Svetlana Aleksiévitch não teve chance de defender sua dignidade humana e profissional...

Assustados com a indignação mundial pelo processo político contra uma obra de arte e sua criadora, os diretores dessa tragicomédia bielorrussa formularam em alto e bom som: "Não se trata de forma alguma de um julgamento do livro, nem de um processo contra a escritora e sua obra! É apenas um processo civil em defesa da honra e da dignidade, dirigido ao jornal *Komsomólskaia Pravda* por uma publicação de 1990".

"E como fica a presunção de inocência?", perguntaram ao juiz Jdánovitch depois do fim do processo Ievgueni Novikov, presidente da Liga Bielorrussa de Direitos Humanos, e Ales Nikolaitchenko, líder da Associação de Mídia Informativa Livre.

De acordo com Jdánovitch, "a presunção de inocência só é válida para casos penais". Se Galovneva e Ketsmur tivessem acusado S. Aleksiévitch de calúnia, nesse caso a presunção de inocência seria válida, na medida em que o próprio termo "calúnia" pertence ao código penal, e então os reclamantes teriam de apresentar provas materiais para o tribunal...

No caso de uma demanda civil em defesa da honra e da dignidade, a presunção de inocência não existe na Bielorrússia...

É possível que o processo seja transformado em penal — a reclamante Galovneva fez essa promessa e disse que esse era seu objetivo.

Aos jornais pró-comunistas que atacam a escritora, juntou-se o *Komsomólskaia Pravda* em seu artigo-posfácio de 30 de dezembro de 1990, assinado por Víktor Ponomarev.

Svetlana Aleksiévitch "achou que por trás das mães havia dragonas de generais", mas o que elas tinham "por trás — para ser preciso — eram os túmulos dos filhos. São elas, e não a escritora premiada, laureada, que precisam de defesa. Se aqui ocorre um ato de punição civil, não é de forma alguma contra a escritora". O *Komsomólskaia*, de forma demagógica e atabalhoada, correu para se afastar de Svetlana Aleksiévitch.

Esse prólogo às desculpas oficiais é como uma prova de uma voz reeducada — sai da nova e volta à velha. Como o título: "Meninos de zinco. Os escritores são todos de ferro". E os jornalistas e editores do *Komsomólskaia Pravda*, são todos de borracha?

A verdade sempre custou caro a quem a pronuncia. A recusa da verdade sempre levou os covardes à ruína. Mas parece que não houve na história contemporânea infelicidade mais desesperada e generalizada do que a autodestruição voluntária da natureza humana dos súditos do comunismo, quando das pessoas sobram apenas "buracos fumegantes", na expressão de Mikhail Bulgákov. Buracos fumegantes nas ruínas soviéticas...

Inna Rogatchi
Rússkaia Misl, *20 a 26 de janeiro de 1994*

Durante os dez anos da aventura afegã, por ela passaram muitos milhões de pessoas, ligadas não apenas pelo sentimento de amor pela pátria soviética, mas também por outra coisa, bem mais essencial. Parte delas morreu, e nós, como cristãos, lamentamos sua morte prematura, respeitamos a dor das feridas no corpo e na alma dos parentes e pessoas próximas. Mas, hoje em dia, dificilmente pode-se deixar de compreender que eles não são heróis com seu indiscutível direito à admiração de todo o país, apenas despertam lamentos por sua condição de vítima. Os próprios "afegãos" reconhecem isso? Provavelmente, mesmo que a maioria deles ainda não tenha forças para isso. Os americanos "heróis do Vietnã", cujo destino militar é semelhante, entenderam a essência verdadeira de seu heroísmo e jogaram no presidente as medalhas que receberam; os nossos, parece, só são capazes de se orgulhar das condecorações afegãs. Quem entre eles fez esta reflexão: pelo quê, de fato, elas foram recebidas? Melhor seria se essas condecorações servissem hoje em dia apenas como um pretexto para receber vantagens e privilégios, cuja busca agora se estende por toda a nossa sociedade empobrecida. Mas as intenções de quem as possui é mais ampla. Recentemente, em Minsk, numa reunião de "afegãos" foi declarada abertamente intenção de chegar ao poder na Bielorrússia. Bom, nos dias atuais uma proposta como essa não é infundada. Utilizando-se da confusão moral que reina na sociedade (o Afeganistão foi uma guerra suja, mas seus participantes são heróis internacionalistas), é possível conquistar qualquer coisa. Nessas condições, as mães dos falecidos são um material caído dos céus nas mãos dos extremistas antigos e atuais, que por toda parte encontram fôlego renovado. E usam as mães — exploram intensamente sua justa ira, sua sagrada tristeza. Como em outra época exploravam o ideal comunista e o patriotismo de seus filhos falecidos. No geral, é um cálculo que nunca os fará perder: quem jogará pedras em uma mãe que lamenta? Mas por trás das mães que lamentam avistam-se sinistras silhuetas conhecidas de ombros largos, e não é em vão que o autor do *Komsomólskaia Pravda* fingiu que não estava vendo nada. Que "não se trata de generais por trás delas"...

A respiração sinistra da política imperialista não realizada até o fim no Afeganistão é sentida cada vez mais forte na Bielorrússia. O processo contra Svetlana Aleksiévitch é apenas um componente de uma série de manifestações do mesmo tipo. A saudade da grande potência e dos mares mornos não vem apenas do partido de Jirinóvski, cujos partidários não são poucos na Bielorrússia. "Sacudir" a sociedade pós-totalitária, "uni-la" com mais sangue — esta é a forma de alcançar sempre o mesmo objetivo, calcado no ideal de ontem...

Vassil Bíkov
Literatúrnaia Gazeta, *26 de janeiro de 1994*

... Não, essa luta cruel com processo judicial não foi pela verdade da guerra. A luta era pela alma humana viva, por seu direito de existir no nosso mundo frio e desconfortável, pela única coisa que pode se tornar um obstáculo no caminho da guerra.

A guerra irá se prolongar enquanto ela esbravejar nas nossas mentes desnorteadas. Pois ela é apenas uma consequência inevitável da raiva e do mal que se acumularam nas almas...

Nesse sentido, as palavras de um oficial falecido se tornam simbólicas e proféticas: "Eu, claro, vou voltar, sempre volto..." (Do diário do primeiro-tenente Iúri Galovnev).

Piotr Tkatchenko
Vo slavu Ródini, *15-22 de março de 1994*

1ª EDIÇÃO [2020] 2 reimpressões

ESTA OBRA FOI COMPOSTA EM MINION PELO ACQUA ESTÚDIO
E IMPRESSA PELA GRÁFICA SANTA MARTA EM OFSETE SOBRE PAPEL PÓLEN SOFT
DA SUZANO S.A. PARA A EDITORA SCHWARCZ EM MARÇO DE 2024

A marca FSC® é a garantia de que a madeira utilizada na fabricação do papel deste livro provém de florestas que foram gerenciadas de maneira ambientalmente correta, socialmente justa e economicamente viável, além de outras fontes de origem controlada.